リベラルなイスラーム

LIBERAL ISLAM

自分らしくある宗教講義

大川玲子

慶應義塾大学出版会

リベラルなイスラーム ❖ 目次

凡　例

＊人物名などの表記法については、原則として『岩波　イスラーム辞典』に従った。ただし適宜、慣用を優先させている。

＊クルアーン訳は私訳である。ただし引用箇所では、各解釈者の訳に沿ったものにしているため、同じ句の訳が異なる場合もある（ゴシック体で表現している）。

＊引用箇所にある（　）は原文どおり。［　］は引用者の注・補足を示すものとする。

ガイダンス

1　この講義で話したいこと

私は大学でイスラーム文化などのゼミや授業を受け持っています。けれども、突然二〇二〇年四月からコロナウイルス感染防止のため、オンライン授業になってしまいました。慣れずに悪戦苦闘、という予想通りの展開ですが、メリットもあります。場所つまり教室が必要ない、どこでもできる、ということです。学生はそれぞれの居場所からウェブ上に集います。

ここでも、ある意味で紙上講義のようなものを始めることにします。

お話ししたいことはとてもシンプルです。ただし実行はとても難しいことです。

次ページをご覧ください。この（好）循環を「リベラル」と呼んでみます。そしてイスラーム教徒の現状をここに当てはめて考えてみましょう。

私がロンドンのムスリムNGOをインタビューのために訪問した時のことを、少しお話しします。ここで、「ムスリムの運営するNGOがあるのか、それもロンドンに」と意外に感じられるかもしれません。これがこの講義でとても重要だと思っていること、新しい気づきです。この時に訪問したのは、ミンハジュ・ウ

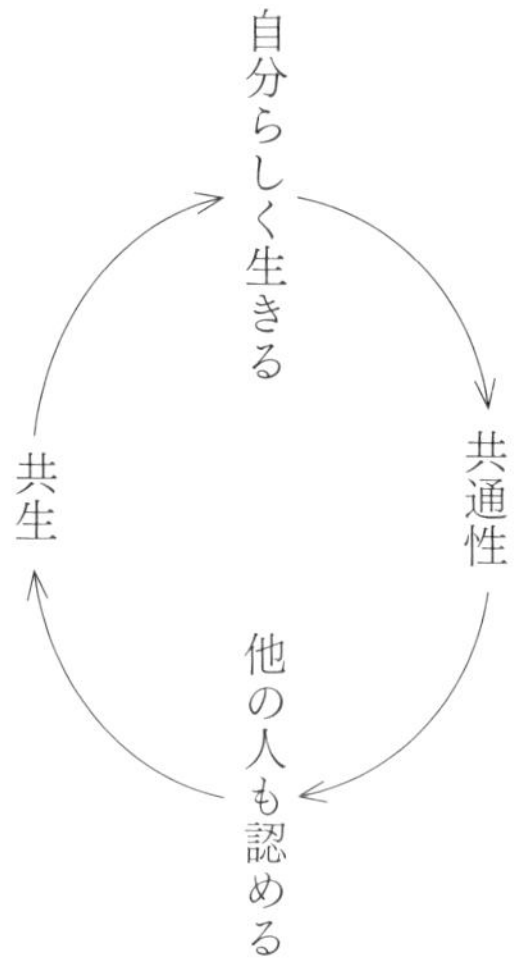

ル＝クルアーンというパキスタンから発した組織のロンドン支部です。この講義の第4講で、その反テロ教育活動について詳しく取り上げます。

インタビューで私はロンドン支部の幹部に、ミンハジュが「リベラルなNGO」だと研究者の間では呼ばれていると話し、このように呼ばれることについてどう思いますか、と尋ねました。すると答えは次のようなものでした。

> イスラームとはそもそもリベラルなので、今さらそう言われるのは奇妙な感じがします。ただ他の活動と比較して言っているのだということは分かります。研究者が分類したがるということも分かります。[*1]

ここではっと気づきました。彼らは「リベラル」であろうとして活動しているのではない。そうではなく、イスラームの本来の目指すべきものとして平和・反テロ教育を提供していると認識していた。そして私のような研究者といった外部の視点から「リベラル」だと見られていることは分かっていて、それを否定はしないが肯定もしない、という立場なのだ、と。

私の質問は、無意識のうちにある答えを期待していたものだったのかもしれません。ミンハジュは平和や異教徒との共存を説く組織なのだから、「自分たちはリベラルです」と胸を張って語ってくれるだろうと思っていたのです。ですが、彼らの答えは「自分たちはただ、ムスリム（イスラーム教徒）であるだけです」というものでした。私が持っていた先入観はやわらかく乗り越えられたわけです。実はこのような経験は研究をしているなかでの最大の愉悦です。

この私の気づきは、この講義全体に通底しているものです。この講義の「リベラル」とは私の視点からの判断にすぎないのですが、皆さんにもこの土俵に一度ご一緒してもらいましょう。

私はイスラームという宗教文化思想を専門としてきました。特にその聖典クルアーン（コーラン）の解釈史です。ですから、「リベラル」という、文化だけでなく政治や経済をも包括する思想体系については詳しくはありません。ただ、自分の研究対象のなかでもやはり、「保守／革新」と呼ぶことのできる根深い溝と言いますか、緊張があることは切実に感じてきました。具体的に言うと、「イスラームを昔のまま保持しよう」という動きと、「イスラームを西洋を中心とする世界と協調させるよう変革していこう」という動きの間の摩擦です。このような双方向の動きはどこの社会にもあるでしょう。

イスラームに関しては特に、「保守」の側面に人々の目が注がれ、過剰に嫌悪されたり恐れられたりする傾向があり、私は懸念を抱いてきました。しかし、そのような側面がないと言いたいわけでは、まったくありません。ただ、それは「一つの側面」であって、「別の側面」もあることが知られなければフェアでないだろうと強く思ってきました。これは異なる文化——特に情報の少ない文化——を見る時に生じやすいバイアスではありません。

コロナウイルス感染が拡大し始め、自宅にいることの増えた二〇二〇年三月のことです。ハーバード大学の心理学教授であるスティーブン・ピンカーの『二一世紀の啓蒙――理性、科学、ヒューマニズム、進歩』[*2]がちょうど届き、読み始めました。この本は一言で言うと、「科学の発展と理性の重視によって、紆余曲折はあれども人類はこれまで同様に進歩し、世界は良くなっていく」というメッセージを掲げています。私も勇気づけられました。

まず身の周りに押し寄せているコロナウイルス禍と呼ばれる脅威に対して、人類は科学つまり学問を駆使して乗り越えられるだろうというエールとして読めました。さらにイスラームの研究者としては、非イスラーム研究者によるこの本が、ムスリムも含めて人類がヒューマニズム――リベラリズムとも言い換えられるでしょう――を重視する方向に向かっていると明言しているためでした。つまり二重の意味で私は勇気づけられたわけで、たまたま取り寄せていたこの本が、ちょうど良いタイミングで手元に届いたことに感謝しました。

ではどうやって「異文化」を理解し、共にこの地球上で生きていくことが――そうしないわけにはいかない時代です――できるでしょうか。差異を認め、相手を認める、そして自分自身も認めていく、ということが考えられます。とは言え、これはまったくもって簡単なことではないのは明らかです。それから「相手を認める」と言いましたが、これは存在を認めるということであって、その主張を容認するという意味ではないということを、ここで確認しておきます。私自身、ムスリムではないのにイスラーム研究をしてはいますが、思考回路が異なる人たちのことを常にあたたかい目で見ることができるわけではありません。

皆さんの多くも、身の周りで自分と異なる行動様式や価値観を持つ人と、いつもうまくやっていけるわけではないと思います。文化的均質性が高いとされる日本社会でもそうなのですから、その外の多様性に富む世界では、異質なものとの緊張が暴力、戦争、テロ、差別、迫害という形でたやすく生じてしまいます。

つまりこの「異質なもの」――「他者」と呼びます――は、存在しない方が楽なのです。そのため、それらを不可視化し、抹殺しようとする動きが生じるわけです。けれども、それは両刃の剣でもあります。「他者」と「自己」は立場が変われば、反転するものです。

そうするとどうすれば、このような異質なものを取り除こうとする意識や行為をなくすことができるでしょうか。いやいや、そのようなものは人間の種の保存のための本能なのだから致し方ないのだという意見もあるでしょう。そして自分たちの価値観に満ちた共同体を打ち立てるべきだ、という行動様式が生まれているのも確かです。例えばその極端なものが「イスラム国（ＩＳ）」ですが、より身近なレベルでも、似た者同士が集まって、そうでない少数者を排除する傾向はそこここに見られます。

重視すべきは、どちらの方が長い目で見て生きやすいかという点です。「イスラム国」はやはり受け入れられず、残党はいますが消滅しました。世界が否応なく緊密に関係し合うようになった現在においては、「他者」は抹消する対象ではなく、好きでも嫌いでも構わないので共存し、できれば友好的に共生する方が、自分たちにとっても益が大きいのです。

この講義がそのための、小さな情報提供のようなものになれば幸いです。ムスリム（イスラーム教徒）は日本人にとって代表的な「他者」の一つです。けれども彼らもまた、異質なものを理解し、受け入れようと果敢に取り組んできていることをお伝えしていきます。これが先ほどお話しした、イスラームの「革新的側面」、リベラルな側面です。この講義の受講者には非ムスリムの日本人が多そうですが、そのようなムスリムの努力の方向性には違和感は少ないでしょう。そういったムスリムの姿を見ることは、共通性を見出す作業になります。「他者」というよそよそしい存在を少しでも理解する取っかかりは、この「共通性」なのです。

これは私自身が研究者として出発しようとしていた時に痛感したことです。大学の卒業論文のテーマ設定で行き詰まりました。私は卒論テーマにクルアーン研究、特にムスリムによるその解釈に焦点を当てようとは決めていました。けれども、そこからさらにテーマを絞り込む段階で立ち止まってしまいました。特定の時代や地域、人物、学派、などから切り込んでいくことができるとは分かっていましたが、自分が一体どの切り口を選べばよいのか、皆目見当がつかず、途方に暮れ、あれこれと文献を読み漁《あさ》っていました。それは今思うと、私と共通点を持つ研究対象を見つけられなかったためだったのです。

そしてようやく、これだ、と思える研究対象に出会うことができ、その後はトントン拍子で卒論の構成が決まりました。その対象とは、エジプトの女性クルアーン解釈者のビント・シャーティウ（本名アーイシャ・アブドッラフマーン、一九九八年没）でした。[*3] 女性が社会で活動することが大幅に制限されているムスリム社会で、彼女が大学教授となり、しかもクルアーンの解釈書まで著し、アラブ諸国で広く読まれて高い評価を得たことは、当時の私にとって大変な驚きでした。しかもビント・シャーティウとは「（ナイル川の）岸辺の娘」という意味のペンネームなのですが、これは父親が厳格で彼女が教育を受けることに反対していたため、自分の文筆活動を知られないようにする目的で用いられたと知りました。実は大学進学時に同じような経験をしていた私は、ここで彼女に強い共感を抱くことができました。

そのような人物がどのようにクルアーンを読んだのか。その背景は何だったのか。そしてなぜ当時の社会から受け入れられたのか。……などなど、興味が広がっていったわけです。

自分の昔話をしてしまいましたが、言いたかったのは、理解するために共通性を見出すことの重要性です。それはどのようなことでも構わないのです。そしてこの講義では、リベラルつまり個人の自由な選択を認めていこうとする意識を共通点として――土俵として――、現在進行形のムスリムの姿を見ていきたいのです。

2　イスラーム教徒は危険？

さて前置きはこれくらいにします。次の文章を読んでみてください。●●には何が入るでしょうか。

> ●●においてフランス革命やロシア革命のたぐいの革命が起こらない限り、国際平和はあり得ないのだろうか。だとすれば、そのような革命は誰が指導することになるのだろうか。革命が起こらない場合、●●人を根絶する以外に国際平和に至る道はないのだろうか。[*4]

根絶さえ想定されるほどの世界の害悪。これはどこの人々なのでしょうか。

「日本」人です。この文章はアメリカの文化人類学者ルース・ベネディクトの『菊と刀』からの引用です。よく知られた日本人論ですが、戦時中に調査され、一九四六年に刊行されました。このように戦時中、日本はアメリカの敵国で、世界平和の妨げになる存在として認識されていたわけです。

今とのギャップの大きさに驚くでしょう。すると今、世界平和を妨げる存在としてとらえられている人々も、いつかは国際平和に貢献するようになるかもしれません。実際に二〇二〇年四月に書かれたウェブ記事に「中国は西洋の新しい敵としてイスラームに取って代わるのか」というものがあります。コロナウイルス感染拡大によって中国への批判が西洋世界で高まりつつあるなかで、ムスリムを敵視する状況が変われば、ムスリムが「もう少し楽に息ができるかもしれない」とまで書かれています。[*5] 本当にそうなのかはすぐには分かりませんが、イメージは相対的かつ主観的なもので、時代によって変わっていくことは確かでしょう。

けれどもそれでもやはり多くの日本人から、ムスリムはよく分からない怖い存在と思われがちです。その理由として、そもそも日本人が「宗教」に対して距離感や違和感を持つ傾向が強いということがあります。

ＮＨＫ放送文化研究所が日本の宗教について興味深い調査を行ってきていますので、それを少し紹介します。日本人が宗教の役割をどうとらえているかと言うと、「人々の道徳意識を高める」「困難や悲しみを癒す」といった内面的な向上・安定をもたらす効果が期待されがちです。ただこの傾向は近年減少しているようです。

同時に、宗教は危険なものだというイメージも根強くあります。「宗教は平和よりも争いをもたらすことの方が多い」「信仰心の強い人々は、そうでない人達に対して不寛容になりがち」という認識です。ただし「宗教は平和よりも争いをもたらすことの方が多い」という意見を支持する割合は一九九八年以降減少しているのですが、この理由として同研究所のレポートは一九九五年のオウム真理教事件の影響を指摘しています。[*6]

オウム真理教事件は日本社会に大きな衝撃を与えました。私も中学校・高校の同級生に関係者がいたため、他人事とはとらえられません。この宗教団体は、一九九五年の地下鉄サリン事件といった無差別テロを起こしたことで特に知られています。その背景には、教祖の命令に従い、「救済」のためとして殺人を行うことを「ポア」と呼んで、正当化する教義がありました。この教団は仏教経典を翻訳するなど仏教思想の影響を強く受けていて、「ポア」という概念はチベット仏教思想から着想を得たと考えられています。[*7] つまり仏教思想がテロを引き起こした、と単純化して説明することが可能になる状況だったわけです。

さらにＮＫＨ放送文化研究所の調査を見ていきますと、仏教徒、キリスト教徒、ユダヤ教徒、ヒンドゥー教徒、イスラーム教徒（ムスリム）に対して日本人がどのような印象を持っているのかが分かります。明らかなのは、ムスリムに対する否定的印象が強いということです。「宗教は平和よりも争いをもたらすことの方が多い」「信仰心の強い人々は、そうでない人達に対して不寛容になりがち」であるかという問いに関しても、イスラームに関して「そう思う」という回答が多くあります。[*8]

これらの結果から最近の日本人の宗教意識について次のように言えそうです。日本人には、宗教に心の安寧を求める傾向が弱まってはいるがまだ存在します。けれども現実には、宗教はそのような結果をもたらさないことがあるという認識も併せ持っています。特にイスラームには争いや不寛容というイメージが強く、一般的に宗教に期待するものとは対極的な状況にあると考えられています。

ただ知っておくべきことがあります。かつての日本人のイスラームへのイメージは違ったものでした。聖典クルアーンが最初に日本語に翻訳されたのは一九二〇年（大正九年）のことでした。厳密に言うとムスリムは、神の言葉であるクルアーンの翻訳を認めず、アラビア語以外の言語にしたものを「解説」と呼びますが、いずれにしましても、日本人にとってクルアーンの翻訳が出されたのは、今からちょうど一〇〇年ほど前のことでした。

これが「世界聖典全集」[*9] のなかの『コーラン經』で、初回に配本されました。私はこの全集に前々から関心を持っていました。[*10] しかも最近は国会図書館のアーカイブでも見られるようになり、大変ありがたく思っています。私の手元に、たまたま古書店で見つけたこの全集の内容見本があるのですが、そこには次のよう

回教は仏基両教と共に世界の教界に鼎足の勢を張る大宗教である。仏教が智の教、基督教が愛の教となすならば、回教は勇の教である。イスラムとは神に服従するの義で、その聖典コーランは神意になったものである。……天下の諸宗中最も敬虔熱烈な二億五千万教徒の金科玉条である……。この絶大の精神は那辺にあるかと問うに、真髄の存する所ただコーランにある。

図 0-1 「世界聖典全集」内容見本
出所：筆者所蔵

な惹句（次ページ参照）が書かれていて、当時のイスラーム（回教）やクルアーン（コーラン）への思い入れの強さに感じ入りました（図0-1）。

戦前の日本では、イスラームについての認識が今とはずいぶん異なっていたことは、これまでの研究でも明らかになっています[*11]。当時、イスラームに関心のある日本人はムスリムを西洋列強に立ち向かう同志だととらえていました。この内容見本の惹句からもイスラームやその聖典を肯定的に学ぼうとする熱い気持ちがうかがえます。ここでは、仏教は「智」、キリスト教は「愛」とすれば、イスラームは「勇」の宗教だと定義され、戦いを教える宗教として、むしろ肯定的にとらえられているのです。

敗戦後の日本では平和を絶対的なものとする傾向が強く続き[*12]、それは心の安寧を追求する仏教や敵をも愛するキリスト教のイメージで宗教をとらえることと合致してきました。けれども実際のところ宗教は、暴力や紛争と密接につながっています。そのなかで戦後の日本人が直面したのが、オウム真理教の事件でしたし、今世紀に入ってさらに激化したムスリムによるテロや紛争の継続でした。そして「イスラームという宗教はやはり危険だ」という意識がさらに固まってきたのです。

日本人によるイスラームに対する認識は時代によって変化してきたわけです。これは先ほど紹介した『菊と刀』に描かれていた日本人認識が、日本人以外からもまた日本人から見ても、変化してきていたのと同じことです。そしてこの変化は、ムスリム自身によるイスラームに対する認識にも生じていることです。

ムスリムには一四〇〇年にもわたる長い歴史があり、その過程で自らの宗教についての見解――解釈――を積み上げてきました。時代や地域、文脈のなかでさまざまに変容してきたもので、この変容はグローバル化する現代においてもダイナミックに進行中です。この講義が焦点を当てるのはここです。異文化との接近、この影響を如実に受けて生まれた「リベラルな」ムスリムによるイスラーム認識について考えていきます。特に私の専門である、聖典クルアーン（コーラン）の解釈を通して見ていくことになります。

3　どうしてイスラームがリベラル？

まず断っておきたいことがあります。この講義では「イスラームはリベラルです」と主張するつもりはありません。そうではなく、「リベラルなイスラーム教徒がいます」ということが言いたいのです。これは最初にお話しした、私のミンハジュでのインタビュー経験にもつながっています。

「リベラルな」という言葉は通常「自由主義的な」と日本語に訳されています。ただ日本でこの用語が使われるようになったのはそれほど古くなく、使い方も曖昧で、昨今は否定的に用いられることが多くなっています。[*13] けれども実際には、人は自然とこれを望んでいるのではないでしょうか。

ここで私は「リベラル」を「自由な選択が可能な状態」という具合にとらえたいと思います。人生でどのような価値を大切にしたいか、そういった話を大学のゼミの授業で学生とすることがあります。イスラーム文化についてのゼミですが、自分たちの価値観とムスリムの価値観を比較検討する必要があるためです。いろいろ具体的な事柄が出てきますが、富豪になりたいとか世界の何かを変えたいとか言う学生は——授業中だからかもしれませんが——いません。どうやら、自分のやりたいことがほどよくできる人生がよい、ということに帰結するように見えます。恐らくこれが、大半の人の正直な——自然な——価値観なのでしょう。

ではどのような環境であれば、人が自分らしく生きられるような選択を——ほどよい程度に——自由にすることができるでしょうか。まずは安全に安心して暮らすことが必要でしょう。貧困や疫病の撲滅、医療衛生レベルの向上という技術的な問題解決と同時に、テロや戦争に象徴される暴力や紛争という身体的危険をなくしていくということです。

その上で、もしくはそれと並行して、自分の選択を広く認め合う環境が必要になります。宗教や宗派、人種、そしてジェンダー（性差）やセクシュアリティ（性的指向）に基づくような、ゆえなき差別を撤廃していくことが重要です。ここには、女性差別、マイノリティ差別、宗教差別といった問題が含まれます。そしてこれらを乗り越えて目指す先は、多様な選択を容認する「共存」「共生」の世界ということになります。

この選択の「自由」がある「共生の世界」を「リベラルな世界」と呼ぶことにします。ただし自分自身がどうあるかを選択する自由が認められると、「アイデンティティ」つまり個人の帰属意識をどう保っていくのかという問題もさらに重要になっていきます。マイノリティとマジョリティの関係のあり方も重要なポイントになります。

これらの課題を一つ一つ解決しながら、人がより良く生きていける世界にするために、変革していくこと自体が「リベラル」なのでしょう。「リベラル」はしばしば「進歩」や「改革」という言葉に類似するものとしてとらえられますが、この言葉の持つ「前進」的なニュアンスをよく表していると考えられます。変革することが常態という近代後——ポストモダン——の世界に親和性があるということになります。

ポストモダン的クルアーン解釈には第6講でふれる予定ですが、ここでは「リベラル」と「ポストモダン」が近しい関係にあることを指摘しておきます。両者はともに、「差異」や「多様性」を重視しているので、「セクシュアリティ」や「ジェンダー」、「アイデンティティ」も論点となっています。

この講義で焦点を当てるのは「反暴力」「反差別」「平和」「共生」「自由」「アイデンティティ」……この地球上に住むすべての人々に関係する大きな課題です。そして簡単には解決できない、気の遠くなるような課題でもあります。しかもこれらは、ムスリムの前に喫緊の問題として立ち現れ、報道などを通して非ムスリムに良くないイメージが植え付けられてきました。イスラームと言えば、「自由」が抑圧され、保守的で伝統墨守、「後進」的、そういったイメージと結びつけられがちです。実際に高校生のイメージの調査を見ると、「後進的」「教えを厳格に守る」「異質な考えを認めず」「不自由」「攻撃的で恐い」「得体が知れない」といった回答が多いようです。[*14] これは先ほどお話しした、NHK放送文化研究所の調査結果とも合致します。

つまりイスラームはリベラルと対極にある「暴力」や「差別」に満ちた宗教だととらえられがちです。テロや戦争、異教徒との対立、女性差別、女性へのベールの強制、女性隔離、礼拝や食事制限などの生活上の戒律の厳しさ、これらがよくあるイメージでしょう。私が大学の授業でイスラームやムスリムのイメージについて学生たちとディスカッションする時も、だいたいこのような事柄が話題になります。ちなみに、良いイメージも出してくださいとも言っているので、モスクなどの建築物が美しいことや人々が親切らしい、アラビアン・ナイトがロマンチックで素敵だ、といったことも話題になってはいます。とは言えやはり、イスラームについてはネガティブなイメージが極めて強いのが実情です。そしてそのような状況が実際に生じているのも事実です。

ただここの講義で明らかにしたいのは、このような厳しい状況のなかでも、イスラームをリベラルなものとしてとらえ、つまり解釈して、行動しようとする動きがあるということです。繰り返しますが、「イスラームはそもそもリベラルです」という話をしたいのではありません。「イスラームは抑圧的にも自由主義的にも解釈され得ます。そして、解釈するのはムスリム自身です」ということが、この講義の基本姿勢となります。そしてさらに付け加えるとすれば、このようなリベラルなムスリムの方が、多くの日本人にとっては好ましいでしょうから、よりよく知っていく必要があるでしょう。

こういった私のスタンスは、アマルティア・センの次の言葉に通じるものがあります。センはインド出身のノーベル経済学賞を受賞した経済学者で、倫理学的論考も多く著しています。この講義では彼の言葉をまた引用することになるでしょう。それは、彼がインドでのムスリムとヒンドゥー教徒の対立を目の当たりにし、思索を深めてきた学者であることが、強い説得力を持っているからです。

少し長めですが、センの『アイデンティティと暴力――運命は幻想である』から引用しておきます。

　宗教または文明による分類は、当然の成り行きとして、対立をあおる歪曲を生む原因になる。……巧妙な「くせ玉」を使う欧米の公共政策、つまりイスラム教を正しく理解する善良そうな戦略を通して表面的に高尚な見解を示し、ムスリムの活動家の矛先をそらそうとするものにこそ、より深刻な問題がある。

そうした政策は、イスラム教は平和な宗教であり、「真のムスリム」は寛容な人であるはずだ（「だから、いいかげんにおとなしくしてくれ」）と主張することによって、イスラム系テロリストを暴力から引き離そうとするものだ。現時点では、イスラム教の対立的見解を否定するのはたしかに適切だし、極めて重要なことだ。とはいえ、おもに政治的な見地から「真のムスリム」とはなにかを定義することが、そもそも必要または有用なのか、それどころか可能であるのかすらも、われわれは問わなければならない。[*15]

つまり、「イスラームは平和主義的です」と主張するのも「イスラームは好戦的です」と主張するのも、根源的には同じだということです。なぜならばどちらも、イスラームを単一的に規定しようとしているからです。センの主張の一つは、アイデンティティを単一的に規定することをやめようというもので、この講義でも重要な基調となる思考様式です。

さて、ここから、リベラルなムスリムの具体例を挙げてみます。「ムスリムのガンディー」と呼ばれるインドのムスリムです。「ムスリム」と「ガンディー」が合わさるとは、意外に感じられるのではないでしょうか。

ガンディーは日本でも偉人として大変に尊敬されています。非暴力・不服従という平和活動でイギリスからの独立を勝ち取ったというイメージが強くあります。世界的には評価を見直す議論も生じていますが、それでも彼の成し遂げたことの偉大さは否定できません。そのガンディーの活動を支え、共に闘った人たちのなかにはムスリムも少なくありませんでした。後でふれることになるアブルカラーム・アーザード（一九五八年没）もそうですが、ここでは好戦的として知られるパターン民族（パシュトゥーン）出身のムスリム、アブドゥル・ガッファール・ハーン（一九八八年没）のことを少し紹介します[*16]（図0－2）。

図0–2　ガッファール・ハーン（中央）とガンディー（左）が共に祈る写真
出所：Easwaran, *Nonviolent Soldier of Islam*, p. 180.

ガッファール・ハーンは、英領インド北西部のアフガニスタンに近い辺境地域でパターン民族として生まれました。ここは現在パキスタン領となっています。このため彼は「辺境のガンディー」と呼ばれることも多いのですが、最近では「ムスリムのガンディー」や「イスラームのガンディー」とも呼ばれます。彼は三〇歳代の終わりにガンディーに出会い、インド国民会議派に加わりました。その後、二人は友として、ヒンドゥー教徒とムスリムが共存する独立国家を樹立するため共闘しました。

ガッファール・ハーンはパターン民族からなる「神の奉仕団」を設立し、非暴力による反英抵抗運動を展開します。ただパターン民族は武勇を誇りとし、周囲からも恐れられるほど勇猛で知られている人たちですので、彼らに非暴力を説くことは容易ではなかったようです。そこで「神の奉仕団」の訓練キャンプで、クルアーンでは非暴力が重視されており、それは「預言者の武器」であると教えたようです。

例えば、「**相手を許して和解する人に対して、アッラーは報酬を与える**」（四二章四〇節）などのクルアーンの句を典拠としました。敵を憎むことではなく、許し、耐えることを説き、そこから忍耐（サブル）の重要性とすべての暴力の放棄を教えたのです。[*17] この教えは徐々に浸透していき、「神の奉仕団」の人々が、イギリスへの戦いとは暴力を用いない「忍耐の戦争」だと認識して行動するようになったと言います。[*18]

さらに言いますと、ガッファール・ハーンは、クルアーンをムスリムのみの聖典としてとらえる発想を超えていたようです。例えばガンディーの秘書が伝えているのですが、「夜の集団での礼拝の時に、ガンディーさんはよく彼〔ガッファール・ハーン〕に聖クルアーンの句を読みあげ、注釈するよう頼んでいました」[*19]。また彼がイギリスによってグジャラートの牢獄に入れられた時のことです。牢獄のなかで、抵抗運動仲間のヒンドゥー教徒に会い、ヒンドゥー教聖典のバガヴァッド・ギーターやスィク（シーク）教の聖典を学び、さらにはギーターやクルアーンを学ぶクラスを作ろうとも試みたようです。[*20]

ガッファール・ハーンはその半生を回顧し、イスラーム的理想とガンディーを重ねつつクルアーンを読んだと述べています。それは新しいクルアーンの読み方、つまり解釈だとも言えます。

少年のころ、私は暴力的な傾向があった。パターン民族の熱い血が流れていたのだ。だが、牢獄のなかでは何もすることがなく、クルアーンを読んだ。メッカ時代の預言者ムハンマドについて、彼が耐え、苦しみ、献身したことについて読んだ。すでに子どもの頃にそれらすべてを読んでいたが、その時は、ガンディーさんの英国統治に対する闘争について聞いていたことに照らし合わせて、読んだのであった。[*21]

ガッファール・ハーンは、自分の宗教の聖典を異教徒に教え、また自らも異教徒の聖典を学ぶことを肯定しました。宗教の境界線を越えようとしていたと考えられます。これは後に述べることですが、ガンディーがヒンドゥー教聖典だけでなく、クルアーンなど他宗教の聖典についても深く学び、共通性を見出したのと同じです。

このように、非暴力、平和主義、異教徒への寛容――共生――を内面化して行動したムスリムが存在しています。彼のことを「リベラルなムスリム」と呼ぶことに違和感はないでしょう。

具体的な人物を通して、少しイメージが湧いてきたところで、「リベラルなイスラーム」とはどういうものなのだろうか、という点について踏み込んでいきます。

ここで参考になる学術文献を紹介します。初版が一九五七年刊行と少し古いのですが、ウィルフレッド・C・スミスの名著『現代イスラムの歴史』が、「自由主義（リベラリズム）」について論じています。示唆に富みますのでぜひ読んでみてください。[22] またオックスフォード大学出版局から一九九八年に刊行された、チャールズ・カーツマン編『リベラル・イスラーム――原典集』[23]も大変に参考になりますが、日本語訳はありません。日本語でムスリムのリベラルな思想家について読みたい場合は、次の二つの文献をお薦めします。中村廣治郎『イスラームと近代』と水谷周『イスラーム現代思想の継承と発展――エジプトの自由主義』です。[24] リベラリズムや、それにとても近いモダニズム（近代主義）の思想家について、その系譜や具体的な人物像を知ることができます。

インドのムスリム思想家ジャマール・クワージャが著した『真正性とイスラーム的リベラリズム――クルアーンに基づくイスラーム的リベラリズムの熟成したヴィジョン』も参考になります。ここではムスリムによる「イスラーム的リベラル」についての議論を知ることができます。彼は、「イスラーム的リベラリズム」の定義は簡単ではないとした上で、こう説明を試みています。イスラームの基本的な教義は認めるが、行動様式については細かくはこだわらない。自分たちの宗教と他の宗教との優越を問わず、他宗教にも敬意を表する。そして全人類の進歩に貢献し、非ムスリムと共存することを目指す、と。[25] これはガッファール・ハーンの生きざまにも合致すると言えるでしょう。

ここまでインドのムスリムについてふれることが続いてきましたが、実はインドは、イスラーム思想のリベラルな潮流が最初期に生まれた場所だとされます。「イスラームにリベラルな思想潮流があるのか」と驚かれるかもしれません。けれども、近代に入った頃に、イスラーム哲学やイスラーム神秘主義（スーフィズム、タサウウフ）を土壌として、西洋の影響を受けながら、この思想が本格化されました。インドの改革思想家シャー・ワリーウッラー（一七六二年没）のイスラーム復興思想が最初期のものとされます。

その後一九世紀になると、イギリスの支配下にあったインドやエジプトで、西洋の影響を大きく受けて近代的改革思想を提唱し活動する者たちが登場します。インドのサイイド・アフマド・ハーン（一八九八年没）、エジプトのムハンマド・アブドゥ（一九〇五年没）などです。二〇世紀になると、近代化・西洋化の波が政権にもおよび、教育改革や立憲運動も進められます。一九二〇年頃からリベラルな思想家たちは、民族主義や社会主義といった世俗主義思想に移っていく傾向が強まりました。

けれども――ここが今につながっているのですが――一九七〇年代になるとイスラーム主義が台頭し、リベラルな思想家の旗色は悪くなっていきました。イスラーム主義は、イスラーム原理主義と呼ばれることもあります。そのなかにもさまざまな潮流がありますが、イスラームの原則を社会で実現することを追求し、極端な場合はそのためにテロといった暴力を肯定する思想です。つまりリベラルの対極にある保守的かつ非寛容な方向性を強く持っています。昨今生じているムスリムのテロ活動はこのような思想が突出して生じてきました。

一方、昨今、これに反する動き――リベラル化と言えましょうか――も活発化しています。カーツマンは『リベラル・イスラーム――原典集』で、ムスリムが受ける教育レベルの向上も、リベラル思想の定着発展に寄与しているとして、こう言っています。

リベラル・イスラームにとってのさらなる楽観材料は、ムスリム世界の教育レベルの向上である。識字能力が高まったことでムスリムたちは、宗教学者に頼らず自分自身で、クルアーンなどのイスラーム原典を読むことができるようになった。そしてこの［二〇世紀の］一世紀にわたって、伝統的な学者が教育界の独占権を失いつつある一方で、自分の受けた非宗教教育をイスラームへの新しいアプローチに適応しようとするムスリムが増えてきている。[*26]

このように、西洋の影響を受け、非宗教教育を受けた者たちが増えています。そういうムスリムが自らクルアーンを読むという時代が、リベラルなイスラーム思想を生み、支える大きな原動力となっているのです。かつ、グローバル化が進んだことで、ムスリムのなかに欧米諸国で活躍する学者が増えました。そのため、リベラル思想を主張する場が従来のムスリム居住圏から広がっています。つまり欧米諸国でマイノリティのムスリムとしてリベラルなイスラーム思想を主張することが可能になっています。これがまさしく、現在進行中のダイナミックなイスラーム思想の変容で、この講義ではそこに焦点を当てていきます。

4 講義の目的と流れ

この講義の目的は、イスラームの聖典クルアーンの解釈がどのようにリベラルなものになってきているのかを明らかにして、イスラーム思想の可能性を考えることです。クルアーンには平和や暴力、異教徒、女性、ジェンダーやセクシュアリティに関わる文言が含まれます。ムスリムである限り、クルアーンの内容を否定することはできません。神の言葉そのものと信じられているからです。

そこで、現実と乖離するような文言があるとすれば、現実をそれに合わせるか、文言を現実に合うように解釈するかのどちらかになります。七世紀のアラビア半島に現れたクルアーンの文言を現代に再現させようとするのがイスラーム主義者、この文言を現代的に解釈し直すのがリベラル主義者です。分かりやすくそう二分しておきます。つまり、現代のイスラームの思想潮流を知るためには、クルアーン解釈がどのように展開されているかを見ることが一つの手法となり得るのです。

講義の流れを説明しておきましょう。表0−1「主要なクルアーン解釈者・組織」を見てください。これから焦点を当てていくのは「リベラル」な思想潮流ですが、対比させる意味でも「イスラーム主義」的な見解もあわせて紹介していくつもりです。それから繰り返しになって煩わしいかもしれませんが、この講義で取り上げるムスリム知識人は自分自身で「自分はリベラルだ」と言っているわけではありません。あくまで、外部の目から見てそのようにとらえることができる者たちだということを、ここで確認しておきます。

このように講義では、アメリカからイギリス、中東、パキスタン、インドといろいろな国のムスリムを取り上げます。毎回、これらの国に加えて、エジプトやモロッコ、カンボジア、台湾などでの私の研究調査のこぼれ話――もちろん講義内容に関連するものですが――のようなものもお話ししていきます。

最初の講義は、「第1講　どうして聖典が重要なの？――クルアーンの力」です。毎回講義の最初には、私の体験を少しご紹介しますが、ここではインドのタージ・マハルとクルアーンについてお話しします。それから、ムスリムにとって聖典クルアーンはどうして、またどのように重要なのか、ムスリム諸国での世論調査を用いて具体的に見ていきます。はたして、聖典というものが解釈される必要性はあるのでしょうか。

表 0-1　主要なクルアーン解釈者・組織

解釈者・組織	出身 活動地	主要な論点	公式サイトなど 〔フォロワー数など、2019年６月時点〕
保守・イスラーム主義（第２講）			
「イスラム国 (IS/ISIL/ISIS) ／ダーイシュ」	国際テロ組織	テロ肯定 反西洋 カリフ制復活	https://jihadology.net/ https://www.jihadica.com/
ムハンマド・アースィー	アラブ系 在米	原則非暴力 反米・反イスラエル	https://www.islamiccenterdc.com/ https://www.icit-digital.org/
平和系リベラル（第３・４講）			
ワヒードゥッディン・ハーン	インド	異教徒との共存 ガンディー主義	https://cpsglobal.org/mwk https://www.facebook.com/maulanawkhan 〔フェイスブック：43 万 6,000 人〕
ターヒル・カードリー	パキスタン出身 在カナダ	反テロ教育プログラム	https://www.minhaj.org/english/index.html https://ja-jp.facebook.com/Tahirulqadri/ https://twitter.com/TahirulQadri 〔フェイスブック：340 万人／ツイッター：180 万人〕
人権系リベラル（第５・６講）			
アスガル・アリー・エンジニア	インド	フェミニズム モダニズム	https://csss-isla.com
ズィアウッディン・サルダール	パキスタン出身 在英	LGBT 許容 ポストモダニズム	https://ziauddinsardar.com/ https://www.facebook.com/ziauddinsardar 〔フェイスブック：2,670 人〕

出所：筆者作成

ガンディーの聖典解釈なども ふまえながら検討し、今、なぜ新しいクルアーン解釈が増えているのかを考えます。

次は「第2講　クルアーンは戦争を命じている?——聖典の表と裏」です。最初に日本の僧侶とカンボジアの話をします。宗教や聖典というものは本当に「平和的」なのでしょうか。この回では、この前提が適切なのかどうかを考えます。聖書にも多くの戦闘的な句がありますが、クルアーンにある戦闘的な章句について、その歴史的背景をムハンマドの生涯から考えます。そして、好戦的なクルアーン解釈を二つ、見ていきます。テロ組織「イスラム国(IS)」とアメリカ在住の活動家ムハンマド・アースィー(一九五一年生)によるものです。これらはイスラーム主義と呼ばれる潮流に属し、クルアーンに敵との闘いを読み込んでいますが、そこに違いがあることが明らかになるでしょう。

「第3講　平和を説くムスリムって?——インドでの模索」では、第2講で示した戦闘的なクルアーン解釈とは対極にある、平和的・協調的な解釈を見ていきます。冒頭では、この講義で取り上げるクルアーン解釈者たちが戦後の日本のことをどうとらえているのか、少しご紹介します。そして本論では、インドのワヒードゥッディーン・ハーン(一九二五年生)の解釈を取り上げます。彼は、ヒンドゥー教徒がマジョリティのインドでどのようにマイノリティ・ムスリムが生きていくべきか、「他者」との共存のあり方を考え、行動してきた人物です。私が実際にインタビューした時の様子も少しお話しできるでしょう。

「第4講　クルアーンはテロに反対している?——ムスリム国際NGOの挑戦」ではクルアーンに基づいて、反テロ活動に取り組む国際ムスリムNGOの活動に焦点を当てます。最初に少し、モロッコの反テロ政策とクルアーンの話をします。本論では、パキスタン出身のターヒル・カードリー(一九五一年生)が創設したNGOのミンハジュ・ウル゠クルアーンに焦点を当てます。ここは先ほど少しふれた組織です。この

NGOはカードリーの反テロ理論に基づき、反テロ教育プログラムを提供しています。ここからクルアーンがどのように実際の人々に影響を与えているかを知ることができます。私が訪問したイギリスやオランダでの活動の様子やインタビューもお伝えします。

次に「第5講　女性は離婚を言い出せない？——宗教マイノリティと男女平等」と「第6講　同性愛者は認められる？——英国紙ガーディアンのクルアーン解釈」と続きます。ここでは、ジェンダーやセクシュアリティの相違を超えて、どのように共存するかという問題に取り組んだクルアーン解釈者たちを取り上げます。それぞれ冒頭では、カイロやロンドンでの私の思い出話をしてみたいと思います。

第5講の本論では、インドのアスガル・アリー・エンジニア（二〇一三年没）の解釈を見ます。彼はシーア派のなかでもさらに少数派のボホラ派に属し、そのコミュニティ内でも反体制派活動を行いました。第6講ではパキスタン出身でイギリス在住のズィアウッディン・サルダール（一九五一年生）の解釈を紹介します。彼はイギリスでのムスリム差別を経験していますが、左派リベラルの雄とまで言われるイギリスの高級紙ガーディアンでクルアーン解釈のブログを執筆しました。

ムスリム社会では女性や同性愛者といった、ジェンダーやセクシュアリティのマイノリティの権利が極めて制限されています。けれども、エンジニアやサルダールは自らも宗教マイノリティの立場にあり、抑圧された者たちを解放するようなクルアーンの読み方を提示しています。ここからクルアーン解釈の持つ現代的な意義を読み取ることができるでしょう。また同じく人権派のムスリム解釈と言っても、その視点には違いがあることも見えてくるでしょう。

そして「最終講　リベラルなイスラーム——人類の共生する世界」では以上をふまえて、ムスリムと日本人に共通する課題として、「他者との共生」方法についてアイデンティティに焦点を当てて、少し考えていきます。確かにムスリムと日本人の間には、歴史的背景や現状に大きな違いがあります。けれども、生きやすい社会を作っていこうとする共通する課題を持っているはずです。これに向けて私たちができるであろうことの一つを提示したいと思います。さらに最後に、現在は過激なイスラーム解釈が耳目を集めていますが、この後にどのようなムスリム社会が到来するのかも少し考えてみましょう。この講義ではムスリム社会のリベラルな知識人を見ましたが、実際の社会変革にもその萌芽が確認されるのです。

　ではガイダンスは以上となります。皆さんがこの講義を終えられた時、新しい知見や気づきを得られて、少しでも良い刺激が生じることを願っています。

第１講

どうして
聖典が重要なの？

クルアーンの力

1　クルアーンの影響「力」とは?

タージ・マハルにて

インドの首都デリーのニザームッディン駅から電車に乗って二時間弱、タージ・マハルのあるアグラ(アーグラー)に着きました。このニザームッディン地区については第3講でお話ししますが、ムスリムが多く住む落ち着いた緑の多い住宅地です。ムガル朝の歴史的建築物に加えて、モスクやムスリム聖者廟、ヒンドゥー教寺院、スィク教寺院もあります。朝食まで出て快適な電車での移動を終えてアグラ・カント駅で降り、タージ・マハルに向かいました。

この建築物はムガル帝国の絶頂期を象徴するとされ、世界史の教科書などを通して多くの日本人がその姿の優美さを知っているでしょう。たいていは、すっと伸びた水路の向こうに、やわらかく丸みを帯びたドームをいだく白亜の建物の写真が掲載されます。それはまるでアラビアン・ナイトのお城のようですが、墓廟です。

ただ実際に訪れると、写真とはずいぶん異なった雰囲気のなかで建物を目にすることになりました。観光客が多いことは予想通りですが、門をくぐって廟の姿を目にするや否や、ピーッピーッという警笛の音が耳に入ってきます。人々が写真を撮ろうと立ち止まって危険なため、警備員が動くように誘導しているのです。水辺際で自撮りをする人も多く、これも見ていると危なっかしい。家族連れも多く、子どもたちにとっては公園のように思えるのか、走り回っているのもまたヒヤヒヤさせられます。

その賑わいをかき分けつつ廟に近づくと、入り口の白い壁にクルアーンの銘文が目に入ります。どのような意味の句なのでしょうか。タージ・マハルはそもそも一七世紀前半に、ムガル帝国皇帝シャー・ジャハーンが、その愛妃ムムターズ・マハルのために建てた廟です。王妃は大変に愛され、一八年間で一四人の子どもを産んだ後、亡くなりました。ここで、その愛妻のために建てられた廟に刻まれたクルアーンの言葉を少し見てみます。

次の句からは、シャー・ジャハーン帝の妻への深い思いがうかがえるかもしれません。

神は汝のために伴侶を創造し、汝との間に愛情と優しさを植え付けた。実にここには、熟慮する者への徴《しるし》がある。（三〇章二一節）[*1]

また次の句は、儚い現世での生を終えた後、眠りにつく者への安らぎを願っているようにも読むことができるでしょう。

地上での滞在は限られた時間。（二章三六節）

すべての困難には安らぎがある。（九四章五節）

ここを訪れる人たちはムスリムばかりではなく、ヒンドゥー教徒のインド人や、世界各地からの観光客とさまざまです。そのクルアーンのメッセージを知る人は多くはないでしょう。けれども、皆、その優美な文字を視界に入れながら、その下を潜っていきます。どのような信仰心を持っていようと、また持っていなかろうと、その言葉に共感する部分はあるのではないかと、私には思われました。

クルアーンの時間と空間

ここから少し、このクルアーンという書物がどのようなものなのかについて基本的なことをお話しします。[*2]まず何よりも重要な前提は、クルアーンはムスリムにとって神つまりアッラーの言葉そのものだと考えられている、ということです。その言葉を聞き、読む時、神に対峙していると感じるわけです。これこそが、クルアーンの言葉が絶対的だとされる根源的な理由です。クルアーンはこのように独特な立ち位置にある書物です。ムスリムはその読誦《どくしょう》を極めて重視しますが、それは神の啓示が人間に下されたという出来事の再現だとも言えるからでしょう。昨今はインターネット経由で簡単にクルアーン読誦を聞くことができます。好みは分かれるでしょうが、少し物悲しげな朗々とした声は時空を超える何かを感じさせます。

神の言葉はムハンマドに啓示されたと信じられています。場所はアラビア半島のメッカ（マッカ）とメディナ（マディーナ）、時は七世紀前半の約二〇年間にわたってのことでした。ムハンマドの口から独特な言葉が発せられ、これをアッラーの言葉そのものだと信じる人々がムスリム――元来、信仰者という意味です――となりました。クルアーンでは「我々」という言葉が頻出するのですが、この一人称複数形はムハンマドではなくアッラーが自分のことを指して言っているとされます。つまり神がムハンマドを通して人々に語りかけているという構図なのです。ちなみに、アッラーは唯一神なのになぜ複数形なのか、という質問をよく受けます。諸説ありますが、アッラーの偉大さを強調するためとも言われます。

現在の『クルアーン』という書物は、ムハンマドの死後に「啓示」を編纂したものです。全部で一一四章からなり、前の方の章にはメディナ期の啓示が、後ろの方の章になるほどメッカ期の啓示が多くなります。これは少々奇妙なことで、時間をさかのぼるように読み進めることになります。ムハンマドはメッカの五七〇年頃に生まれ、孤児として育ち、隊商交易に従事しました。六一〇年頃から天使ジブリール（ガブリエル）を通して神の啓示を受けていると認識するようになったようです。

メッカで受けた啓示は「メッカ啓示」と呼ばれます。その内容の特徴は、強い現状批判、現世否定です。メッカで蔓延していた部族主義や拝金主義、その背後にある多神教崇拝、偶像崇拝を批判して、現世よりも来世を重視するよう強く主張しています。唯一神アッラーを信仰する者のみが楽園（天国）に入り、そうでない多神教徒は地獄に落ちるだろう、ということが繰り返し説かれています。この第1講の終わりあたりでクルアーンの地獄の句を引用しますが、それはこのような文脈で生まれたものです。

このメッカ期での現状批判とはつまりメッカ社会の伝統に対する挑戦でした。社会改革を目指したと、今の言葉では言い換えることができるかもしれません。そのため指導者層の怒りを買い、ムハンマドや支持者たちは迫害を受けます。彼らは耐え忍びましたが、財産のみならず生命の危険に直面して、苦しい状況に追い込まれます。ムスリムが耐え忍ぶことを重視するのは――このようなことを聞くと、もしかすると驚かれるかもしれませんが――彼らの預言者の前半生によります。

ムハンマドたちは六二二年にメッカからメディナに移住しました。この出来事をヒジュラ（聖遷）と呼びます。この移住はメディナの住人から求められたことが契機でしたが、ムハンマドたちはメッカでの迫害を逃れ、メディナで新たに宗教共同体を打ち立てようとします。この移住後に下された啓示は「メディナ啓示」と呼ばれます。ムハンマドはこの地で宗教指導者かつ政治指導者として人々を率いました。今のムスリムにとってもこの時期は、ムスリム共同体（ウンマ）の理想として見られています。

メディナ期の啓示には、アブラハム（イブラーヒーム）、モーセ（ムーサー）、イエス（イーサー）などについての歴史物語や、ユダヤ教徒やキリスト教徒への批判が多く含まれます。またメッカの多神教徒との対立も続き、戦闘が繰り返されたので、これらに関連する句が多くなっています。現在テロリストたちは、これらの敵との闘争についての句を典拠として用いているのですが、これについては第2講で述べます。ここでは、クルアーンは歴史的文脈を如実に反映したものであるということを確認しておきます。

ムスリムは今、どうクルアーンと接している？

クルアーンという書物の大きな特徴の一つは、現在に至るまでムスリムの日常生活に強い影響を与えていることです。礼拝、断食、喜捨、メッカ巡礼、男女関係、食事制限などのイスラーム的生活様式は、深くその文言に基づいています。ムスリムはお酒を飲まない、豚肉を食べない、ということはよく知られているでしょう。さらにギャンブルや利子についても否定的なのですが、これらもクルアーンに依拠しています。

またイスラームの基本信条はよく「六信五行」という言葉で言い表されますが、これらはクルアーンで述べられています。六つの基本的な信仰箇条（唯一神アッラー・天使・啓典・預言者・来世・運命）と五つの儀礼（信仰告白・礼拝・喜捨・断食・巡礼）のことです。ムスリムとしての世界観や行動様式がクルアーンに深く根差しているわけです。そして人々はクルアーンを読誦したり、それを聞いたりする日々を送っています。ただし現代のムスリムが完璧にクルアーンを理解しているかと言えば、それはなかなかに難しいことです。クルアーンは古典期のアラビア語ですから、非アラブ人ムスリムは言うまでもなく、アラブ人ムスリムにとっても一読して分かるわけではないのです。それは日本人が『古事記』――八世紀初頭に編纂――をすらすら理解できるわけではないことからもわかるでしょう。

ではここからは具体的に、ムスリムがどのようにクルアーンをとらえ、接しているのかを見ていきます。ピュー・リサーチ・センターが詳細な調査を行い、興味深い結果を示しています。このセンターはアメリカのシンクタンクで、アメリカ国内のみならず世界の世論調査を幅広く行っています。ムスリムについての調査も多くの国で詳細に行っていまして、実情を知るための貴重な情報です。

まず二〇一二年に公表された「世界のムスリムたち――統一性と多様性」[*3]という調査レポートを見てみます。このレポートは三九の国・地区（パレスチナ自治区）と八〇以上の言語を対象として、三万八〇〇〇人以上への面談によるインタビューを行っています。これは世界中のムスリムが住む領域の約三分の二をカバーしていますし、政治や治安の問題で調査が難しい国（中国、インド、イラン、サウディ・アラビア、シリア）を除いて、一〇〇〇万人以上のムスリム人口を持つすべての国が含まれています。[*4]つまり世界全体のムスリムの傾向を大きく把握することができる資料と言えます。

そもそもの疑問として、「中東のムスリムは本当に、毎日クルアーンを読んだり聞いたりしているのだろうか」と思いませんか。この点について、モロッコ、パレスチナ、レバノン、イラク、ヨルダン、チュニジア、エジプトで世代別の調査がなされています。明らかにどの国でも、一八―三四歳の層は三五歳以上の層に比べると、クルアーンに毎日接すると答える割合は低くなっています。とは言え、全体として半数程度の人が毎日そうしていると答えています。[*5]

次に「どの程度の頻度でクルアーンを読むのだろう」という疑問についても調べられています。ここでの回答は「毎日クルアーンを読む」、「クルアーンを読むが、毎日ではない」、「クルアーンを読まない」の三つに分類されています。地域は中東のみならず、南東欧、中央アジア、東南アジア、南アジア、北アフリカとムスリムが多い地域を広くカバーしています。

やはり「読まない」の割合が明らかに多いのは、「南東欧」とされているロシアやバルカン諸国と、「中央アジア」といった旧東側諸国です。この地域ではかつて宗教活動が制限されたこともあり、読む習慣・意図のないムスリムが少なくないのでしょう。またこれらの国々では、「毎日クルアーンを読む」割合も他地域に比べて明らかに少なく、一割以下です。「クルアーンを読むが、毎日ではない」人の層が厚く、全体として六割を占めています。けれどもその他の地域を見ると、クルアーンをまったく読まないという人はごく少数となり、ほとんどが毎日もしくはしばしば読んでいるようです。特に中東のアラビア語圏のムスリムは、半分が毎日読んでいるという結果が出ていて、習慣としてクルアーンに接する度合いの高さが明らかになっています。[*6] このようにムスリムがクルアーンを読む頻度は地域や文化的背景によって異なりますが、広く浸透していることは間違いありません。

「クルアーンの句を家に飾っているかどうか」というおもしろい調査項目もあります。[*7] どうしてこのような質問が出てくるのでしょうか。図1−1を見てください。これはモロッコ北部のタンジェ（タンジール）で撮影した写真です。タンジェはジブラルタル海峡に面したヨーロッパへの玄関口とも言える、美しい街です。この写真は何の店だと思いますか。ここはシャワルマ（ドネルケバブ）屋です。見てもらいたいのは、男性の背中の左上にある、額に入ったアラビア語のカリグラフィーです。これはクルアーンの第三六章「ヤー・スィーン」の最初の部分で、次のように書かれています。

ヤー・スィーン。英知あるクルアーンに誓って。まことに汝は使徒の一人。真っ直ぐな道にいる。［これは］偉力と慈悲の御方による啓示。祖先が警告されずにまだ気付いていない民に警告するため。（三六

図 1-1　クルアーンのカリグラフィー

モロッコのタンジェにあるシャワルマ屋。壁にクルアーンのヤー・スィーン章のカリグラフィーが掲げられている。

出所：筆者撮影

章一―六節）

この章はクルアーンのなかでも重視され、「クルアーンの心臓」とも呼ばれます。私も実際に、この句が一番好きだという言葉をムスリムから聞きます。このようにクルアーンの句を飾っている店は珍しくはありません。

実はこの「クルアーンの句を家に飾っているかどうか」という質問は、ムスリムの呪術・魔術についての信仰に関する調査の一環としてなされているものです。クルアーンと呪術にどのような関係があるのだろうか、と思われるかもしれませんが、実は深い関係にあります。

ムスリムの間では、クルアーンの言葉には呪術的な、まじないの効力があると広く信じられています。アラビアン・ナイト（千夜一夜物語）に出てくるジンニー（ジニー）のことを知っている人は多いでしょう。なかでも有名なのはアラジンが手にした魔法のランプから出てくる「魔神」です。これはクルアーンに登場するジン(妖鬼)なのですが、ムスリムは、人が病気になったり悪いことが起きたりする時、ジンのせいだと考える傾向があります。また「邪視」という発想もムスリムの間には強くありますが、これは他人からの嫉妬の視線を受けると災いが生じるという一種の俗信です。クルアーンの句はこれらの災いから身を守る力があるとも信じられているのです。

私もムスリムと話す時にはこの「邪視」に気をつけるようにしています。昔、ムスリムの友人にお子さんや持ち物についてあれこれと褒めた時、「マー・シャー・アッラー(アッラーがそれを意図した)」と付け加えた方がいいと教えてもらったことがあります。そうすれば、「私は嫉妬心を持っていないからね、邪視も送っていないからね」というメッセージを出せるということらしいのです。そうしないと、私がその子どもや物がうらやましくて妬んでいると思われ、人間関係上、大変に困ることにもなり得ます。トルコのお土産として知られる「ナザール・ボンジュウ」や、中東や北アフリカで広く見られる「ファーティマの手(ハムサ)」は災いをもたらす邪視から身を守るためのものです。最近は日本でもエキゾチックな装飾品として見かけるようになりました。

アラビアン・ナイトを読んでいると、この邪視という発想に行きあたることがあります。「『ほくろ』の物語」というお話を紹介しましょう。カイロの商人の会頭のもとにようやく、とても美しい子が生まれましたが、邪視をおそれて地下室で育てられます。この男の子にほくろがいくつかあったので、「ほくろ」と呼ばれます。そして一四歳になったある日、たまたま地下室の扉が開いていたので外に出てしまいます——。[*8]ここではアラビアン・ナイト風に話を途中で切って、この続きは第5講でお話しすることにします。

またもう一つ、「カマールと達者なハリマとの物語」というアラビアン・ナイトのお話のなかにも邪視が出てきます。男女の双子の子どもがあまりに美しいため、親が邪視をおそれて家の外に一歩も出さずに育てました。男の子のカマールは一四歳になると――「ほくろ」と同じですが――ようやく、財産相続人として世間に知らせるために家の外に出ることができました。その時、母親は「いっさいの呪いを防ぐ〔クルアーンの〕聖句の巻軸が中に収めてある銀の小筒」を縫いこんだ白絹のターバンを身につけさせました。[*9] クルアーンは昔から、呪術から身を守るための効果を持つと信じられてきたのです。

今もクルアーンの句が書かれたものは、先ほどのシャワルマ屋のカリグラフィーのように額縁に入れられたり、キーホルダーのようにされたりして売られています。ピュー・リサーチ・センターが「クルアーンの句を家に飾っているかどうか」という質問調査を行った理由はここにあります。

そのレポートによれば、邪視よけのための護符を身につけるよりも、家にクルアーンの句を飾ることが多いようです。また一日一度以上礼拝する者が家にクルアーンを飾る傾向が強く、クルアーンを読む機会が多いムスリムの地域ほど、その句を家に飾る傾向も強まっています。[*10] クルアーンの句を家に飾ることは宗教的な熱心さを示しているのです。

このように日常生活にクルアーンはしっかりと根差していますが、社会制度とはどう関わるのでしょうか。ピュー・リサーチ・センターは二〇一六年に、「ムスリム諸国におけるイスラームと国内法の乖離――クルアーンが国の法律に影響を与えるべきか、見解分かれる[*11]」というレポートを公表しています。ここでは二〇一五年に行われた「クルアーンは国の法律にどの程度影響を与えるべきか」という問いに対する調査が分析されています。

このような問いが立てられる背景には、イスラーム法〔シャリーア〕の存在があります。これは、クルアーンやスンナ〔預言者ムハンマドの慣行〕に基づき、これまで長きにわたってムスリムの法規範でした。けれども近代以降、西洋の影響を受けて多くのムスリム国では法を改革し、全面的にイスラーム法を用いている国はほとんどなくなりました。

このような状況に対して異を唱えているのがイスラーム主義者で、カリフ（ムハンマドの代理人）による統治とイスラーム法に基づく国づくりを目指しています。なかでも極端な例が、「イスラム国（ＩＳ）」（ＩＳＩＳやＩＳＩＬ、アラビア語ではダーイシュ）です。二〇一四年六月にその指導者アブー・バクル・バグダーディー（二〇一九年没）が一方的にカリフ宣言を出し、この勢力はシャリーアに基づく国家を自称して、シリアやイラクの一部地域を暴力的に実効支配しました。ピュー・リサーチ・センターのこのレポートも、現代のムスリムにとってイスラームと政府の関係が未解決の大きな問題であるとして、こう述べています。

武闘集団のＩＳＩＳからシリア難民と、中東における紛争がトップニュースとなり続けているように、イスラームの教義と政府の法の関係がどうあるべきかについて、ムスリム世界では見解がはっきりと分かれている。[*12]

このような状況のなかで出された「クルアーンは国の法律にどの程度影響を与えるべきか」という質問は、ムスリムたちがどのような国を欲しているのかを知るために重要なものです。回答の選択肢は「国の法律はクルアーンに厳密に従うべき」、「クルアーンの価値には従うべきだが、厳密である必要はない」、「影響を受けるべきではない」となっています。ではその結果を見てみましょう。

「国の法律はクルアーンに厳密に従うべき」に半数以上が賛成した国は、パキスタン、パレスチナ自治区、ヨルダン、マレーシアでした。これらの国ではイスラーム法に基づく国づくりを求める意識が強いことがうかがえます。けれどもこの見解は、レバノンやトルコでは二〇%以下という低い割合にとどまっています。どちらも西洋化・世俗化が進んでいる国ですので、それが理由だと推測されます。他方、「クルアーンの価値には従うべきだが、厳密である必要はない」という中間層はインドネシア、トルコ、ヨルダン、レバノン、セネガルで三〇%を越え、穏健ですが信仰を重視するムスリムの多さがうかがえます。[*13] このようにムスリムがクルアーンを国の法律にどの程度影響を与えるべきと考えるのかは、さまざまです。その多様性は、それぞれの国の状況から大きく影響を受けた結果です。

加えてこのレポートでは、個人レベルで受けた教育の影響の大きさが指摘されています。中等教育を受けた層とそれ以下の層を比較すると、倍近くの差で、受けた層が国の法律はクルアーンの教えの影響を受けるべきではないとしています。[*14] これは教育を受けることで、クルアーンをそのまま現実社会に反映させる必要がないという意識が高まるということです。極めて重要な指摘です。客観的に物事をとらえることで、クルアーンを相対化することができる可能性が示唆されています。

するとクルアーンの文言を絶対視してテロ行為を行う過激派ムスリムはどのような状況にあるのでしょうか。今度は、クルアーンと過激派ムスリムの関係についての調査を見てみます。UNDP（国際連合開発計画）が、アフリカのムスリムがどのような背景で過激派組織に加わっているのかに関する調査「アフリカにおける過激派への旅路――勧誘の原因、動機、契機」（二〇一七年公開）[*15] という調査をしています。

そのなかで、クルアーンの学びも調査対象になっています。それによると過激派組織に入る可能性は、最低六年間の宗教教育を受けることで大きく減少します。さらに、クルアーンの三分の一を暗唱した者が過激派組織に加わる可能性が高くなるのは、その者がタフスィール（クルアーン解釈）を学んだことがない場合だけであるとも明らかにされています。[*16] つまり、適切な宗教教育を受けた者は過激派組織に加わる可能性は低くなるが、クルアーンの解釈を学ぶことなくただ暗記した者は、その可能性が高くなるということです。レポートも次のように述べています。

クルアーンは通常、古典アラビア語のみで理解されるものであり、その言語の理解が限定されている人々は宗教的な学びを得るために、しばしば媒介者に過度に依拠することになる。だが宗教知識がしっかりしていれば、武闘的解釈に疑問を呈し議論することができるようになる。[*17]

この調査結果は、この講義そのものの意義を支えるものです。タフスィールとはクルアーンを解釈するイスラームの伝統的な学問分野です。これを学ぶことが、現代のムスリムに必要だと明らかにされました。この学問分野はとても長い伝統を持ちますが、この講義はその最先端の動きをお伝えしていきます。

アフリカのムスリムについての調査を見ましたので、比較の意味でも、アメリカのムスリムの宗教意識についての調査も見てみましょう。ピュー・リサーチ・センターは二〇一七年に「アメリカのムスリムは社会での立場を気にかけているが、アメリカン・ドリームを信じ続けてもいる」というレポートを公表しています。このなかで「ムスリムであるために本質的なことは何か」という質問がなされています。[*18]

やはり一番多い回答は「神を信じること」、次に「預言者〔ムハンマド〕を敬愛すること」となっています。これらはムスリムの基本信条である「六信」に関連します。続いて三番目は「社会における正義や平等のために働きかけること」、四番目は「環境を守るよう働きかけること」とありますが、これは六信には入っていません。アメリカ社会のなかで優先順位が高まった価値観なのかもしれません。

その次に五番目として挙げられているのが、「クルアーンやスンナに従うこと」で、五九％のアメリカ人ムスリムが支持しています。それと比較したいのですが、アメリカのユダヤ教徒のなかで、ユダヤ教の法を守ることが本質的だと考えているのはどれくらいだと思いますか。二三％だそうです。ムスリムの方が明らかに多いです。[19] さらにムスリムの三一％が「クルアーンやスンナに従うこと」は「本質的ではないが重要」と述べているようで、合わせると九割がその重要性を認めているということになります。アメリカに住んでいても、その重要性は根強いものだと分かります。

六番目は「ハラール・フードを食べること」、つまりイスラームの教えにのっとって、許されたもの（ハラール）を食べ、禁じられているアルコールや豚を避けることが挙げられています。七番目は「慎み深い服装をすること」、八番目が「結婚すること」です。「慎み深い服装」とは男女ともに身体を強調する格好をしないこと、特に女性の場合は髪をスカーフで隠すことなどが含意されています。また「結婚」は伝統的にムスリムとしてなすべき行為とされ、独身であることは認められにくい環境にあることの反映でしょう。これら五番目から八番目は伝統的なムスリムの価値観であり、アメリカ社会では実際に行うのは難しい場合もあるでしょうが、ムスリムであることを自他に表明するための重要な事柄です。

これらから、ムスリムがアメリカ社会のなかでもイスラーム的価値を可能な範囲で継続していることがうかがえます。そのなかでクルアーンやスンナを重視する意識は未だ強く見られますが、新しい価値観との整合性が必要になっているわけです。このレポートもこう言っています。

大半のアメリカのムスリム（六四％）は、イスラームを解釈する道は複数ある、と言っている。さらに、伝統的なイスラーム理解は現代の文脈を考慮して再解釈される必要があると述べる者（五二％）の方が、伝統的な理解で十分であると述べる者（三八％）よりも多くなっている。[20]

そしてこの新しいイスラーム理解は世界全体のムスリムの間で、程度の差はあれども求められていて、これがまさに、新しいクルアーン解釈が必要とされる背景となっているのです。

2 新しい解釈がなぜ必要なの？

クルアーン解釈は難しい？

このようにクルアーンをどのように読むか、理解するかは、ムスリムにとっては極めて重大な問題です。その難しさはどこに由来するのかと考えてみましょう。クルアーンは神の言葉そのものである。そう信じることからイスラームの信仰が始まっていることに、その難しさがあると思われます。ここで、クルアーンがムハンマドという人物の言葉であると仮定してみます。これは非ムスリムの認識でもありますので、日本人の多くにとっては何を今さら言うのだろうという仮定かもしれません。ここで注目したいのは、そうした場合に派生する解釈の問題です。

そう仮定してみますと、クルアーンは歴史のなかに位置づけられ、相対化され、その解釈はより簡単になります。クルアーンを七世紀のアラビア半島という時間と空間のなかで生じた言葉としてとらえ、その歴史的・社会的背景を考慮して理解することができることになるからです。そしてそこからムハンマドの意図を探り、現代における意義を導き出すことが可能になるでしょう。実際にこのようなことは仏典やキリスト教聖書などに対して、学問的立場からのアプローチとして行われています。

それに対して、クルアーンが時空を超えた唯一神の言葉であると仮定してみます。これは伝統的なムスリムの視点です。信徒でなくても、一度この仮定のなかに身を置いてみると、どうでしょうか。それをただそのまま字句通りに受け取りたいという気持ちが生まれても、不思議ではないかもしれません。ある意味で、これこそが極めて純粋な信仰心だと言えるでしょう。けれどもそうすると、その言葉が誕生した歴史的・社会的背景を考慮せず、また、現代的な意味を再考することもなく、ただその言葉を鵜呑みにすることにつながりかねません。それが現在、テロ行為がクルアーンの言葉に基づいて行われるとされる理由です。

これらの二つの仮説つまり認識の流れは、交わることがないのでしょうか。ムスリムと非ムスリムのクルアーン観は、これまでも、そしてこれからも、共通点を持たないのでしょうか。実はこれまでも、何人かの「リベラル」と呼ばれるムスリム学者たちが、クルアーンを歴史的文脈のなかでとらえようと試みてきました。

例えば一九九〇年代に、エジプトのカイロ大学教員であったナスル・アブー・ザイド（二〇一〇年没）が、クルアーンは神の言葉であると同時に、人間ムハンマドの状況を反映したものだという理論を提示しました。けれども保守派から大きな反発が生じ、裁判沙汰にまでなり、オランダに亡命して研究を継続することになったのです。[*21] この騒動が生じたのは、保守派がアブー・ザイドのことをクルアーンの神聖性を否定した背教者だととらえたためでした。それほどまでに、クルアーンを歴史のなかで位置づけることに、伝統的なムスリム社会では抵抗感があるのだと実感させられる出来事です。

ここで実際に、「クルアーンを字句通りに読むべきか」と問うたピュー・リサーチ・センターの調査がありますので、見てみましょう。この質問はつまり、クルアーンの言葉をそのまま理解するべきか――神の言葉として絶対化するか――、もしくは解釈するべきか――時代背景などを考慮して相対化するか――という意識調査です。この調査はサブサハラ・アフリカのムスリム諸国とアメリカが対象となっています。「クルアーンを字句通りに読むべき」と回答した人の割合は国によって異なりますが、最も多いカメルーンでは九三％、最も少ないコンゴ民主共和国で五四％という数字が出ています。[*22] これらサブサハラのアフリカ諸国では、平均値をとると八〇％の割合でクルアーンを字句通りに読むべきとしていることになります。これに対して、アメリカでそのように考えている人は五〇％ほどです。[*23] 以上から、クルアーンの解釈を認めるかどうかについては国によって違いがありますが、やはりアメリカというムスリムにとって異文化の国にマイノリティとして住む者たちは、概して高い割合でクルアーンの解釈の必要性を感じていると言えるでしょう。

先ほどお話ししたアブー・ザイドがエジプトで研究を続けられなくなったように、これはムスリム社会にとって大きな論点なのです。社会にこれほどまでに緊張をもたらす聖典というものは、日本人の目から見ると、扱いづらく、重たい存在のように思えるかもしれません。なぜそれほどこだわるのだろう、と不可解に感じる人もいるでしょう。けれども、マイナス面ばかりではないはずです。聖典は新しく解釈されることで、極めてポジティブな存在となっていく可能性を秘めています。それを次にガンディーを例として見ていきます。

ガンディーは聖典をどう解釈した？

ここから、ガンディーのヒンドゥー教聖典解釈を取り上げていきます。ガンディーについては「ガイダンス」でもガッファール・ハーンと関連して少しふれましたが、ここでも再度登場してもらいましょう。なぜならば、イスラームの聖典を考えるにあたって、彼の聖典解釈は深い示唆に富んでいるからです。

聖典に暴力を肯定するように読める句があるとします。平和主義者ならば、そのような聖典と関わらないという選択もあり得たかもしれません。けれども、ガンディーはそうはしませんでした。真正面から聖典と向き合い、その奥にある意味を平和的に理解し直した、つまり解釈したのです。これは神の言葉であるクルアーンを否定することはできないムスリムが取ることのできる一つの道筋だと考えられます。

私がヒンドゥー聖典『バガヴァッド・ギーター』を初めて読んだのは、大学生の頃でした。何がきっかけだったのかもう忘れてしまいましたが、仏教学か宗教学の授業で紹介されたのかもしれません。この聖典は、運命に抗おうとしながらも、それを受け入れ、戦いに挑むアルジュナ王子を描いています。暴力的な文言も多く含まれますが、当然ながら私はそれを額面通りに受け取ることはありませんでした。そうではなく、与えられた場所で最大限の生き方を選択することを鼓舞する物語として読み、大変に感動した記憶があります。現代に生きている非信徒が古い聖典の言葉に感動する、そういう実体験でした。

『バガヴァッド・ギーター』は、大叙事詩『マハーバーラタ』第六巻に含められ、紀元前五—前二世紀の間に書かれたとされています。そのあらすじはこうです。勇猛なアルジュナ王子は、同族間で戦い殺し合うことに疑問を抱き、戦意を失います。けれども、クリシュナ——ヴィシュヌ神の化身——はアルジュナの御者として、彼を鼓舞し、戦意を取り戻させました。つまり、戦うことを全肯定する聖典です。平和・非暴力思想の世界的シンボルとも言えるガンディーは、これを座右の書とし、生涯にわたって参照し続けました。この一見矛盾するようなつながりを生んだのは、ガンディーによる独自の解釈でした。

ここで少し、『バガヴァッド・ギーター』(上村勝彦訳)を実際に読んでみましょう。[*24]

もしあなたが、この義務に基づく戦いを行わなければ、自己の義務と名誉を捨て、罪悪を得るであろう。

……あなたは殺されれば天界を得、勝利すれば地上を享受するであろう。それ故、アルジュナ、立ち上れ。戦う決意をして。苦楽、得失、勝敗を平等（同一）のものと見て、戦いに専心せよ。そうすれば罪悪を得ることはない。[*25]

聖バガヴァッドは告げた。……それ故、立ち上れ。名声を得よ。敵を征服して、繁栄する王国を享受せよ。彼らはまさに私によって、前もって殺されているのだ。あなたは単なる機会（道具）となれ。アルジュナ。ドローナ、ビーシュマ、ジャヤッドラタ、カルナ、及びその他の勇士たちは、私により殺されているのだが、あなたは彼らを殺せ。戦慄《おのの》いてはいけない。戦え。戦闘においてあなたは対抗者たちに勝利するであろう。[*26]

アルジュナは言った。「迷いはなくなった。不滅の方よ。あなたの恩寵により、私は自分を取り戻した。疑惑は去り、私は立ち上った。あなたの言う通りにしよう。[*27]」

このように戦い、相手を殺すことが鼓舞されています。その根拠は、クシャトリヤ（戦士・王侯階級）にとってそれが義務（ダルマ）であることだとされ、自分が死んでも天国が、また勝てば地上での繁栄が約束されています。これは、次のようなクルアーンの句を彷彿とさせないでしょうか。

ゆえに来世のために現世の生活を捨てる者には、アッラーの道において戦わせなさい。アッラーの道のために戦う者は、殺されても勝利しても、我々［アッラー］は大きな報奨を与えよう。（四章七四節）

信仰する者はアッラーの道において戦い、信仰しない者は邪神の道において戦う。ゆえに悪魔の友に対して戦え。実に悪魔の策略は弱いもの。（四章七六節）

ガンディーは戦いを鼓舞するこの聖典ギーターを「精神的な参考書」[*28]と呼び、彼の信念を支えたとまで述べています。彼の長年の秘書も言うように、その「生涯は一瞬一瞬が『ギーター』のお告げを生きようとする意識的な奮闘」だったのです。[*29]ガンディー自身、次のようにギーターが闘いの支えであったことを描写しています。ガンディーがどれほど苦闘したか、それをどれほどギーターによって支えられたのか、痛いほど伝わってきます。聖典が人を支えることができるという、素晴らしい例ではないでしょうか。

疑念につきまとわれたり、失望に襲われたり、或いは地平線に一条の光も見えぬ時に、『バガヴァッド・ギーター』に向かい、そこに、慰めの一節を見つけると、私はどんなに悲しい時でも、すぐにほほえむ。私の生涯は外面的には悲劇に覆われているが、それが目に見えるものにせよ、見えぬものにせよ、私に何らその痕跡をとどめていないとすれば、それは『バガヴァッド・ギーター』の教えに負う。[*30]

戦いを説く聖典ギーターがガンディーの座右の書となり得た理由は、その解釈にあります。彼はこの聖典の内容を字句通りに受け取ることはしませんでした。戦闘の描写は比喩としてメッセージを効果的に伝えるために描かれたのであり、肉体的戦闘は人間の心の内面の葛藤を意味し、それを乗り越えることが説かれている、そう解釈したのです。

最初にギーターを知った時、それは歴史的な作品ではないと感じた。そうではなく、身体的戦闘を見せかけとして人間の心のなかで絶え間なく続く戦闘を描いているのであり、身体的闘争は単に内面の戦闘をより魅力的に描写するために用いられているだけなのだ、と。……マハーバーラタの著者は、身体的戦闘の必要性を説いたのではなく、反対に、その無用さを明らかにしたのである。[*31]

クルアーン同様に、バガヴァッド・ギーターも多様な解釈を生んできました。[*32] 戦闘を肯定していると解釈することが容易なのは、先ほど見た通りです。『ガンディーの戦場選択――マハトマ、バガヴァッド・ギーターそして第二次世界大戦』のなかでフランシス・G・ハッチンズはこう言っています。

インドのテロリストたちはギーターの好戦的な勧告を暗殺や爆破行為を正当化するために引用したので、ガンディーは、古代の戦場での対話についての比喩的な解釈を提示することで対抗したのであった。[*33]

ガンディーは比喩的に解釈することで、ギーターで描かれる戦いの鼓舞の言葉を「止むことのない精神的な戦い」[*34]ととらえ、現実の戦いを人の心の内面的な戦いに読み替えたのでした。ですから「殺す」対象は人ではなく、人の内面に生じる悪ということになります。まさにガンディーの言うように「人の身体は正邪の間で永遠の闘争が繰り広げられる戦場」なのです。[*35] そして、このように聖典を解釈することで、ガンディーはサティヤーグラハつまり非暴力抵抗運動の思想に到達しました。[*36] 好戦的な聖典の句を大胆に解釈することが、世界の平和運動の重要な思想を生み出したのです。聖典にはそのような力もあることがここからうかがえます。

さらにガンディーはヒンドゥー教の聖典以外に対しても包括的な認識を持っていました。その柔軟さが宗教を越えてインドの人々の連帯を説く重要な基盤となっていたのです。例えば、ガンディーは断食を終えた後、ギーターとクルアーンの読誦を聞いたそうです。[*37] また内容についても学び、ヒンドゥー教聖典やクルアーン、聖書、仏典に共通して非暴力の教えがあると認識していました。クルアーンについても、そこには非暴力の思想があったが、後に誤った理解が広まり、好戦性がムスリムの間に生じていると考えていました。[*38]「ガイダンス」で述べたガッファール・ハーンなどムスリムとの共闘は、このようなガンディーの聖典観と通底しており、聖典認識は実際の行動と深く結びついていると言えるでしょう。

ムスリムによる新しい解釈はどう生まれている?

では一体、イスラームの聖典クルアーンを誰が解釈するのでしょうか。実際にこの点については見解の相違があります。誰でもがクルアーンを解釈し、それを発表してしまうと、収拾がつかなくなってしまうのは想像に難くありません。私自身もムスリムからそのような懸念を耳にしたことは何度もあります。昨今は特にテレビでクルアーンについて語る知識人が増えています。このなかには伝統的な宗教学者――ウラマーと呼ばれます――はもちろんのこと、世俗的な教育を修めた者も少なくありません。テレビを見る人はそれぞれ自分の好きな人の番組を見るので、ますます解釈がバラバラになってどれが正しいのか分からない……と嘆くムスリムの声も聞いたことがあります。

けれども、現実世界をどう生きるべきかについての疑問や悩みを持つムスリムが、クルアーンにその答えを求めたいと願う気持ちは尽きることがありません。そこで、新しい解釈がいくつも生まれていくことになります。

「イスラームQ＆A（Islam QA）」[*39] というウェブサイトがあります。これは、サウディ・アラビアのムスリム学者が立ち上げた保守系のウェブサイトで、一般のムスリムからの質問とそれに対する学者たちの答えを掲載しています。質問内容にはイスラームの教義のみならず、日常生活のさまざまな悩みが含まれていますので、一般のムスリムの関心や葛藤を知ることができる興味深い資料でもあります。ちなみにこの「Q＆A」はムスリム社会に伝統としてある、ファトワーを用いるウラマーへの問答システムに基づきます。ファトワーについては第4講で説明します。

このウェブサイトで二〇一七年に、クルアーンやスンナを現代的に再解釈してもよいのかどうかと質問されました。閲覧数は六五八四件でした。[*40]

最近多くの人たちが「私たちはもう馬やラクダには乗らずに電車や車に乗っている。テレビを見るし、携帯電話を持っているし、ハイテクな医療施設もある。だから、今の社会に合うようにクルアーンやハディースを解釈してどうしていけないのか」と言います。どう答えればよいでしょうか。

これに対する学者の回答は、再解釈には正しい方法と間違っている方法があり、正しい方法は認められるというものでした。「間違っている方法」としてこの回答では、アブー・ザイドが例に挙げられています。その理由は、アブー・ザイドが、クルアーンは特定の時代に啓示されたテクストで、人間によって書かれたものだと考え、時代が変われば意味も変化すると主張しているからだとされています。そうすることで、クルアーンが他宗教の聖典のテクストと同様に歴史的観点から理解されようとしている、と批判しているのです。
それに対して「正しい方法」についてはこう言っています。学者たちの合意がすでにあるならばその解釈に従うべきである。もし合意がない事柄があれば、アラビア語の法則に従って新しい解釈を検討してもよい。そしてこの場合の解釈者は、イスラーム法源学やクルアーン解釈学――タフスィール――といった伝統的なイスラームの学問を修め、アッラーへの畏怖心を持ち、クルアーンの聖性を穢すことのない学者であるべきだ、と。

以上から分かるように、一般のムスリムの間でも、移り変わりの激しい現代社会のなかでクルアーンをどのように解釈すればよいのかという問いが生じています。これに対して保守的な学者層からは、アブー・ザイドといった、本書で言う「リベラルな」ムスリム学者の解釈は論外であると批判の対象にされています。そして、伝統的なイスラーム諸学を修めた学者のみが、限られた事柄について、伝統的な議論に基づいて再解釈することができると主張されるのです。この構図は、知識人――ウラマー――の見解をそのまま受け入れる一般人、という伝統的なものです。けれども、現在はこのような構図では満足できないムスリムが増えているため、新しい解釈が生み出されています。
では実際に、ムスリムがクルアーンの解釈を求める声をピュー・リサーチ・センターのレポートが拾っていますので聞いてみましょう。アメリカのムスリム男性二人（三〇歳以下）はこう語っています。

クルアーンを完全に言葉通りに理解すると、問題が生じてしまう。それにはいくつも層があって、ただ読んで、「自分はこれをしなければならない」と言うことはできない。それはＩＳＩＳ［「イスラム国」］がやっていること。彼らはクルアーンの一部を引用して、人を殺しに出向いている。……言葉通りにはとるべきではない。そうだとは知らなかったと言う友人もいるけれど、［今は］考えを変えている。解釈には二種類――言葉通りのものとタフスィール（学者によるクルアーン解釈）がある。[*41]

イスラームを解釈する本当の方法は一つではなくて、そうだからこそ美しいのだと思う。……文脈を考えずに、そのまま言葉通りに解釈する人もいるかもしれない。そういう人たちはただクルアーンだけに目を向けているのだろう。そうでない人たちは――こちらが大多数だけれども――クルアーンと預言者伝承つまりハディースの両方に目を向けている。しかも思想にはいくつも学派がある。学者たちが何世紀にもわたって信じてきたことには相違もあるので、その思想の学派にも基づきながら解釈することになる。[*42]

ここから、アメリカのムスリムがクルアーンを字句通りに理解しようとせず、文脈の重要性を認め、学者による解釈の多様性を受け入れる必要性を感じていることがうかがえます。字句通りに読む者も実際にはいるけれども、柔軟な解釈を求める者が多いようです。

では今回の講義の最後に、ヨーロッパ在住のムスリム知識人の対話から、クルアーン解釈の必要性が求められる背景について探ってみましょう。彼らが現在のムスリムの問題点をどのように認識しているのか、そしてそこからクルアーンの新しい解釈がどうして必要なのか、この思考のプロセスの一端を知ることができます。

ここで取り上げるのは『暴力とイスラーム――政治・女性・詩人』[*43]という対談集の記録です。シリア出身でフランスに亡命したアラブ詩人アドニスに対して、パリ第七大学で教鞭をとる精神分析学者フーリア・アブドルアヒドがインタビューをしました。在仏ムスリム知識人たちによる、ムスリムの世界観に対する危機感とその対応方法についての内省的な議論で、日本語に訳されている極めて貴重な言説です。

この二〇一五年になされた対談の大前提は、「アラブの春」の失敗とその後に生じた「イスラム国（ＩＳ）」や、ヨーロッパへの難民の大量流入といった社会的混迷です。アドニスとフーリアは、このような極めて困難な状況について、ムスリムの歴史を振り返りながら議論しています。

緒言でアドニスとフーリアは、クルアーン——コーランとありますが——の解釈史の問題点をこう指摘しています。

> コーランは対立する利益者たちに応じて都合よく解釈されます。……今日のイスラームは、こうした歴史を背負っているのです。[*44]

このような認識の上で、アドニスは、「イスラム国」について次のように述べています。

> 今、『イスラム国《ダーイシュ》』が何をしているかというと、イラクやシリアで、コーランの朗読コンテストを実施し、優勝者に女奴隷を与えています。これは、女性に対してだけではなく、聖なる啓典に対しても、侮辱以外の何ものでもないではありませんか。[*45]

クルアーンには女奴隷の存在を認める句がありますが、現在、奴隷制を認めるムスリムの国はありません。けれども、ＩＳはクルアーンを字句通りに受け取っています。アドニスはそのような解釈を否定しているのです。

この対談を通して、ムスリム社会には革新の精神や問題を提起する姿勢が欠けているということが語られています。つまり新しい状況を受け入れる素地が弱いということです。そしてその原因を、ムハンマドの時代を完璧なものだととらえ、それ以降の変革を認めないという宗教思考様式にあるとしています。このために、自己反省的な議論は生まれず、思考することを拒んでしまっている。よって、クルアーンの言葉を現状に応じて理解しようとすることにも抵抗が強いままとなっている、と言います。

アドニスは、クルアーンは「激烈を極めたテキスト[*46]」であり、暴力的で残忍な内容が多くあるとして、例えば次のような地獄を描写する句（二二章一九―二二節）を挙げています。

不信仰者どものためには火の衣服が仕立てられ、その頭上から熱湯が注がれる。そのために、彼らの内臓も皮膚も溶けただれる。また、彼らのために鉄の棍棒もある。苦痛のためにそこから脱出ようとするたびに、突き帰される。「火あぶりの懲罰を味わえ[*47]」。

そしてこのような句のために、暴力が神聖化されることになり、それに対して疑念を表明することは難しいと、聖典の不可侵性が強固であることを嘆いています。

フーリアは「コーランの記述に敢然と立ち向かうことは、それほど難しく怖いことなのでしょうか」と問い、アドニスはこう答えています。

真実を語ることで、脅迫や審判、それに告発の危険に身をさらすことになるからです。アラブ世界の人は誰であれ、イスラーム文化についてあれこれ考え始めたとたん、命の危険に身をさらします。[*48]

これはまさに、アブー・ザイドの身にふりかかったことです。

するとどのような解決方法があるのでしょうか。フーリアは、現在のイスラーム諸国にはクルアーンに対する人々の見解の相違が広がっていると指摘しています。クルアーンに依拠するイスラーム法（シャリーア）を重視する保守勢力が力を増している一方で、人文学などの西洋の影響を受けた人々が問題のあるクルアーンの句は削除してしまえばいいとまで主張しているのです。しかし、彼女はこの二つの方法のどちらも支持せず、「私たちなりの近代性を創生して生きていくこと」、「私たちのアイデンティティをいかに構築していくか」を模索する必要があるとしています。これは非常に大切な、けれども難しい試みです。近代性（モダニティ）やアイデンティティといった概念は、後の講義でもまた出てきます。この模索は、ただイスラームの伝統に従うのでもなく、ただ西洋的価値観にイスラームを合わせるのでもない、新たな道筋を探ろうとするものです。

アドニスもこれに同意して、次のように述べています。[*49]

ええ、そのためにも、コーランの新しい読み方、つまり自由かつ突き詰めた読み方が必要です。そして、宗教はアイデンティティとは別ものなのですから、まずはイスラームとアイデンティティの混同の罠から脱出を図ることが大事です。

クルアーンの重要性は否定されていません。重要なのは、クルアーンという聖典を解釈し直すことだとされます。これは、絶え間ない暴力や紛争に苦しめられている中東のムスリム社会を変革するために提示された重要な処方箋ではないでしょうか。このような思考と発言が可能になったのは、アドニスやフーリアが西洋世界を拠点として活動するマイノリティのムスリムであるためです。このように現在、社会を変えるクルアーン解釈の必要性を求める声が、伝統的なムスリム地域の外からも生まれているのです。

第1講はこれで終わりとします。「リベラル」なクルアーン解釈を見ていくのは第3講からになります。次の第2講では、一般的なイメージに近い――つまり好戦的な――クルアーンの読み方をするムスリムたちを見ていきます。ただしここにも違いはあります。

第２講

クルアーンは
戦争を命じている？

聖典の表と裏

1　カンボジアでのムスリムの「闘い」

ずいぶん昔のことですが、大学院修了後、日本学術振興会の特別研究員（いわゆるポスドク職）だった時、僧侶への研修講演会を依頼されました。イスラームという宗教について概説し、ジハードは「努力」を意味して、戦闘は防衛のために行うのが基本だといったことを話しました。けれども終了後に会食をいただいているなかで、一人の僧侶に、「それでもイスラム教徒は異教徒がいれば殺しに行くんですよね」と確認されてしまいました。

私の力不足だったのでしょう。自分の説明力のなさにがっかりし、かつ、人の固定概念を変える難しさを痛感した出来事でした。

それからそれなりに月日は流れ、ひょんなことから、仏教国カンボジアのマイノリティ・ムスリムであるチャム人の調査を一年間行うことになりました。オレンジ色の袈裟をまとった僧侶が町を行き交うプノンペンに住み、この国のムスリムの歴史や現状を追いかけたのでした。思いもよらないカンボジア滞在でしたので、苦労の連続でしたが、想定外のことからこそ得られるものが多いと実感する経験でした。

この時の調査は『チャムパ王国とイスラーム――カンボジアにおける離散民のアイデンティティ』（平凡社、二〇一七年）でまとめています。基本的にチャム人ムスリムはカンボジアの仏教社会で共存して平和に生きています。クメール・ルージュ時代には虐殺の対象となり、それに対して反乱を起こしたこともありますが、これはまさに「防衛ジハード」というものでしょう。

そもそもチャム人ムスリムたちは、今のベトナムによって祖国チャムパ王国を滅ぼされて、カンボジアに移住を余儀なくされました。そしてカンボジア王室から認められてこの地に定住したという歴史的経緯を持ちます。それゆえでしょう、現在もカンボジア王室との関係も良好で、前シアヌーク国王の葬儀など王室行事にも公式に参加しています。王族と結婚したチャム人ムスリム女性もいたほどです。私のチャム人の友人も王室を敬愛し、職場のデスクに国王の写真を掲げているほどでした。つまり、ムスリムであることとカンボジアの仏教王を敬愛することに矛盾を感じていないのです。

さらに現政府、フン・セン首相との関係も強固とされます。私の滞在中にあった選挙の時に聞いたことですが、チャム人の村に与党が用意した迎えの車が来て、集団でそれに乗って投票所に出かけたそうです。もちろん皆、与党に投票したはずです。首相は、義理の父がチャム人だったとか、クメール・ルージュ時代にチャム人に命を救われたことがあったとか、噂を聞いたこともあります。

図2-1の写真はクルアーンの読誦大会で撮影したものです。見えづらいかと思いますが、壇上にシハモニ国王（左）、シアヌーク前国王（右から二番目）、モニーク前王妃（右端）の写真が掲げられています。これも先ほど言ったように、チャム人がムスリムであることとカンボジア王室を支持していることが併存していることの現れです。しかもこの読誦大会には首相も来てスピーチを行い、チャム人との共存を再確認していました。

チャム人はクメール・ルージュ時代に大虐殺の被害者となったマイノリティですので、体制側との対立を避けることは非常に重要な生きる術です。私が気心の知れたチャム人の若者に「チャムパ王国の復活は考えないの」と聞いても、本当にそのようなことは考えられないといった反応ばかりでした。若い人たちの関心

図 2-1　2013 年にプノンペンで開催された第 22 回クルアーン読誦全国大会
出所：筆者撮影

は、チャム人でありムスリムではあるけれども、カンボジア国民として生活し、家族を持ち、それを守ることが最優先なのでしょう。そのために、マジョリティのカンボジア人仏教徒とうまくつきあい、英語かアラビア語を学んでさらに国際化することを目指しています。マイノリティとして当然の戦略だと言えます。

このようにカンボジアのチャム人のアイデンティティは複合状態で、ムスリムであることとカンボジア人であることはそのなかで共存しています。ですから――ここが重要なのですが――異教徒だからと言って殺しに行くはずはありません。

今、このように話せば、あの時の日本人僧侶に、「ムスリムは常に異教徒と闘うわけではない」と分かってもらえる……かもしれない。こう思えるようになるには、研究者としてそれなりに時間がかかることでした。

2 宗教・聖典のなかの暴力・戦争

人は多くの根拠のない思い込み、と言いますか、一方的なイメージを抱えて生きています。ムスリムがテロを行ったという報道を見聞きすると、「宗教は平和を求めるはずなのに、なぜこのようなことが起こるのか」と尋ねられる機会が多くなります。「イスラム教の聖書コーランには何か間違ったことが書かれているのではないか」という疑問も生じがちなようです。これらの疑問はとても重要なもので、新しい理解の始まりになり得ますが、思い込みも含まれています。

ここからはこれらの疑問が少しでも解けるよう、世界の宗教の聖典全般について考えてみましょう。先に答えを言っておきますと、歴史的に見て「宗教・聖典が常に平和を説いてきたわけではない」、そして「クルアーンのみが好戦的な内容を含んでいるわけではない」というものになります。

宗教学者マーク・ユルゲンスマイヤーの『グローバル時代の宗教とテロリズム』はちょうど二〇〇一年の「9・11」、つまりアメリカ同時多発テロ事件の頃に刊行されました。キリスト教、ユダヤ教、イスラーム、スィク教、そしてオウム真理教の信徒が起こした暴力が取り上げられ、イスラームに限らず宗教というものが暴力を内包していることを詳細に論じています。

特に興味深いのは、宗教に共通する特性として提示されている、「コスミック戦争」という概念です。この概念が現実化すると暴力を生みやすい、つまり、そもそも宗教には暴力の種が含まれているということです。

誰もが知るとおり宗教には闘争と変革のイメージがつきものだ。これは「コスミック戦争」と呼ばれる、宗教のもつ秩序体系確立のための闘争として聖典に描かれている戦争の概念を形成しているものだが、このイメージが現実世界の社会的闘争に援用されているのである。……聖典のなかのコスミック戦争が人間世界でも進行していると考えられると、現実の暴力行為に行きつくのである。[*1]

さらに社会学者シュヴァァルツ゠バルコットはこの論を進めて、聖典に描かれる暴力を具体的に検討しています。これは数量的な分析をしているために分かりやすく、なかなかに面白い調査です。IS（イスラム国）の出現後に刊行された『聖なる書物とこれから数十年間における暴力、テロ、ジェノサイド、戦争』では、旧約聖書・新約聖書・クルアーンのなかの身体的な暴力についての記述が緻密に分析されています。（ユダヤ教徒の聖典は「ヘブライ語聖書」と呼ばれるべきですが、ここではシュヴァルツ゠バルコットの呼称に従って「旧約聖書」としておきます。）それによれば、クルアーンは一般的に思われているほどには、好戦的ではないようです。

クルアーンでは少しの割合（一一・九％）の節しか暴力に言及していない。この調査結果は、クルアーンは「暴力的な書物だ」または「暴力に満ちている」と主張する人を支持してはいない。とは言え、この調査結果はまた、クルアーンが完全に非暴力で平和的な書物だということも支持していない。クルアーンを全体として見た時、どちらの断定も有効ではない。[*2]

シュヴァルツ゠バルコットは旧約聖書や新約聖書も分析し、旧約聖書では五・一五％、新約聖書では一・八四％の割合で、暴力に関する句が含まれていることを明らかにしました。さらに三つの聖典の暴力的な内容について比較して、次のような結論を述べています。身体的暴力が言及される割合はクルアーンが最も多く、次いで旧約聖書となり、新約聖書では身体的暴力についての言及は少なく、平和的傾向が強い。内容を見ると、最も暴力的で過酷な内容を含むのは旧約聖書で、ジェノサイドを描き、暴力が神によって命じられ正当化される場合が大半である、と。ただし彼は最も重要な調査結果は、「どの聖典もテロやジェノサイド、戦争、戦闘について、根本的、圧倒的そして甚だしく述べている書物ではない」ということだったと書いています。[*3]

シュヴァルツ＝バルコットは最後に、現代の敬虔なキリスト教徒が新約聖書に従うならば、同様のユダヤ教徒やムスリムよりも、容易に暴力を避けることになるだろうとの見解を示しています。そのため、旧約聖書やクルアーンに関しては、その暴力的な描写は「文脈のなかに入れ」、非暴力的な句から多くを得るようにすることが重要だとも言っています。[*4]「文脈のなかに入れ」とはつまり、その言葉が生まれた当時の状況を考慮して解釈するということでしょう。ここでも聖典の現代的解釈の必要性が示唆されているのです。

ただしこの研究は、本人も何度も述べているように宗教学ではなく社会学・心理学的な分析の成果です。その意味で大変に興味深いものですが、宗教学的な視点で抜け落ちている側面もあるでしょう。ここで気にかかるのは、キリスト教徒も「旧約聖書」を正典として扱っているという点です。山内進の『十字軍の思想』によれば、十字軍のみならず、クロムウェルのピューリタン軍や、先住民を侵略して国を建てた頃のアメリカ人も、旧約聖書の言葉を戦闘を正当化する根拠として用いています。例えば十字軍の派遣を最初に構想したローマ教皇グレゴリウス七世（在一〇七三―一〇八五年）は、「主の剣」による流血を説く「エレミア書」（四八章一〇節）を好んで引用したといいます。[*5] つまり、キリスト教徒について「新約聖書」のみから判断できないことが、歴史的にも明らかなのです。

とは言え実際のところ、日本でもキリスト教に対しては、「愛」や「平和」を希求する宗教というイメージが強くあります。信徒でなくても結婚式をキリスト教の教会であげることも少なくなく、漠然とした憧れの対象なのでしょう。高校生への調査からも、キリスト教については「先進的」、「自由」、「平和で穏やか」、「弱者を保護する」というイメージが持たれているという結果が出ています。[*6] ただこれは一つの側面です。小原克博が論じるように、確かに初期キリスト教は絶対的平和主義でした。けれどもローマ帝国の国教となった後、戦いの必要性が高まり、必要悪としての戦争を認める「正戦論」が整備されていったのです。[*7]

ヨーロッパの歴史を見てみると、ムスリムの地を攻撃した十字軍や、カトリック勢力とプロテスタント勢力間の宗教戦争などもありました。特に十字軍は一〇万人ものキリスト教徒が、ムスリムから「奪回」するためにエルサレムに侵攻しています。アミン・マアルーフ『アラブが見た十字軍』[*8] が述べているように、ここでの被害の大きさから、現在に至るまでムスリムたちは十字軍に攻め込まれたことを忘れていません。

IS（イスラム国）だけでなく、その先行的存在のアル＝カーイダの指導者オサマ・ビンラディン（ウサーマ・イブン・ラーディン、二〇一一年没）もまた、自分たちの暴力行為を正当化する際に、「十字軍」の記憶を引き出します。中東を侵略する欧米諸国やイスラエルを「十字軍」ととらえ、自分たちはそれへの防衛ジハードを行うと主張したのでした。さらにこの認識を補強するかのように、9・11直後の九月一六日に当時のジョージ・W・ブッシュ米大統領が「テロへの戦い」は「十字軍」だと発言してしまいました。[*9] こういった状況のために、キリスト教徒は常に中東のムスリムを攻撃しようとしているという構図がムスリムの頭からなかなか消えないのです。

では仏教はどうでしょうか。この宗教については、基本的に平和主義で、精神の安寧を求めるものというイメージが強いようです。特に日本社会では葬儀や法事で僧侶に接することも多く、社会慣習としての親近感は高いでしょう。実際に日本人の六五%は仏教に対して「親しみ」を感じ、これは諸宗教のなかで最も大きい数字となっています。その次には神道に対して二一%が「親しみ」を持っていますが、仏教とはかなり差が出ています。[*10]高校生に対する調査でも、仏教に対して「異教徒に寛大」や「平和的で穏やか」といったイメージを持っていることが明らかになっています。[*11]

欧米諸国での仏教についてのイメージも「本質的に平和的哲学」とされてきましたが、最近、それが覆されたと言われます。それは、ミャンマーの仏教徒がムスリム（ロヒンギャ）を迫害しているとする報道が二〇一二年以降増加したためです。[*12]ミャンマー政府は彼らを「不法移民のベンガル系」として国内での居住を認めず、虐殺や難民化の問題が生じています。ちなみに私がカンボジアで調査をしていた二〇一三年にチャム人ムスリムのイマーム（宗教指導者）に、ロヒンギャ問題についてどう思いますかと質問したことがあります。その答えは、カンボジアではお互いの宗教を尊重し、政府もムスリムを認めているのでそのような問題はない、というものでした。[*13]

このほかにも、スリランカやマレーシア南部など、仏教徒が暴力に関わる事例はいくつも生じています。スリランカはイギリスからの独立後、シンハラ人仏教徒によるタミル人ヒンドゥー教徒への迫害が続きました。一九八三年に激しい内戦が始まり、七万人以上の犠牲者が出ています。この内戦中、仏教徒によってパーリ語仏典が暴力を正当化するために用いられることもあったようです。[*14]二〇〇九年にスリランカ内戦が終結し、和解のプロセスが進んでいますが、今度はマイノリティのムスリムがシンハラ人仏教徒による暴力的迫害の対象となっています。

さらに日本の歴史をふりかえっても、仏教徒が常に平和主義であったわけではないことが分かります。古くは平安・鎌倉・室町時代に勢力を持った僧兵、つまり武装化した僧侶がいました。戦前の仏教思想潮流のなかには、暴力や戦争を認め、軍国主義を支持するものもありました。さらにオウム真理教が仏教思想から着想を得て暴力を正当化し、テロを実行したことはすでに述べた通りです。このように、仏教徒と暴力は無縁ではなく、状況によっては武装行動に結びつく素地は十分あると言えるのです。[*15] けれども仏教的慣習に深く関わる日本人の多くは、自分たちにそのような暴力的な種があると言われても、思いもよらずに戸惑うかもしれません。

すると、聖典の内容と実際の戦闘や暴力には直接的な関係はないと考えた方がよいのではないでしょうか。つまり常に聖典の暴力的な言葉がその信徒を戦いに駆り立てるわけではない、ということです。ただし、外部の社会的状況が原因で紛争が生まれた場合に、聖典の暴力的記述はその正当性の根拠になり得てしまいます。つまり都合よく利用される可能性があるわけです。

そもそも宗教は、自己の肯定と他者の否定を併せ持っています。自分たちの主張こそが真理なのですから、それ以外は間違っているわけです。この両面性は異教徒との対立を引き起こす潜在的要因であることは確かです。宗教は人間の営みですから、この二面性は人間という存在そのものの二面性でもあるでしょう。自分は正しいので、生き残るべきだと思えば、他の人たちがどうであるか、容易に想像できるでしょう。けれどもそうは言っても、常に他者は存在しますし、何らかの形で共に生きていかなくてはなりません。

実際にクルアーンでは、敵との対立が説かれています。それとともに、他者と共に生きることも説かれています。その二面性はクルアーンのみならず、他の宗教聖典にも通じるものだということは、ここで見てきた通りです。このことを念頭に置きつつ、クルアーンのなかに踏み込んでいくことにします。

3　クルアーンではなぜ戦争と平和が説かれている?——ムハンマドの生涯から

異教徒や戦闘の描写

先ほど、「イスラム教の聖書には何か間違ったことが書かれているのではないか」という疑問があり得るとお話ししました。確かにクルアーンの内容には非信徒に対する敵対と融和という二面性があります。ここで実際に、戦闘と異教徒に関するいくつかの句を見ていきましょう。

クルアーンの構成については、メッカ期とメディナ期の啓示があることに前章で少しふれました。クルアーンを最初から読み始めるとします。第一章「ファーティハ(開扉)」は短いもので、メッカ啓示とされます。けれども、第二章以降はメディナ期の啓示が続きます。そして読み進めるとメッカ啓示が増えていきます。つまり、大雑把に言うと、時代をさかのぼるように編纂されているのです。ですから私は、学生がクルアーンを自分で読んでみたいと言う時、「いずれにしても分かりにくい本ですが、第一章からではなく、最後の第一一四章から逆に読み始めた方がまだ分かりやすいと思いますよ」と答えるようにしています。

ここから章節の早いものから順にして、戦闘や異教徒に関する句を取り上げていきますが、それは啓示の時代の順にはなっていません。ただこの書物を最初から順に読むことで、その二面性をはっきり実感できるでしょう。

まず二章一九〇——一九三節を見てみます。敵が攻撃を仕かけてきた時には戦って殺せ、だがそれには制限がある、と述べられています。少し長いですが、今後もふれることになる重要な句です。意味が分からなくても構いません——と言いますか、当然です——ので、目を通しておいてください。

汝らに戦いを挑む者があれば、アッラーの道において戦え。だが侵略的であってはならない。実にアッラーは侵略者を愛さない。彼らに会えば何処でも殺せ。彼らが汝らを追放した所から、彼らを追放せよ。実に迫害［フィトナ］は殺害よりもっと悪い。だが聖なるモスク［マスジド・ハラーム］の近くでは、彼らが戦ってこない限り戦ってはならない。もし戦ってきたならば殺せ。これは不信心者への応報である。だが彼らが止めたなら、実にアッラーは寛容にして慈悲深い。彼らと戦え、迫害がなくなりこの宗教がアッラーのものになるまで。だがもし彼らが止めたなら、不正をなす者以外には敵意を持ってはならない。（二章一九〇―一九三節）

このように戦いを鼓舞する一方で、二章二五六節では、今で言う宗教的寛容やプルーラリズム（多元主義）を示唆する言葉が述べられています。短い句ですが、宗教間対話の場など他宗教を認める際に頻繁に引用されます。

宗教に強制があってはならない。（二章二五六節）

続いて四章七四―七五節まで進んでみましょう。戦いを鼓舞し、戦って殺されても楽園に行くことができると示唆されています。ただこの状況は、メッカの多神教から攻撃されている弱いムスリムたちのための言葉であることもうかがえます。

ゆえに来世のために現世の生活を捨てる者には、アッラーの道において戦わせなさい。アッラーの道のために戦う者は、殺されても勝利しても、我々［アッラー］は大きな報奨を与えよう。汝らはなぜアッラーや男や女、子どものなかの弱い者のために戦わないのか。彼らは言っている、「主よ、この不正をなす者たちの町［メッカ］から、私たちを救い出してください。私たちのために、あなたの御許《みもと》から保護者を一人立ててください。私たちのために、あなたの御許から援助者を一人立ててください」と。（四章七四―七五節）

このように命を捨てても戦うよう命じられていますが、次の五章三二節では命が極めて尊重されるべきものであることが説かれています。これはテロを批判する時にも用いられる句としてよく知られます。

そのことゆえに我々［アッラー］はイスラエルの子孫に対して掟を定めた。殺人や地上で悪事をなしたという理由もなく、人を一人殺す者は、全人類を殺したのと同じである。また人一人の命を救う者は、全人類の命を救ったのと同じである、と。そして確かに我々の使徒たちは、彼らに明証をもたらした。しかしそれでもなお彼らの多くは、地上で非道を行っている。（五章三二節）

五章四五節にはハンムラビ法典にもある「目には目を」という同害報復律が含まれていますが、その報復を行わない方がより良いとあります。同害報復はムスリムの一般的なイメージに近いかもしれませんが、クルアーンはそれを避けるように述べています。

我々は彼らのためにそのなかで定めた。「命には命、目には目、鼻には鼻、耳には耳、歯には歯、傷には同等の報復を」と。しかしそれを控えるなら、それは自分の贖罪となる。アッラーが下したもので裁かない者は、不義を行う者である。（五章四五節）

続いて五章五一節には、ユダヤ教徒・キリスト教徒を強く否定する言葉が含まれています。この句は、ムスリムがユダヤ教徒やキリスト教徒と対立しているという、一般的イメージに近いのではないでしょうか。

汝ら、信仰する者たちよ、ユダヤ人やキリスト教徒を、仲間としてはならない。彼らは互いに友である。汝らのなかの誰であっても、彼らを仲間とする者は彼らの同類である。アッラーが不義の民を導くことはない。（五章五一節）

さらに九章五節では、多神教徒を殺害するよう命じられていますが、彼らがイスラームを受け入れた場合は、許すようにとあります。この句は「剣の句」と呼ばれる有名なものです。また後で取り上げます。

聖なる月が過ぎたならば、多神教徒を見つけ次第殺し、また捕虜にし、包囲し、あらゆる場所で待ち伏せせよ。だが彼らが悔い改め、礼拝を守り、定めの喜捨をするならば、彼に道を開けよ。実にアッラーは寛容で慈悲深い方である。（九章五節）

二九章四六節まで進むと、ユダヤ教徒やキリスト教徒を「啓典の民」と呼ぶ句が現れます。ムスリム同様に——と言いますか、ムスリムに先行して——唯一神からの啓示による聖典つまり「啓典」を持っているという、共通意識に根差す呼び名です。この句は前に取り上げた五章五一節と違って、ユダヤ教徒やキリスト教徒への敬意や一神教徒としての同胞意識も示されています。

啓典の民とは、より良い態度で議論しなさい。ただし、彼らのなかで不義を行う者に対してはそうではなく、こう言ってやりなさい。「私たちは自分に下されたものを信じますし、あなた方に下されたものも信じます。私たちの神とあなた方の神は一つ。私たちは彼に帰依する者なのです」と。（二九章四六節）

クルアーンの最後に近づくと、一〇九章六節には、再び宗教的寛容やプルーラリズムに通じる言葉があります。

あなた方にはあなた方の宗教があり、私には私の宗教がある。（一〇九章六節）

これらの句を通読すると、クルアーン全体の意図はどのようなものなのか混乱してしまうのではないでしょうか。武装過激派のムスリムたちは攻撃的・暴力的な句を、進歩的でリベラルなムスリムたちは協調的な句を好んで引用するのが現状です。これが先ほど紹介したように、シュヴァルツ－バルコットがクルアーンの暴力的な描写は「文脈のなかに入れ」、非暴力的な句から多くを得るようにすればよいと述べた理由だと考えられます。そうすれば、平和的な方向にクルアーンを解釈することができます。

宗教における暴力と平和を専門とするレスター・カーツもこの二面性を「パラドックス」と呼び、それぞれの側面を「戦士のモチーフ」と「平和主義者のモチーフ」と名付けています。

すべての主要な宗教には、暴力の使用について二つの矛盾するテーマがあり、それゆえに混乱や矛盾を多く引き起こしている。大半の聖なるテクストや信仰共同体は、一方で、戦士のモチーフを持ち、それは悪に立ち向かい戦うのは聖なる義務だという。他方、世界の諸宗教の聖典や教えは、他者を傷つけることを禁じ、敵を愛することを命じており、これは戦士のモチーフの原則に反しているようにも見える。イスラームも例外ではない。戦士のモチーフと平和主義者のモチーフの両方を含み持つが、西洋のメディアは前者のみしか扱わず、それが主に今日の世界に暴力をもたらすことに精進していると描写している。[*16]

この引用にあるように、どの宗教の聖典にも二面性があります。けれども日本では、宗教は「平和主義者のモチーフ」のみだと考えられ、「戦士のモチーフ」しかないイスラームはおかしい、と思われているわけです。

クルアーンの二面性（パラドックス）

ムスリムは解釈によってこの二面性を解決できるかもしれません。けれども、非ムスリムはこの二面性をどのように理解すればよいでしょうか。クルアーンはムハンマドの生涯が反映され、特にメッカ期とメディナ期では彼やその信徒の立場は大きく異なります。この歴史的観点から理解することができるのではないでしょうか。

クルアーンの啓示は六一〇年頃から約二三年にわたって、アラビア半島のムハンマドに下されたとされます。当時のアラブ社会は常に戦闘を繰り返し、雄々しさを重視する部族社会でした。井筒俊彦の『マホメット』はこれについて、「人々の外的生活の大部分が分化・分裂であり、対立、衝突、闘争の繰り返し」で、「部族間の反目、確執、惨虐な流血事件の連続」であったと描写しています。*17

クルアーンの内容にも、この社会文化状況が影響していると見るべきでしょう。つまり、戦闘を肯定する土壌のなかでクルアーンが何を説いたのかを考える必要があるということです。これは男女の関係についても言えることで、当時は極めて男性が重視された社会でした。このようななかでクルアーンは、戦闘行為の制限や男女の同等を説いたのです。それは当時としては画期的な主張でした。それゆえに、イスラームの教えは当初、周囲に受け入れられなかったほどです。けれども――ここが重要な点ですが――七世紀のアラビア半島における「画期的＝進歩的」は、西洋に発する平和・平等という価値観が影響力を持って浸透した現在においては「保守的＝後進的」なものに見えるようになってしまったのです。

クルアーンには一一四の章がありますが、そのなかでメッカ期の章は八五あるとされます。メッカはムハンマドが生まれ育った町で、イスラーム第一の聖地とされ、カアバ聖殿を擁します。近代以降は世界中から巡礼者が集います。彼はアッラーからの啓示をこの地で人々に伝えようとしましたが、それは当時のメッカ社会への批判でしたので、人々に受け入れられず対立し、迫害を受けるようになりました。当時のメッカの人々は偶像を崇拝する多神教徒で、部族の血筋を重視する拝金主義的な傾向が強くありました。このなかでムハンマドは、神はアッラーのみであり、自分はユダヤ教・キリスト教の預言者に連なる最後の預言者であると主張したのです。そして血統や財力を競ってばかりの現世には何の意味もなく、来世こそが重要であり、イスラームを受け入れれば楽園に、そうでなければ地獄に落ちると説きました。

メッカ期の啓示には、多神教崇拝批判とそれに対するメッカの人々からの迫害、さらにそれに対する反論が多く含まれます。さらには、この世の「終末の日」、つまり世界の破滅を描く黙示録的な描写が多くあります。ユダヤ教・キリスト教に関しては、イブラーヒーム（アブラハム）、ムーサー（モーセ）、マルヤム（マリア）、イーサー（イエス）の物語が語られ、ムハンマドは彼らの系譜に属すととらえられています。このメッカの時代は、迫害に耐え続け、戦いとは無縁の時期でした。今でもムスリムが何らかの苦難に耐えなければならない時、このメッカ期のムハンマドの状況を思い描き、心の支えにすることがあります。

メディナ期の章は二九あるとされます。メッカでの迫害が激化し、六二二年にメディナに移住（ヒジュラ、聖遷とも）した後に下された啓示です。第二の聖地とされるメディナでは、ムハンマドを宗教上だけでなく政治上の指導者としたムスリム共同体が形成され、今も理想の時代と見られています。

この間、ムハンマドや信徒たちは啓示に基づいて、婚姻や飲食などの規則を持つ共同体（ウンマ）を確立させていきました。対外的にはメッカの多神教徒勢力との対立がおさまらなかったため、ついに戦いを許可する啓示が下されることになります。バドルの戦い（六二四年）などの戦闘が続き、啓示にも戦闘や殺害に関する暴力的な内容が多くなります。とは言えその後、ムハンマドたちはフダイビーヤの和議（六二八年）でメッカ勢力と和解しています。

またメディナにはもともと多くのユダヤ教徒が住んでいました。彼らのなかにはイスラームを受け入れて改宗者となり、ムスリムと友好関係にあった者も少なくありませんでした。しかし、形式上の改宗でしかなかった「偽善者」や、イスラームを快く思わない者もまだまだいました。ですからクルアーンでは親近感と敵対心の双方が描かれているのです。

このようにクルアーンの二面性／パラドックスは、ムハンマドの生涯の映し鏡でもあります。ただしムスリムにとっては、クルアーンは神の言葉そのもので、その内容はムハンマドという人間から生じたものではないため、この二面性はアッラーの意図による人類へのメッセージ、ということになります。ムスリム学者たちもこの二面性をどのように理解すべきか、学問的議論を重ねてきました。それが「ナスフ理論」と呼ばれるものですが、「ナスフ」とは「破棄」という意味です。これは、ある句が別の句によって「破棄」されたと考え、全体的な整合性を求める理論です。例えば前述の九章五節も「破棄された」として、ムスリムは侵略に対してのみ戦えると考える学者もいるなど、議論は分かれています。[*18]

驚くべきことに西洋社会で、クルアーンの句を削除せよとの主張まで起こり、ムスリム学者の反発を招いたことがあります。フランスの風刺週刊新聞『シャルリー・エブド』は、二〇一五年に預言者ムハンマドの風刺画を掲載したため、襲撃テロによって甚大な被害を被りました。事件後に刊行が再開された時の編集長フィリップ・ヴァルが中心となって、元フランス大統領のニコラ・サルコジらが二〇一八年に、ユダヤ教徒やキリスト教徒に対する殺害や懲罰を呼びかけているクルアーンの句を削除すべきとの声明を発表しました。これに対して、エジプトのカイロに拠点を置く、スンナ派ムスリムの最高権威であるアズハル機構は反論しました。それによれば、クルアーンは罪なき者の殺害は呼びかけておらず、敵対する者に対する防御のための反撃を呼びかけているだけと言います。[*19]

神の言葉そのものである聖典の言葉を削除することは、ムスリムにとってとうてい受け入れられるものではありません。すると必要かつ可能なことは、解釈による解決ではないかと考えられます。しかし解釈には当然ながら幅があり、字句通り受け止める武装過激主義者から、平和主義的な解釈者までさまざまです。このようにムスリム間での解釈上の意見の相違がそもそも大きいところに、歴史的に複雑な経緯を持つ西洋社会がクルアーンの句の削除などを主張することは、問題の解決どころか、火に油を注ぐことにしかならないわけです。けれども、それほどに西洋社会においてクルアーンが脅威だととらえられていることの証明だと言えるでしょう。

ではここから、クルアーンを戦闘の根拠とする解釈を見ていきます。これこそが、西洋社会や日本から恐れられているクルアーンの姿ということになります。

4　戦いを強調する解釈者たち

「IS（イスラム国）」のクルアーン解釈

二〇一〇年末から中東で「アラブの春」と呼ばれた民主化運動が起こりました。それが波及して、シリアの体制が不安定になり、社会が大きく混乱しました。そのなかで勢力を拡大させたのが、イラクで生まれた「イラク・イスラーム国（ISI）」でした。その後、この組織は「イラクとシャーム（シリア）のイスラーム国（ISIS）」（または「イラクとレバントのイスラーム国（ISIL）」）と名称を変え、最終的には「イスラーム国（IS）」と名乗るに至ったわけです。欧米では略称のISISやISILと呼ばれることが多いです。またアラビア語では否定的なニュアンスを込めて「ダーイシュ」と呼ばれますが、これも「ISIS」のアラビア語での略称です。この講義では日本での通称ともなっている「IS」と呼ぶことにします。

この組織は残虐な暴力・テロ行為でシリアやイラクの領域を支配して「国」を名乗りました。武力による戦闘で支配地域を広げ、そこではヤズィディ教徒の女性を性奴隷とし、同性愛者を屋根から投げ落とすなど、非人道的な行為がイスラームの教えに基づくとして行われたのです。

そのリーダーでイラク出身のアブー・バクル・バグダーディーは二〇一四年に自らがカリフだと宣言しました。「カリフ」、つまり「預言者ムハンマドの後継者」はムスリムの共同体全体の長に対する呼称です。オスマン帝国滅亡後、カリフはこの世界から存在しなくなったのですが、ＩＳはそれを復活させたと勝手に主張したのです。これは衝撃的なことですが、当然ながらＩＳ以外のムスリムによっては承認されていません。二〇二〇年の時点で、シリアやイラクのＩＳ勢力はアメリカを中心とした有志連合諸国などの攻撃によって領土を失い、実効支配は終了しています。けれども、残党や影響を受けた者たちが世界各地でテロ活動を継続しているので、油断はできない状況です。[*20]

このＩＳが発行したウェブ上のデジタル機関誌は、彼らの格好の宣伝の場でした。実はこの雑誌はとても洗練された編集がなされていまして、流血の写真や呪詛の言葉に満ちた内容でなければ、よくできていると言えます。『ダービク』は二〇一四年から二〇一六年まで、『ルーミーヤ』はその後継雑誌として二〇一六年から刊行されました。「ダービク」とはシリア北部の町の名で、この世の終わりにここでキリスト教徒の侵略者とムスリムの間で戦いが起こり、ムスリムが勝利するとの伝承によります。また「ルーミーヤ」とは「ローマ」の意味で、これもまた、ムスリムがいずれここを征服するという伝承によっています。

この二つの雑誌は、体裁などはほぼ変わらないのですが、それぞれの刊行時期でＩＳの状況が大きく異なっています。『ダービク』刊行中はＩＳがカリフ宣言をして、領域支配地を拡大し、勢いづいていました。けれどもその後、米軍などの攻撃で勢力が衰え始め、実際にダービクの支配権を失うと、『ルーミーヤ』とタイトルを変えたのです。

主な内容は、ＩＳ支配の宗教的正当性の証明、不信仰者の批判や、世界各地でのテロの報告・称賛、テロの手法の紹介などです。かなり凄惨な写真――ＩＳ戦闘員の死体を殉教者として讃えるものなど――も多く

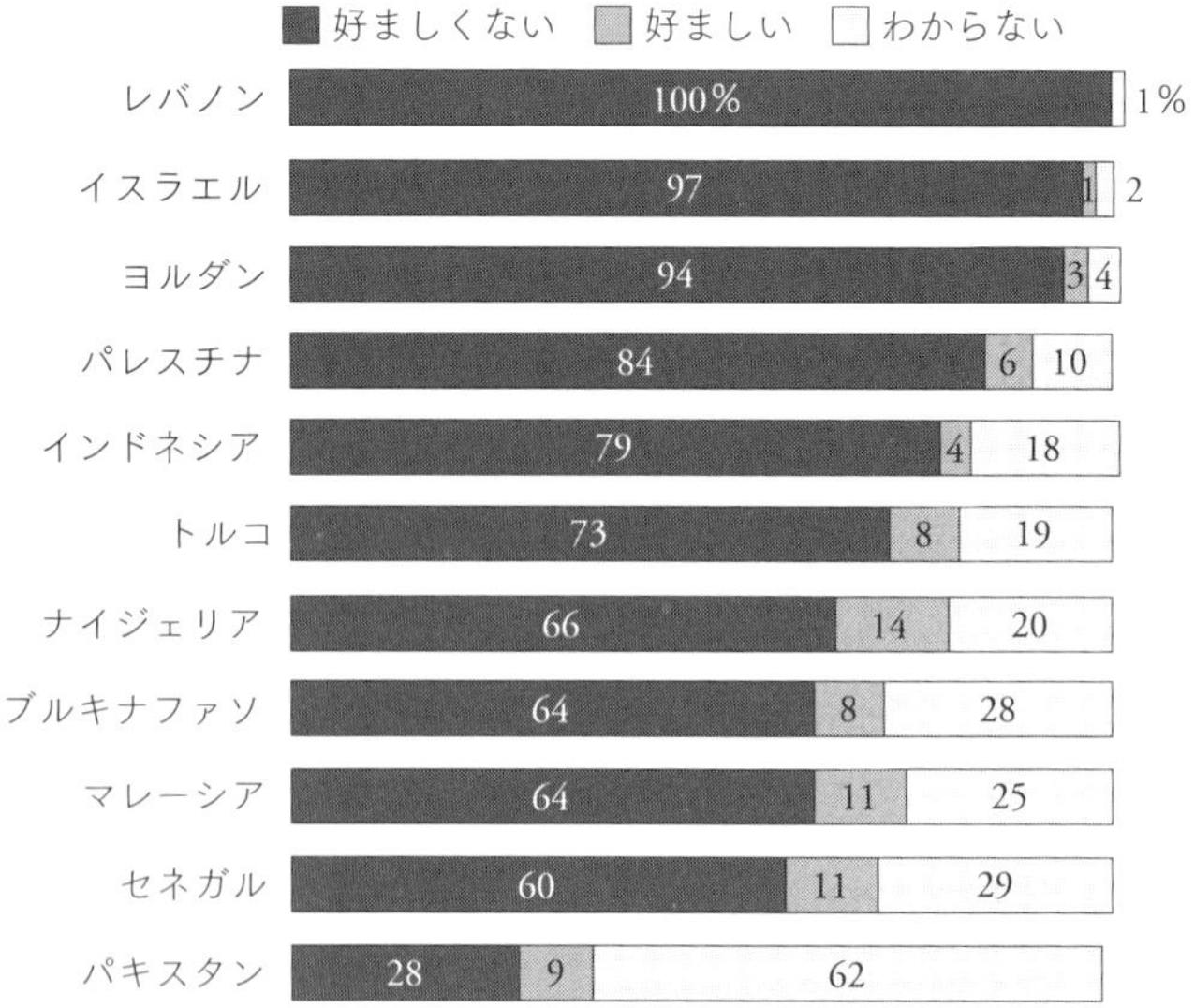

図 2-2　ムスリムはISをどうとらえているか

出所：Pew Research Center 2015 より。https://www.pewresearch.org/fact-tank/2015/11/17/in-nations-with-significant-muslim-populations-much-disdain-for-isis
（四捨五入のため合計値が100%にならない場合もある）.

掲載されています。

そのなかで、クルアーンやハディース、ムスリム学者の議論なども多く引用されています。ただ、クルアーンの引用にはずいぶん偏っていることを示す研究があります。引用句はメディナ期、つまり戦闘の続いた時期の啓示からのものがほとんどで、かつ、不必要な戦闘を制限する箇所には言及していないのです。[*21] これはテロリストによるクルアーン解釈が恣意的なものだという証明になるでしょう。

このようなISに対して、ムスリムは一般的にどのような見解を持っているのでしょうか。日本ではもしかすると、ムスリムはテロリストかIS支持者、といったイメージがあるかもしれません。けれども、図2-2のピュー・リサーチ・センターの調査を見てください。[*22] この調査は二〇一五年の春に、ムスリム人口の多い一一の国で行われたもので、この頃ＩＳはイラク・シリアの一部を実効支配し、パリなどでテロを起こしていたので、世界中が注目し恐怖を感じていました。

このグラフを見ると分かりますが、ＩＳを「好ましくない」と考える人の方が明らかに多いです。ただし、パキスタンなど「分からない」と答えて、判断しかねる人が多い国も見られます。ナイジェリアなど一割以上が「好ましい」と判断する人がいる国もあり、少数ではあるが支持層があることがうかがえます。ＩＳに参加するために祖国を出たムスリムの若者が後を絶たなかったわけですが、この調査に合致する事実でしょう。このようなテロ組織に入っていくムスリムたちについては第4講で扱いますが、ムスリム諸国にＩＳのような暴力的組織に魅かれてしまう人たちが一定数いるという現状は大きな問題です。

ここで再確認になりますが、ムスリムのほとんどが武装テロ組織を支持しているわけではないけれども、支持層は確実にある、というのが現状です。

では、ＩＳはどのようにクルアーンの句を扱っているのでしょうか。『ルーミーヤ』から二つの記事を取り上げ、その特徴について考えてみたいと思います。それぞれ、バングラデシュとトルコでのテロ事件に関連しています。

二〇一六年の七月にバングラデシュの首都ダッカでテロ事件が起こり、多くの死傷者が出ました。この事件は高級エリアとされるグルシャン地区のレストランで起きたもので、日本人も人質にされ犠牲者も出たため、日本でも詳しく報道されました。しかも犯行者のなかに、バングラデシュ出身の日本の大学の元教員がいたようです。あらためて、日本とムスリム・テロリズムが無関係でないことが確認できるでしょう。

このテロの実行組織はジャマトゥル・ムジャヒディン・バングラデシュとされ、ＩＳとの直接的つながりは確認されていないのですが、影響は受けていると見られています。ＩＳ側はこの事件について犯行声明を

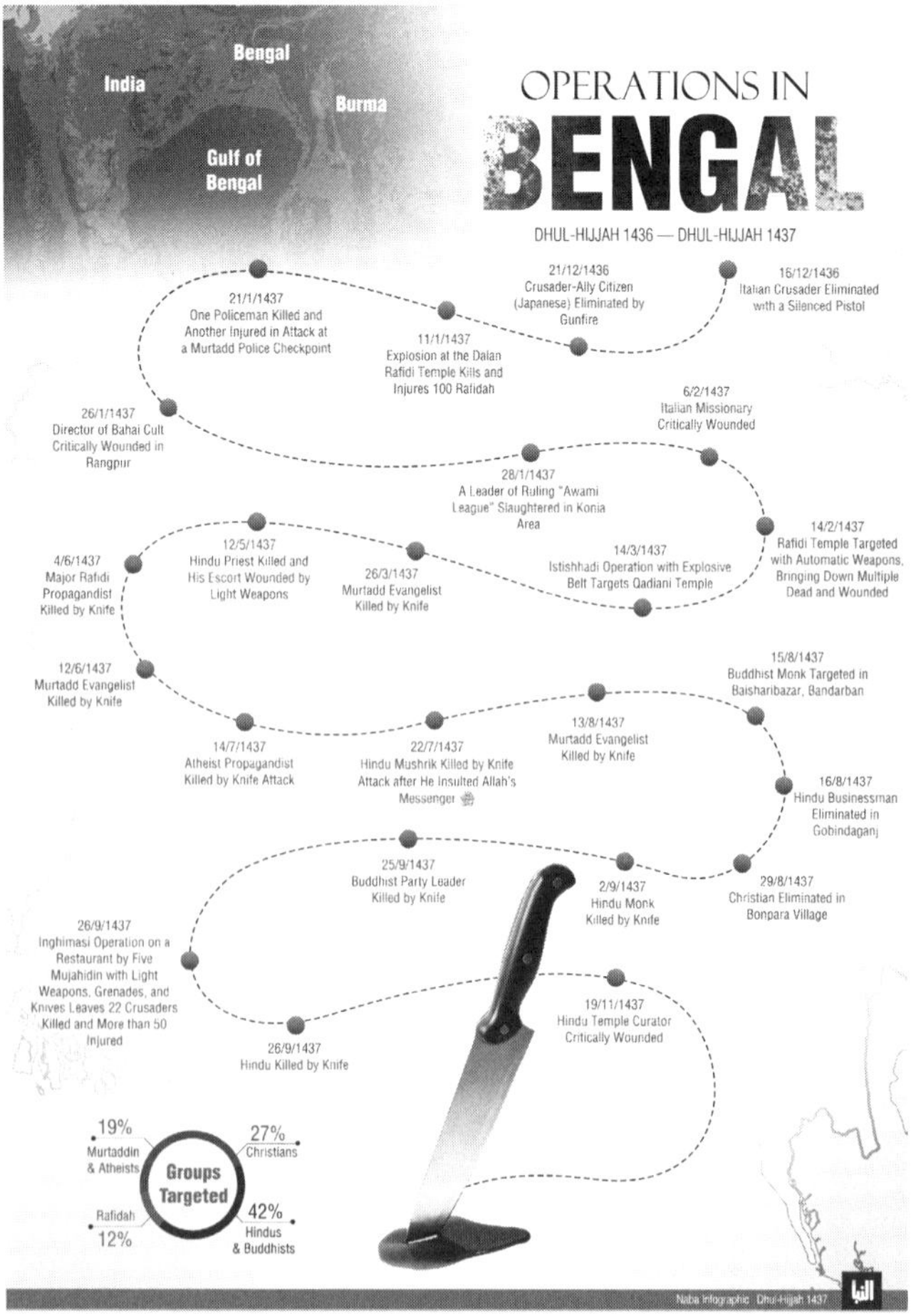

図 2-3 『ルーミーヤ』第 2 号の記事

IS のベンガル地方でのテロ行為を時系列で図表化したもの。キリスト教徒やヒンドゥー教徒、仏教徒、「十字軍に協力している日本人」などが対象となっている。

出していますし、これから見るように二〇一六年一〇月に刊行された『ルーミーヤ』第二号で詳しく報じています（図2−3）。

『ルーミーヤ』の記事「グルシャン攻撃の殉教者たち」では、このレストランへの攻撃で外国人の非戦闘員が殺害対象となったことを、正当化しようとしています。彼らは非戦闘員の市民であるが、「十字軍」を背後で支えていたため、殺されても仕方がない、という主張です。そしてその根拠としてクルアーンの句が引用されています。日本人の一般的な感覚とはかけ離れた文脈のなかで主張が展開されるので、違和感が強いかもしれませんが、これから具体的に読んでいくことにします。

この記事は次のように始まっており、その冒頭から彼らの世界観が充満しています。

> 十字軍連合の航空機やドローンが、イラクやシャーム、リビアなどのカリフ州を爆撃し、恐怖《テロル》に陥れ続けているため、世界中のムスリム兄弟姉妹は痛切な思いでその報道を読んでいる。*23

つまりこういうことです。カリフ国のＩＳは、イラクやシャーム（シリア）に州（ウィラーヤ）を持っている。だがそこは、アメリカを中心とする「十字軍」連合による空からの攻撃を受けており、世界中のムスリムたちはそれを知って悲しんでいる、と。ムスリムのカリフ国がキリスト教徒の十字軍に攻撃され被害を受けているという認識は、歴史上の十字軍をふまえてのもので、イメージを重ねています。

続いてこの記事は、十字軍のジェット機やドローンはムスリムの命や財産を破壊しているため、それを支えている十字軍諸国の市民もまたムスリムにとって非難の対象だと主張しています。そして次のクルアーンの句を引用しています。*24

彼らと戦え。アッラーは汝らの手によって、彼らを罰し屈辱を与える。彼らに対する勝利を与え、信徒の胸を癒す。またアッラーは彼らの心の怒りを取り除き、御心《みこころ》にかなえば悔い改めさせる。アッラーは全知にして英明である。(九章一四―一五節)

多神教徒が皆で汝らと戦うように、皆で戦え。アッラーは主を畏れる者と共にいることを知れ。(九章三六節)

さらにこの記事は、レストランが十字軍によって所有されていて、そこで飲食をしていたアメリカ人やイタリア人、日本人といった異教徒(カーフィル)と、ベンガル出身の背教者(ムルタッド)の二四名が、インギマーシーとして死亡したと書いています。[*25] インギマーシーとはまず銃でテロ行為を行った後、必要であれば自爆行為を行う攻撃者のことです(自爆のみを手段とするテロ実行者は、イスティシュハーディーと呼ばれます)。

さらに記事は、実行された夜がラマダーン月二七日であったことにも宗教的な意味を与えて、「カドルの夜(みいつの夜)」だったと強調しています。ムスリムにとって「カドルの夜」は重要で、クルアーンが最初に啓示された夜であり、アッラーからの慈悲によって罪が許されると考えられています。この記事では、この夜に攻撃を行ったことで、ジハード戦士(ムジャーヒド)たちにアッラーから与えられる報酬がより多くなるとして、次のクルアーンの句を引用しています。[*26]

カドルの夜は、千の月より優る。(九七章三節)

レストランで人質となった人々は、クルアーンを読誦させられ、ムスリムかどうか確認されたと言います。実際に『ルーミーヤ』のこの記事でも、「レストランで基本的な宗教上の質問をして……不信仰《クフル》を暴露したものは、アッラーの使徒やその教友の例に従って、無情で過酷な扱いを受けた」と述べられています。それは次のクルアーンの句によると言います。[*27]

ムハンマドはアッラーの使徒である。彼と共にいる者は不信心者に対しては強く、挫けず、お互いの間では優しく親切である。（四八章二九節）

信仰する者よ、汝らに近い不信者と戦え。そして、汝らが意志堅固で力強いことを、彼らに知らせよ。アッラーは主を畏れる者と共にいることを知れ。（九章一二三節）

さらに「剣の句」（九章五節）が引用されます。これは先ほどふれた「**聖なる月が過ぎたならば、多神教徒を見つけ次第殺し……**」というものです。このような「カリフの兵士たちによる十字軍」への攻撃が今後も続くという宣言を補強するために用いられています。続いて、次に起こる攻撃は今回よりもさらに過酷になるだろうが、それはアッラーの許しによってそうなる、と主張し、次の句が引用されています。[*28]

アッラーはことを完全に成就させる。だが多くの人は知らない。（一二章二一節）

図2-4 『ルーミーヤ』第6号の表紙
襲撃されたナイトクラブ「レイナ」の看板が写っている。

まさしく神の言葉でもって、人々を脅しているわけです。

ではここからはもう一つ別の記事を見ていきます。読んでいて気分の良いものではないのは重々承知ですし、私にとってもそうなのですが、第3講に入る前の確認としてもう少しお付き合いください。

『ルーミーヤ』第六号（二〇一七年）には、トルコのイスタンブルでのテロについての記事「イスタンブルの祝福された作戦行動を解明する」が掲載されています（図2-4）。二〇一六年から二〇一七年に年越しした直後に、ナイトクラブ「レイナ」で銃が乱射され、多数の死傷者が出ました。死者はトルコ人に加えて、サウディ・アラビア、イラク、レバノン、ヨルダンなどの出身者で、いろいろな国のムスリムたちが年越しをイスタンブルのナイトクラブで楽しんでいたようです。対して実行犯もウズベキスタン出身者のムスリムで、アル＝カーイダやISとの関係が報道されました。

これに対してISも犯行声明を出し、『ルーミーヤ』で自説を主張する記事を掲載しました。それによれば、イスタンブルでの攻撃は「IS兵士がヨーロッパの『正月』を祝うパーティーにいたムシュリク〔多神教徒〕をターゲットにしたもの」[*29]だったといいます。つまり、ムスリムをターゲットにしたわけではないということで、この記事では、ムスリムを攻撃のなかで殺してしまったことを正当化する議論が展開されていきます。ムスリムがムスリムを殺害することはクルアーンでもきつく禁止されていまして（例えば四章九二節）、彼らにとってもムスリムを殺害したことの弁明が必要だったということでしょう。けれども、その理論も極めて独りよがりなものです。

次のようなクルアーンの句が根拠として引用されています。

彼らは神聖月の間に戦争することについて、汝に問うであろう。言ってやるがよい。神聖月に戦うことは重い罪である。だがアッラーの道に近づくのを妨げ、アッラーを否定し、またメッカの聖殿を穢し、その聖域に住む者を追放することは、アッラーのお目にはもっと重い罪。フィトナは殺害よりはるかに悪い。（二章二一七節）

記事では、この句が啓示された背景について説明するにあたって、イブン・カスィール（一三七三年没）という古典期の重要なクルアーン解釈者の解釈が引用されています。それによればこうです。ムハンマドが派遣した部隊が敵を捕虜にし、殺害した。神聖月直前の夜のことだったが、メッカのムシュリクたちは、ムハンマドたちが神聖月に戦いを仕掛けてきたと偽って批判した。その時、この句が啓示された。この句は、神聖月に戦い殺すこと（「殺害」）は許されるものではないが、アッラーを信じず、ムハンマドやムスリムたちをメッカから追い出した多神教徒の行い（迫害つまり「フィトナ」）の方がより重い罪だと述べて、メッカの人々を非難している、と。[*30]

さらにこの記事は、クルアーンを引用しつつ、イスタンブルでの攻撃について正当化を続けています。そこには「ターグート（邪神）」という言葉が出てきます。これはＩＳに限らないのですが、中東ムスリム諸国の為政者を批判する際に、「不正な支配者」という意味合いでよく使われる呼称です。記事によれば、「ターグートたち」はこの攻撃でムスリムが殺害されたことを批判しているが、実際には彼らこそがムスリムを牢獄に入れて虐待し、ＩＳのメンバーを戦闘機で大量虐殺しており、これはまるで、次のクルアーンの句のようだ、と言っています。

実に〔聖月を〕延期することは、不信心を増長させ、それで不信者は迷わされる。ある年は〔聖月を〕普通の月とし、〔他の年は〕聖月とする。アッラーが禁じたものと数と合わせるために。そしてアッラーが禁じたものを許す。彼らの悪い行為は、彼らには立派に見える。だがアッラーは不信仰の民を導かない。
（九章三七節）

そして再びイブン・カスィールの解釈が引用され、それをふまえて記事はこう述べています。ムシュリクたちはムスリムが聖なる月に戦ったことを批判したが、実のところ、この聖なる月の定めを正しく守っていなかったのは彼らの方だった。これは現在のイスタンブルの攻撃をめぐる状況と同じだ、と。[*31] つまり不正な為政者（ターグート）たちはイスタンブル攻撃を批判しているけれども、実際にはムスリムを迫害して血を流している、だからターグートの方がより悪い、という主張です。

さらに、ナイトクラブは「多神崇拝《シルク》の宴の場」つまり「罪と不道徳の場」であって、そのような場所にいたムスリムが巻き込まれて殺されるのはやむを得ない、という議論を展開しています。最後に記事は、「イスタンブルの攻撃は祝福された作戦だ」とまで結論づけます。[*32]

このようにこの記事は、今回の攻撃はムスリムがターゲットになったわけではなく、別の側面があると釈明することが目的となっています。さらに、ターグートと呼ばれる中東ムスリム諸国の不正な為政者たちや、不信仰の場所に集まったムスリムたちの側に問題があり、イスタンブルの攻撃は正当であったという主張が展開されているのです。

記事では、暴力正当化の根拠としてクルアーンが用いられていますが、特に二章や九章からの引用が多く見られます。これらはメディナ期の啓示で、ムハンマドがメッカ勢力と戦いを続けた時期のものです。これらのクルアーンの句を用いることで、過去のムハンマドをめぐる戦闘と現在のテロ活動をパラレルにとらえ、後者を正当化しようとしています。つまりＩＳの記事は、七世紀のアラビア半島での出来事を歴史的に相対化してその文脈のなかでとらえることはせずに、そのまま現在の状況と対比するという、単純なクルアーン解釈を行っているのです。

こういった記事を読むと、ＩＳの世界観が具体的に見えてきたことでしょう。西洋諸国は「十字軍」であり、それらと協調する中東ムスリム諸国はターグート（邪神、不正な政府）によって支配されている。「十字軍」を支援する者たち――日本人もここに含まれます――は非戦闘員であっても敵である、というものです。この敵たちは、ムシュリク（多神教徒）、カーフィル（異教徒・不信仰）、ムルタッド（背教者）といったアラビア語の用語で表現されていますし、解釈の際に援用されるのはイスラームの伝統的知識であることが多いです。これは彼らが、伝統的かつ保守的なイスラームの学問や歴史観の枠のなかで、現代の世界を認識しようとしているということを意味しています。そして彼らにとってのその最大の根拠が、メディナ期に下された戦闘的なクルアーンの啓示だということがよく分かります。

アメリカのイスラーム主義者によるクルアーン解釈

ＩＳも、これから取り上げるアメリカ人クルアーン解釈者アースィーも、「イスラーム主義」に属すると言えます。けれどもアースィーは暴力をふりかざさず、言論で自説を展開していますので、イスラームに詳しくない人から見ても、主義主張は自分たちとずいぶん違うけれども分かる部分もある、という認識が可能かもしれません。

「イスラーム主義」とは比較的新しい用語で、かつては「イスラム原理主義」と呼ばれていました。一言で言ってしまうと、イスラーム国家樹立を目指す潮流ということになるでしょうか。その始まりは、中東イスラーム世界が西洋列強による植民地化にさらされ始めた一九世紀末から二〇世紀初頭とされます。[*33] ですからそれ以降も、西洋によるコントロールへの対抗と、その裏返しとしてのイスラームの「再興」という意識が常に底を流れています。

この再興の手段として目指されるのが、社会改革を行い、イスラーム法（シャリーア）によって統治するイスラーム国家の樹立です。なかでも、目的達成のために暴力を用いることを肯定する者たちがジハード主義者と呼ばれます。これはいわゆる「過激派」や「武装派」と呼ばれる者たちで、アル＝カーイダやＩＳがあてはまります。

イスラーム主義はクルアーン解釈にも影響を与えてきました。その代表格は、ムスリム同胞団員であったエジプトのサイイド・クトゥブ（一九六六年没）の『クルアーンの陰で』と、英領インドでイスラーム協会（ジャマーアテ・イスラーミー）を創設したマウドゥーディー（一九七九年没）の『クルアーンの理解』です。どちらも現状を批判し、クルアーン的価値観に基づく社会改革やイスラーム国家の構築を求める解釈を提示しました。

イスラーム主義者のクルアーン解釈は社会正義を求める傾向が強く、その主な読者はムスリムの知識人層だけではなく一般大衆も含まれます。裾野が広いわけです。またクルアーンのメッセージは時間を超越しているので西洋的な概念はもともとクルアーンにあったと解釈されることも多いです。[*34] そういう意味でイスラーム主義は西洋的概念を完全に排除するわけではありません。そもそも「国家」概念というものが西洋で生まれたものだということからも、それがうかがわれます。

こういった特徴はアースィーのクルアーン解釈書でも見られます。彼は社会の現状を不正と見て、クルアーンに基づく正義の実現を希求し、そのためにはイスラーム国家が必要であると主張します。同時に、これから見ていくように彼の解釈では「自由」という概念が肯定的に用いられています。これは通常、西洋的な概念とされるものですが、アースィーにとってクルアーン理解と相反するものだとは考えられていないようです。

このような解釈の誕生には、アースィーの半生が大きく関わっていますので、少し見ていきましょう。彼は一九五一年にアメリカ合衆国ミシガン州で生まれた、シリア移民の第二世代です。一一歳からレバノンで育ち、ベイルート・アラブ大学でアラブ文学やイスラーム学を学びました。この頃、イスラーム主義との関わりが深まったようです。ムスリム同胞団やイスラーム解放党（ヒズブ・タフリール）、布教部隊（ジャマーア・アッ＝タブリーグ、タブリーギー・ジャマーアトとも）といった組織に関わったといいます。そして一九七三年にアメリカに戻り、米空軍に従軍した後、メアリランド大学で政治学を学び卒業しました。[*35]

一九八一年にアースィーは、ワシントンDCにあるイスラミック・センターのモスクのイマーム（指導者）に選出されます。このモスクはアメリカ合衆国のなかでも最も格式のあるモスクの一つで、ジョージ・W・ブッシュ大統領が訪問したこともあります。けれども、彼は一九八三年にサウディ・アラビア大使館と対立して逮捕され、イマームの職を失いました。しかも彼自身は退任を認めず、金曜日の集団礼拝をセンターの敷地外の歩道で行っていたようです。この退任劇については、アースィーがイラン革命やホメイニーを支持する発言をしたため、サウディ・アラビアなどから反発をまねいたことが原因とも言われています[36]。実際、アースィーは尊敬し影響を受けた人物として、イラン・イスラム革命前にはサイイド・クトゥブ、革命後にはホメイニーを挙げています[37]。

　イラン革命の影響はこの世代のムスリムにはスンナ派かシーア派かを問わず、よく見られます。イラン革命によってイスラーム国家が樹立されたということが、他の地域にもイスラーム国家を樹立するという夢を駆り立てたのです。そしてアースィーとサウディ・アラビア――反シーア派の先頭に立っています――との確執は継続し、これが彼のクルアーン解釈に強い影響を与えています。

　アースィーのクルアーン解釈書『上昇のクルアーン』はまず、イスラーム思想現代研究所（ＩＣＩＴ）のニューズマガジン『国際三日月』で連載が始められました。そして二〇〇八年に編集してまとめられて第一巻が刊行され、二〇二〇年時点で一四巻（七章二〇六節）まで刊行されています[38]。『国際三日月』の読者は世界各地のムスリムで、北アメリカ、南アフリカ、ナイジェリア、パキスタン、マレーシア、インドネシアなど五五カ国に購読者がいますが、購読を禁止している国もあるようです[39]。出版社は、この解釈書が初めから英語で書かれた最初のタフスィール（クルアーン解釈書）だと強調しています。これは重要なポイントで、「英語」という現代のグローバルな側面と「タフスィール」というアラブ・イスラーム的な側面を包括した解釈を目指していると言えます。

　『上昇のクルアーン』の第一巻冒頭には、「クルアーン解釈者《ムファッスィル》のはしがき」[40]が置かれ、彼のクルアーン解釈観を読み取ることができます。「ムファッスィル」とは「タフスィールを著す者」つまり「クルアーン解釈者」というアラビア語の用語です。その中心的な内容は、すでに数多くのクルアーン解釈書（タフスィール）が著されているにもかかわらず、なぜ今、英語の解釈書を刊行する必要があるのかについての説明です。

そもそもこの解釈が始まったきっかけは、南アフリカのプレトリアで『国際三日月』主催のコンファレンスが開かれた際、若いムスリムたちが英語のタフスィールを求めたことでした。[*41] 実際に世界中のムスリムの間で英語は共通言語になりつつありますので、このような解釈書が生まれたのは極めて自然な流れでしょう。けれども、クルアーンはアラビア語で啓示されたことから、ムスリムにとってアラビア語の優越性はゆるぎないものですので、英語で解釈を示す際にその意義を論じる必要があったのです。

この「はしがき」によればクルアーンを理解するためには、三つの事柄を知る必要があると言います。①アラビア語の言語的側面、②啓示された時の意味、③時代には限定されない意味、この三つです。この解釈書は三番目に属し、現代の枠組みのなかでのクルアーンの意味を追求しています。そして、「欺瞞や不道徳に満ち、無秩序なこの世界の聖なる救済になるだろう[*42]」と言っています。アースィーはクルアーンから現代的な意味を汲み取り、現実の問題を解決する指針を得ようとしています。これからこの解釈書を読み進めていきますが、確かに現代的問題に言及しつつ、その解決を模索する内容になっています。

まずは、前述したＩＳの『ルーミーヤ』でも取り上げられていた、二章二一七節の解釈を見てみます。アースィーはこの句を、「**迫害は殺害よりはるかに悪い**」と訳し、この「迫害」について説明しています。この「迫害」という言葉はＩＳの記事では「フィトナ」とアラビア語そのままで表記されていたものです。アースィーもこの句が啓示された背景について解説しますが、それはＩＳの記事と同じで、ムシュリク（多神教徒）に支配されたメッカでの一三年間、ムハンマドたちがどれほど過酷な迫害を心身ともに受けてきたかについて述べています。[*43]

けれども、アースィーは「迫害」について説明した後、「ムスリムは、人類のなかで最も敵対的な集団を扱う場合でも、常に現実的・実際的でなくてはならない」と主張しています。ムスリムが力を求めるのはすべての人々の幸福のためであり、現実を見失ってはいけないと言います。そしてこれは「字句通りの意味に固執したがるムスリムには厳しい教訓かもしれない」と述べています。[*44] この言葉は字句通りの解釈を行うISなどへの批判であり、同じイスラーム主義者ではありますが解釈の立場が異なることが分かります。

アースィーはこの句の解釈でフィトナについてあまり語っていないのですが、その前にある二章一九一節の解釈ですでに詳しく論じているので、こちらを見ていきます。一九一節には二一七節と同じく、「フィトナは殺害より悪い」という意味の句が含まれています。「より悪い」を意味するアラビア語は、二一七節では「はるかに悪い（アクバル）」で、一九一節では「もっと悪い（アシャッド）」と異なってはいますが、意味することは同じです。どちらの句でも、「マスジド・ハラーム（聖なるモスク）」つまりメッカ聖域（カアバ聖殿とその周辺）にいられなくなるほどの「迫害」の方が、「殺害」よりも悪事であるという意味で用いられています。

アースィーの二章一九一節解釈は、その前後の節をふまえてなされています。この講義の前半（六八頁）で一九〇―一九三節をまとめて引用しましたが、一九一節のみですと敵への殺害だけを命じているように読めます。けれども前後の節とあわせて読めば、敵への攻撃の制限や善行の重要性も説かれていることが分かります。

アースィーは、この啓示がクルアーンのなかで最初に戦闘について述べたものだという伝承を紹介しています。メッカ期にはまだムスリムの数が少なく、家族どうしの流血を避けるために、ムハンマドたちは抑圧者たち――メッカの多神教徒――と戦いませんでした。ですから戦闘を許す啓示が下されたのはメディナに移住した後のことだったのです。[*45]

そしてアースィーは、この句がジハードについて述べていることに着目し、次のように彼自身の解釈を示しています。クルアーンは人類を救済できる唯一のものであるため、すべての人はそれに自由にアクセスする権利がある。どのような政府も権威も軍隊も、これを妨げることは許されない。アッラーとのつながりを妨げるような暴動、妨害行為、破壊行為こそがフィトナであり、そこからムスリムを守るのがイスラームの支配者や政府の本来の責任である、と。さらに、「良心やコミュニケーションの自由、表現や知性の自由、説得や一般的な見解の自由は、クルアーンによって保護されている」とも述べています。[*46] ここでは「フィトナ」とはムスリムへの直接的な迫害のみならず、人がクルアーンにアクセスし、それについて語り、考える自由を奪うことだという解釈が示されています。

アースィーは続いてこう述べます。クルアーンやイスラームは人の信条を強引に変えさせることは認めない。そうではなく、クルアーンの内容を国家や民族、文化といった障壁を越えて伝えることが妨害された場合に、必要であれば武力を用いて、この妨害を取り除かなければならない、と。そしてジハードをフィトナとの闘いとして次のように定義しています。

ジハードの原則とは、最終的には武力行動に結びつくかもしれないが、イスラームと政治的・市民的・イデオロギー的な表現の自由を融和させることを認めない諸政府が産み出したこういった状況に取り組むことである。[*47]

ここで言う「諸政府」とは、イスラームの自由な言説を認めない欧米諸国と権威主義的なムスリム諸国を指していると考えられます。後者はＩＳの使う言葉で言う「ターグート」です。アースィーとＩＳは武力の行使については見解を異にしていますが、不正な政府への怒りとそれを「真の」イスラーム国家に変革しようとする指向性は共通しているのです。

特にアースィーが頻繁に批判しているのは、アメリカやイスラエル、サウディ・アラビアといった国々です。前述したように、彼はイスラミック・センターのイマームの職を追われていますが、それはアメリカやサウディ・アラビアが彼の言論の場を奪おうとしたためと考えています。ですから彼にとって「**フィトナは殺害より悪い**」という句は、クルアーンにアクセスする自由を妨害すること（フィトナ）は、それに立ち向かう最終手段である武力（殺害）よりも悪い、という意味で解釈されることになります。ただし彼も繰り返しているように、武力行使は最終手段で、それを最初の手段として肯定する意図はまったく見えてきません。

アースィーは続いて各節の解釈に入っていきます。一九〇節の解釈では、ムスリムが戦う際には侵略であってはならず、理由や必要のない暴力を用いてはならない、と述べています。歴史上の「侵略」の具体例として、西洋による十字軍や帝国主義・植民地主義に基づく侵略、現代の政治経済的目的のための戦争（イラクやアフガニスタン、ユーゴスラビア、チェチェンなどでの戦争）、さらにアパルトヘイトやシオニズムを挙げています。そしてジハードはこれらと異なり、クルアーンの意味を直接伝えることを妨害する障壁すべてを打ち破ることである、との主張が繰り返されます[*48]。つまりジハードは単なる欲望を満たすための一方的な侵略ではなく、妨害に立ち向かうものだと考えているのです。

アースィーはさらにこの句から、変革は「平和的」ではあり得ないが、紛争においては非戦闘員・平和的市民を人道的に扱うべきだという教えを導き出します。平和的市民とは女性、子ども、老人、宗教聖職者、孤児、貧者、被抑圧者、マイノリティのことで、ムハンマドたちも子どもや老人を殺さないようにしていたと言っています。ボスニアではキリスト教徒セルビア人がムスリムに残虐行為を、イラク侵攻では米軍が大量殺害を行ったけれども、ムスリムはタクワー――アッラーの罰を恐れる心――ゆえに、戦争時の残虐性を抑えられるはずだと述べています。[*49]

とは言えアースィーはまたイスラエルについては強い言葉を発しています。ムスリムを祖国から追い出して難民にし、彼らを大量虐殺することを企てるような敵とは、戦争を追求するべきだ、と。[*50] ですから、完全な平和主義者ではなく、ムスリムとしての行動を抑圧する者たちには武力でもって対抗することを認めるのです。

ここからアースィーは「自由」の重要性をふまえた解釈を展開します。一九一―一九二節の「フィトナ」について、すべての人が持つアッラーの宗教（ディーン）を選ぶ自由への攻撃だと解釈し、次のように述べています。この自由は人生で最も貴重なものであり、これが否定された場合、人生の価値が減り、質も落ちる。独裁主義・権威主義的なムスリム諸国――「ターグート」ですね――では、政府によってこの自由が人々から奪われるというフィトナが生じることがある。また、西洋社会では姦淫やドラッグ、中毒、同性愛などのフィトナが存在する。このような状況では、強制されずに自由意思でクルアーンに接するということができない。このようなフィトナの状況に対しては、武器を取って戦うことが許される、と。[*51]

ここでイスラーム主義者のアースィーが「同性愛」を否定的にとらえていることがうかがえますが、この点は第6講で論じます。ＩＳも同性愛者を処刑していました。この共通点のこと、少し覚えておいてください。

次いでアースィーは一九三節の背景について説明します。ムスリムがメディナに拠点を移しても、多神教徒は人々が自由意思でイスラームを選ぶことを妨害していたためだ、と。そしてこの句の現在における意味をこう示しています。パワー・エリートによって、人々がアッラーの宗教を選ぶことが妨害されており、これが現在のフィトナである。そしてその妨害から人々を解放するためにイスラーム政府が必要であるが、そのために罪なき人を攻撃し、ランダムで場当たり的な暴力行為を続けるのは賢明ではない。ムスリムを攻撃する戦争や陰謀、爆撃、国家の分断が増えれば増えるほど、人々はこの句にあるように反撃しようとする。しかし、この句の最後の箇所をふまえて、もしこれらのエリートが、対立や混乱を引き起こすことをやめたならば、イスラーム的ジハードを行うことは控えるべきである、と。[*52]

アースィーは、過激派のジハード主義者が行っているような無差別なテロや暴力行為という手法は否定しています。ただ敵が攻撃を止めないならば、最終的には暴力も辞さず、イスラーム国家樹立を目指すと言います。そして敵が攻撃を止めるならば、そのようなことは行わない、という立場を表明しています。

アースィーもイスラーム的な政府の樹立を目指しており、IS同様にイスラーム主義に属するわけです。ただ暴力に関しては、ISと異なり最終手段にとどめています。また「自由」の概念を用いているように、西洋的な価値観を多分に含んでいます。これは西洋の外から西洋世界を「十字軍」と批判するISの立場とは異なります。

アースィーはアメリカで生まれ育っており、その価値観を身に着けた上で、現在のムスリム世界の問題に疑問を持ち、言論活動を行っています。またクルアーン解釈を行うにあたって根拠とする知識も、イスラームの伝統的知識に加えて、現代の歴史をめぐるものが多く用いられています。これはまさに、彼がクルアーンを現代の枠組みのなかで読み直そうとしていることの現れで、クルアーンの字句通りの意味をふまえた上でそれを現代の文脈に入れることが試みられていると言えるでしょう。

第3講

平和を説く
ムスリムって？

インドでの模索

1　日本は平和の象徴的モデル？

私のエジプト留学時代のことなので、前世紀末です。日本ではバブル経済がはじけ終わった後でしたが、まだ世界第二の経済大国とされていました。エジプト人は気さくでおしゃべり好きなため、街中で見知らぬ人と雑談をすることも多くあります。「どこの国から来たんだ？」と聞かれ、「日本から」と答えると、かなり高い頻度で戻ってくるコメントがありました。

「日本、いいね、ナンバー1！　トヨタ、ホンダ、ソニー……なんでも、技術は日本が世界で一番。戦争でアメリカに負けて、ヒロシマとナガサキに原爆を落とされただろう。でもその後すぐに経済復興して、今やアメリカに負けていない。本当に日本はすごい、いいよ。大好きだよ」。そして時々、ここに加えられるのが、「で、日本はいつ、アメリカにリベンジするんだ」という質問でした。

日本のことを好いて褒めてくれているので、もちろん不愉快な気持ちになることはありません。けれどもこのような日本人観は、実際の日本人の自己認識とはズレがあります。日本人はアメリカにリベンジを誓って経済復興に邁進したわけではありません。ただ、西洋諸国に長きにわたって蹂躙《じゅうりん》されてきたと感じている中東の人々にとっては、日本は西洋に立ち向かい、対等かそれ以上の経済力を持った最初のアジア国であり、独特の感情移入の対象になっていたのです。

とは言え今はもう、このような熱いセリフを聞くことはあまりなくなったようです。「日本人だ」と言う

図3-1 カイロ下町のモスクに集まる人々
出所：筆者撮影

と、「いい国だよね、日本は」とさらっと褒められる程度です。日本経済は下降し、今は、中国や韓国が台頭して中東への影響力を増しています。日本人気も相対化し、そのプレゼンスが落ちてきたのは、残念ですが明らかです。

この講義で取り上げるワヒードゥッディーン・ハーンもまた、少し違った形で、日本のことを好意的にとらえていました。私がインタビューに訪れると、平和精神性・国際センター（CPS）のメンバーはまず、ハーンが著作で日本について書いていると教えてくれました。確かにその著書『平和の時代』を読むと、日本は「降伏して平和な国となり、リベンジなど考えなかったからこそ経済復興した国」の模範とされ、彼が説く平和の重要性の根拠となっています。[*1] ハーン自身、私に、平和を重視する日本が好きだと語ってくれました。

こういったナイーブですが肯定的な日本人観に真っ向から対立しているのが、ISでしょう。このテロ組織は、第2講でお話ししたように、日本人をカーフィル（不信仰者）としてテロ攻撃の対象としました。また日本人は「十字軍」の一味だという声明を発表し、西洋キリスト教世界の同盟者であるため、攻撃対象とすると主張しました。この主張はもちろん歪んでいるものですが、西洋諸国と日本が緊密な同盟関係を持っているという点については間違いではありません。「アメリカにリベンジ」など考えておらず、むしろ常に寄り添う存在であることをＩＳは分かっているということです。

これらに対して、西洋在住のムスリム知識人が持つ日本人観は、より現実的なものです。アースィーは『上昇のクルアーン』でクルアーン第五章を解釈する際、日本に言及しています。日本は明治維新以降、神道を国民国家体制のシンボルとして用いたけれども、今はそうではないという内容です。また人口増加について論じる文脈で、日本経済が一九八九年を頂点として、その後は低迷しているが、人口増加も同様に緩慢になっていると述べています。[*2] どちらも事実を客観的に述べていて、過剰に日本人に思い入れを持っているようには見えません。日本は西洋諸国と並べて語られていますので、西洋諸国に準じる先進国といった妥当な認識なのでしょう。

さらに第６講で紹介するサルダールは、『ポストモダン的生活のA to Z――ゼロ年代のグローバル文化についてのエッセイ』（二〇〇二年刊行）のなかで「日本人」という項目を立てて、映画「スタートレック」を例として用いながら論じています。ゲイシャ、カブキ、ニンジャ、オタクは当然のこととして、石原慎太郎（と当時のソニー会長盛田昭夫）の『「No」と言える日本――新日米関係の方策』（一九八九年刊行）[*3] にまで話が及んでいて、日本について同時代的な（少し古いですが）知識を持っていることがうかがえます。彼によれば、アメリカから見た日本は、スタートレックのキャラクターで言うと人間性を取り戻したセブンのようで、植民地化されなかった歴史と高い技術力を持つ意思の読めない脅威と魅惑に満ちた存在だと言います。[*4] 反西洋だった戦前の日本人が、敗戦後西洋化し、さらにはそれを乗り越えようとしている——これはバブル期の日本のイメージをうまく描写しているかもしれません。このようにポストモダンを強く意識する文化批評家サルダールから見ると、日本は面白い題材になるのでしょう。

実際に日本に来たことがあるのは、第5講で取り上げるアスガル・アリー・エンジニアで、自伝のなかで回顧しています。一九九五年に訪問した時には、ソニーのテープレコーダーの値段の高さに驚いています。二〇〇一年の訪問では、日本社会ではいろいろな宗教が混在していることを知り、広島を訪ねて原爆の悲惨さや日本の平和活動について見聞するなど、日本の実情をある程度、把握したようでした。

このように世界中のさまざまなムスリムによる日本人観には、素朴なものからひねられたものまで幅があります。それぞれが日本の一つの側面を鋭く切り取ったものだと言えますが、特に、世界のなかで平和と戦争にどう関わっているのかが、重要な関心ポイントになっています。それは彼ら自身がこのポイントを重視して生きているということを意味しています。今回の第3講では、平和を追求するムスリム思想活動家ハーンについて、どのような生き様で、どのようにクルアーンを理解しているのか、見ていきましょう。

2　インドのムスリムとクルアーン解釈

その指導者の家は、ニューデリー南方のニザームッディーン地区にありました。[*5] ここはタージ・マハル訪問記で少しふれた地区です。年末でしたので、インドと言えどもデリーは北方にあるため寒く、路上でたき火をして暖をとる人や、毛布をコート代わりに体に巻きつけている人も見かけました。ワヒードゥッディーン・ハーン（一九二五年生）は平和主義者として知られ、クルアーンの翻訳・注釈書を含めて数々の著作があります。それだけでなく、平和精神性・国際センター（CPS）を創設して、実際にさまざまな平和推進活動を行ってきた人物です。

ニザームッディン地区は緑が多い閑静な住宅街で、ムスリムが多く居住し、ムスリムによる歴史的建造物がいたるところに存在します。ムガル帝国第二代フマーユーン帝（一五五六年没）の廟は開放的な広い敷地

図3-2　ニザームッディン地区の二つの歴史的建造物。（上）ニザームッディン廟／（下）フマーユーン廟

出所：筆者撮影

のなかに建っています（図3－2（下））。外国人だけでなく地元のインド人観光客も多く、栄華を誇った王朝の偉力を感じさせます。タージ・マハルも実はこの廟を模して造られたと言われています。

対してスーフィー聖者ニザームッディン・アウリヤー（一三二五年没）の廟は、今も庶民の真剣な尊崇の対象です（図3－2（上））。ムスリム居住区の細い路地を通り抜けてたどり着くと、狭い空間は人々の祈りの熱気で充満しています。スーフィーとはイスラーム神秘主義（タサウウフ）の実践者のことです。廟に集まっているのは観光客ではなく、スーフィー聖者から御利益《ごりやく》を得ようと集まった参詣者なのです。大変な人込みで、私もこの廟の管理者から、スリに気をつけてくださいと言われました。

二つの建築物はどちらも歴史と人の生が凝縮したような場所ですが、ハーンの家はその間あたりにあって、すぐそばの公園では子どもたちが遊び、ほっとさせられる日常生活が広がっていました。今回の講義では、ワヒードゥッディーン・ハーンの『クルアーン――翻訳・注釈・アラビア語対訳』[*6]を取り上げ、異教徒との共存を求める平和的なクルアーン理解のあり方を見ていきます。この書は一九八六年にウルドゥー語訳として刊行され、その後、二〇〇八年にヒンドゥー語、二〇〇九年にアラビア語、二〇一一年に英語に訳されています。

ただこの書物に書かれている内容にふみ込む前に、ヒンドゥー教徒の多いインドでマイノリティであるムスリムについて少しお話ししましょう。カシミール問題のみならずインド全体で、ムスリムと非ムスリムの共存は長きにわたって重い問題としてとらえられてきました。このため特にキリスト教西洋世界には、インド世界から共存について教訓を得ようとする眼差しが存在しています。このこととムスリム平和主義者のクルアーン解釈がどうつながるのか、それについてまずお話ししたいのです。

南アジアにイスラームが流入したのは八世紀にさかのぼります。その後、ムスリムによる王朝が建てられるようになって、その最盛期がムガル帝国の時代でした。けれども大英帝国に支配され、ガンディーの活動がよく知られているように、インドの人々は独立闘争に奮迅し、独立を果たしました。ムスリムはインドからも分離独立して東西パキスタン（現パキスタンとバングラデシュ）を建国したため、ヒンドゥー教徒がマジョリティであるインドと袂を分かつという亀裂を歴史に残しました。他方、インドに残ったムスリムたちは、インド国内で宗教マイノリティとして生きていますが、その数は世界第三位のムスリム人口でもあり、極めて影響力のあるマイノリティとして見られています。

このように長きにわたってムスリムがマイノリティとして存在するインドに対して期待を示す研究者として、イスラーム現代思想の大家ウィルフレッド・キャントウェル・スミスが挙げられます。彼はカナダ出身の牧師で、ハーバード大学で世界宗教研究所所長を務めました。一九五七年に刊行された『現代イスラムの歴史』で、彼はこう述べています。インドのムスリムたちは、自分たち以外の共同体との関係を構築せざるを得ないため、他宗教の信徒との友愛を求める方向に向かうかもしれない。さらに、インドのムスリムがマイノリティとしてとる対応が、世界全体から見るとマイノリティである世界中のムスリムたちに対する示唆にもなるかもしれない、と。[*7] つまり、インドのムスリムがマイノリティとしての苦闘の末に生み出す思想が、世界中のムスリムが異教徒のなかで共存する術を示す可能性を秘めていると指摘されているのです。

さらに現在、この問題意識もしくは期待は、急増しているムスリムとの共存に腐心するヨーロッパ社会にも共有されるものとなっています。ヨーロッパ諸国ではムスリム移民が定住し、その社会に根を下ろしつつありますが、差別も未だ強くあり、疎外感から過激イスラーム組織に入る若者が少なくありません。繰り返しになりますが、これは次の講義で扱います。

イギリスの政治学者イェルク・フリードリクスは『ヒンドゥー教徒・ムスリム関係——ヨーロッパがイン

ドから学べるであろうこと』（二〇一九年）を著し、マジョリティとマイノリティの関係が生み出す強い緊張を改善するための知恵をインド社会から引き出そうと試みています。それによれば、マジョリティが慢心を避けつつも、同じリベラルな価値観を持たないマイノリティとは組まないという厳しさも併せ持つ必要があると言います。[*8]

インド社会は、歴史的に見ても宗教間の関係が常に良好であったわけではなく、今もコミュナリズム（宗派集団主義）による抑圧や暴力が生じています。けれどもスミスやフリードリクスが着目するように、それでも多くの示唆を提供する重要な場所であることは疑いないでしょう。今、文化的バックグラウンドの多様化が進みつつある日本にとっても、そこから学ぶものがあるはずだと考えられます。このような背景を持つインドから生まれたムスリムの平和的思想家ワヒードゥッディーン・ハーンに注目する理由はここにあるのです。

南アジアはイスラーム思想の発展において極めて重要な役割を果たしてきました。この地域のムスリムは近代以前からマイノリティとしてマジョリティのヒンドゥー教徒と向かい合い、さらに近代以降はイギリスの植民地下で西洋文明とキリスト教文化に向かい合ってきたのです。このように異教徒と常に向き合ってきた状況は、一九四七年のインドのイギリスからの独立によってさらに複雑なものとなりました。インドのムスリムたちは、東西パキスタンに移住してマジョリティのムスリムとして生きていくか、インドにとどまってマイノリティとして生きていくかという選択を迫られたのでした。

この分離独立がインドに残ったムスリムに与えた心理的影響はトラウマ的なものであった、とクワージャ――「ガイダンス」で紹介したインドの思想家です――は述べています。そのような辛い経験のなかでリベラルなナショナリストたちは、ヒンドゥー教徒とムスリムが「一つのインド」をつくる世俗的な政治を目指してきました。ハーンもこのリベラルな知識人の系譜に属します。

私は若い頃、インドの独立運動や、［ガンディーも加わった］国民会議に関心を持っていた。［分離を目指した］ムスリム連盟や、［その指導者］ジンナーには関心がなかった。私は分離には反対だった。[*9]

こう述べているように、ハーンは若い頃から、ヒンドゥー教徒とムスリムが共存するインドを望んでいたのでした。

このような南アジアの状況は、二〇世紀のムスリム知識人たちによるクルアーン解釈に大きな影響を与えてきました。代表的なものの一つは、アブルカラーム・アーザードのクルアーン翻訳・注釈書『クルアーンの翻訳』[*10]です。一九三〇年から一九三六年の間に刊行され、第二三章まで書かれています。一九四五年に改訂版が出され、英訳もあり、今も広く読まれています。この講義の「ガイダンス」で「ムスリムのガンディー」ガッファール・ハーンについて言及した際、ちらりとアーザードの名前を出しました。彼はモダニストや世俗主義者として知られ、ガンディーとともにヒンドゥー教徒とムスリムが共存する独立したインドを目指しました。その夢は果たされなかったわけですが、独立後のインドでは文部大臣として活躍していました。

もう一つの代表的なクルアーン解釈は、アブルアアラー・マウドゥーディー（一九七九年没）のクルアーン翻訳・注釈書『クルアーンの理解』[*11]です。この書は一九四二年から一九七二年にかけて書かれ、英訳もあり、今も南アジア内外のムスリムによって読まれています。マウドゥーディーはアーザードとは対照的で、インドとは別離してムスリム国家を建設することを目指し、パキスタンで活躍した、イスラーム主義者です。

国の主権はアッラーにあるとする彼のイスラーム国家思想は、世界のイスラーム主義思想に大きな影響――例えばサイイド・クトゥブ――を与えてきました。一九四一年に創設したイスラーム主義者組織のイスラーム協会の影響力も甚大で、この講義でまた何度かふれることになります。

この二人のクルアーン解釈の後、ワヒードゥッディーン・ハーンが著したクルアーンの翻訳・注釈書もまた、いかに非ムスリムと共存・対峙するかという南アジアのムスリムの問題関心を反映しています。けれどもアーザードやマウドゥーディーと比較すると、政治よりも人の内面への関心への強さが際立ったものになっているのが特徴です。クルアーンを読むことで人々の内面が目覚め、忍耐と寛容の精神を得て、敵をつくらずに平和的に生きることができる――そう説かれています。では、それをこれから見ていきましょう。

3 ワヒードゥッディーン・ハーンの思想と活動

宗教マイノリティとしてインドに生きる

すでにお話ししましたように、ハーンはインドのデリーを拠点とする平和精神性・国際センター（CPS）を創設し、イスラームを精神的で非暴力的に解釈するために活動してきました。そのなかで多くの著作を世に出し、その思想はクルアーンの句に基づいて展開されています。このようにイスラームに立脚した平和主義者であるわけですが、同時に、CPSの公式ウェブサイト[*12]にあるようにガンディー主義的ナショナリストでもあります。つまりインドの伝統に根差すイスラーム思想家です。そのクルアーン翻訳は、宗教的対立を平和的に非暴力でもって解決するためにイスラームを理解しようと試みた知的努力の結晶となっています。

CPSの公式ウェブサイトにはハーンの半生についてのページがありますので、まずはそこから少し紹介します。彼はインド北部ウッタルプラデーシュ州のアザムガルに一九二五年に生まれました。父が早くに亡くなり、母方の家で育ちます。そこではイスラームの伝統教育しか受けられず、西洋的学問を学ぶことを渇望した彼は、独学で英語や近代科学を学びます。そして一九五五年以降、双方の学問に立脚した自らのイスラーム理解を記す書物を刊行し始めました。

その主張は、イスラームは平和、寛容、共存、プルーラリズムを認める宗教だというものです。一九九二年に起こったアヨーディヤーのバーブリー・モスク破壊事件の際、ムスリムとヒンドゥー教徒との間の和解を求めて平和行進を行っています。この事件では、ヒンドゥー教徒がモスクを攻撃したことに端を発して全国で暴動が起こり、一〇〇〇人以上の死者が出ました。インドにおけるムスリム・ヒンドゥー教徒間のコミュナリズム問題を象徴する代表的なものです。二〇〇一年にはCPSを創設しました。その目的は「知性に基づいた精神性を通して平和の文化を促進し、強化すること」であったと言います。

このCPSウェブサイトでは語られていないのですが、ハーンの思想遍歴には二つの重要な「脱退」の出来事がありました。と書きますと、公的には隠しているのかと思われるかもしれませんが、他の著作ではいろいろ書かれています。その一つは一九六二年にイスラーム協会インド支部――マウドゥーディーが創設した組織です――から脱退したこと、もう一つは一九七五年頃、イスラーム復古を実践する布教部隊から脱退したことです。

ハーンは一九四九年にイスラーム協会に加わりました。彼はこの組織の出版部門などで重要な役割を果たしましたが、インドにイスラーム国家を創設するというその目的に疑問を抱くようになります。彼は、マウドゥーディーの思想は西洋の帝国主義に対する単なる反発にすぎないと考えるようになり、「深い内奥からの精神的追求に発する」ものを求めるようになったと言います。そしてムスリムがマイノリティであるインドにイスラーム国家を創設するのは適切ではなく、ヒンドゥー教徒とムスリムが共存する道を追求すべきだという考えに至り、脱退したのでした。[*13] 今もハーンは、マウドゥーディーの政治的なイスラーム理解について、「世界中の対立や紛争の多くの原因となっている」という理由で問題視しています。[*14] ここで彼はイスラーム主義的な立場とは距離を置いたわけです。

ハーンは次に布教団体に移って数年ほど活動したのですが、一九七五年に脱退しています。この組織はヒンドゥー教復興運動への対抗として一九二七年にデリー南部で創設され、預言者ムハンマドのスンナ（慣行）を順守する保守主義で知られています。対面による伝道活動を行い、非政治的で精神的傾向が強く、個人の精神の向上に重点を置くため、ハーンの関心と合致する面があったのでしょう。ただ、この組織には、集団で一定の期間、モスクに滞在して衣食を共にし、お互いに学びあうという独自のシステムがあります。[*15] ハーンはこのような活動の重要性は認めていたのですが、その保守的な形式主義には納得できなかったようで、[*16] この組織を離れて異なるものを模索したのでした。

これらの二つの組織を経ることで、ハーンは非ムスリムとの平和的共存の道としてイスラームをとらえる独自の思想を見出したと考えられます。しかしあまりにヒンドゥー教徒との調和を主張したため、「反ムスリム」や「ヒンドゥーのスパイ」とまで噂されたことがあったようです。[*17] 彼の選んだ道は簡単なものではなかったということです。「共存」とは美しい言葉ではありますが、利害関係者の間では「裏切り」と言い換えることもできる危うい関係性です。

けれども、ハーンは「積極的な現状維持主義」と呼ぶ思想を提示します。それによれば、不遇な状況でも自制心を保ち否定的な反応を起こさないことがイスラームの行動主義だというものです。[*18] インドにおけるマジョリティであるヒンドゥー教徒との敵対心から生じる暴力を回避するために、現状を受け入れること、その上でムスリムとしての努力を積み重ねることが説かれています。現状を認めることから出発するこの思想は、現状を否定し過去を復活させることを志向するイスラーム主義とは一線を画した新しい行動思想だと言えるでしょう。

ガンディーとアーザード――先達者たち

ここでは少し、ハーンがガンディー主義であるという点について考えてみましょう。ガンディー主義は、インドのムスリムという自己認識を持つハーンにとって重要な概念です。ただ、ハーンについての多くの研究を行っているイルファン・オマルも言うように、ハーンはガンディーをただ称賛しているだけではなく、批判的にもとらえています。[*19] ハーンはコミュナリズムを鎮めるために、ガンディーの唱えた、非暴力、他宗教への敬意、プルーラリズム、寛容といった信念を発展させることを試みてきました。けれどもその一方で、ガンディーが主張していた、ヒンドゥー教とイスラームの間の宗教の単一性については認めず、むしろ、イスラームに基づく精神や倫理の向上に重点を置いています。ムスリム・非ムスリム間の平和的社会を構築することを追求したという点は共通していますが、ガンディーは政治システムの変革を通してそれを達成しようとしましたし、対してハーンは人々の考え方の変革を通してそれを追求してきたと言えます。[*20]

二人は聖典解釈についても共通点を持っています。すでにガンディーのバガヴァッド・ギーター解釈については述べました。ハーンもまた、ギーターのなかでクリシュナがアルジュナに戦いを奨励していることについてガンディーを念頭に置いてこう述べています。これはまさしく聖典の二面性を認める解釈で、ガンディーにもハーンにも共有される認識だと言えるでしょう。

これはギーターの信仰者が常に戦いを行うべきであるという意味ではない。マハトマ・ガンディーは最終的に、その非暴力の哲学をこのギーターから導き出している。ギーターにおける戦いの奨励は、それ以外に選択の余地がないような例外的な状況においてのみ適用される。しかし通常の日々の暮らしのためにはそれは、マハトマ・ガンディーが導き出したような、平和的な命令を与えているのである。[*21]

ではガンディーはクルアーンをどうとらえていたのでしょうか。これもすでに述べましたが、ガンディーはクルアーン読誦を聞き、身近な聖典として扱っていました。ただ実際にどのように解釈していたのかは分からないので、盟友アーザードのクルアーン解釈を見ることが一助となると言われています。[*22]アーザードはガンディーと同様に――ハーンとは異なり――宗教の単一性を信じていたムスリムで、それを証明するためにクルアーン注釈を著しました。[*23]それほど両者の認識が近いということでしょう。

ただハーンはアーザードについてこう言っています。インドの分離独立の際、アーザードがパキスタンに移住せずインドにとどまったことは評価するが、イスラーム理解については自分とは異なっている。なぜならば、アーザードはムスリム共同体の指導者として思考する傾向が強く、対して自分はイスラームが普遍的なメッセージを持っていると信じているからだ、と。[*24]ハーンは、ガンディーの片腕であったアーザードに敬意を示しつつも、その政治性については批判的な態度を示したものだと言えます。

ハーンのイスラーム理解は、政治性を排除し、精神面を重視しつつも、イスラームの独自性を保持し、さらにそれこそがイスラームを超えた普遍性に通じるという思想に立脚しています。ここからは実際に、その思想が彼のクルアーン解釈にどのように反映されているのか、見ていくことにします。このなかで、アーザード——と恐らくガンディーも——とマウドゥーディーによる解釈を適宜対比させていきます。そうすることでハーンの解釈の独自性がよりはっきりと浮かび上がるからです。

4 ハーンの平和主義・精神主義的クルアーン解釈

聖典についての認識

ハーンのクルアーン解釈には主要なテーマが三つ流れています。①どう聖典を認識するか、②人の内的自己をどう覚醒させ高めるか、そして、③どのようにして平和的な人生を過ごすか、というものです。

第一の聖典認識に関してから始めましょう。当然ながらハーンはクルアーンが他宗教の聖典よりも絶対的に優れていると考えますが、他の聖典の価値もこう言って認めています。ヒンドゥー教聖典は「知恵と倫理的価値観」の書だが、神の言葉つまり啓示ではない。だがユダヤ聖典のトーラーとキリスト教の聖書、そしてクルアーンは、アッラーから異なる預言者に啓示されたもので元は同じ教えであった。トーラーや聖書は誤って解釈され、また内容も改変されており、最終的にムハンマドに正しいメッセージがクルアーンとして啓示された。だが「啓典の民」つまりユダヤ教徒やキリスト教徒はクルアーンを受け入れず、彼らの聖典は「民族的習慣の集成」にすぎなくなっている、と。[*25]

とは言えハーンは、攻撃的なクルアーンの句を解釈する際に、ギーターや聖書といった他宗教の聖典を引用し、異なる宗教間の共通性を明らかにしようとしています。これは、クルアーンを普遍的宗教つまり真理の書だととらえ、ヒンドゥー教聖典と同等に扱おうとしたガンディーと共通する姿勢だと考えることができます。[*26]

ではこの点について、ハーンの『クルアーン――翻訳・注釈・アラビア語対訳』の「序文」から具体的に見てみましょう。

ハーンによれば、ジハードは暴力ではなく平和的な努力を意味します。「フィトナは殺害よりもっと悪い」（二章一九一節）のような好戦的な句――第2講のアースィーによる解釈でも登場しました――は「限定された意味を持ち、ムスリムを一方的に攻撃する者たちのことを言っている。この句はイスラームの一般的な命令ではない」[*27]のです。つまり誰でも敵を殺せとは命令していないということです。ハーンは、他聖典でも類似した句があることを例示します。まずギーターを参照しているのですが、これが前に紹介した、クリシュナがアルジュナに戦いを奨励している個所についての言及です。続いて彼は聖書の「マタイによる福音書」を引用して、こう述べています。

> 同様に、イエス・キリストは「わたしが来たのは地上に平和をもたらすためだ、と思ってはならない。平和ではなく、剣をもたらすために来たのだ」[*28]（「マタイによる福音書」一〇章三四節）と言っている。キリストが説いた宗教は戦争や暴力のものだ、と結論付けるのは間違っているであろう。なぜならば、このように述べてはいるが、これは特定の状況にのみ関わっているからである。一般的な生活に関する限りキリストは、良き行いをなし、互いを愛し、貧者や困窮者を助けるといった平和的価値を教えていたのである。[*29]

ハーンは、預言者ムハンマドはほかに選択の余地がない場合に戦っただけで、「クルアーンの戦争についての教えは極めて限定的な意味を持っている」と結論づけています。ですからクルアーンの好戦的な句は、「これからも常に有効だということではない」[*30]のです。

ハーンの平和的クルアーン解釈は、他宗教の聖典の解釈をも根拠としています。しかもトーラーや聖書といった一神教聖典のみならず、多神教聖典のギーターにも敬意を示しており、これは、インドのムスリムとして多元的な宗教聖典理解を模索した成果だと言えるでしょう。

では次に、ハーンがクルアーンをどうとらえているのか、その認識を見てみましょう。彼は、クルアーンは「教訓と訓戒の融合したもので、知恵の書と呼ぶのがより適切であろう」と述べています。[*31]実際に彼は、クルアーンのメッカ期の啓示の方が現在のインドの状況には参考になると言っており、[*32]ムスリムが迫害を受けていたメッカ期の句を現在のインドのムスリムのための知恵としてとらえています。

そして彼は、クルアーンの真の意味を把握するために、比喩的に解釈することが重要だと説きます。[*33]次の三章七節にあるように、クルアーンには「ムフカマート（明瞭なもの）」と「ムタシャービハート（不明瞭なもの）」の二種類の句があるとされます。

まさに彼こそが、汝らに啓典を下されたのである。そのなかには、意味が明瞭な句［ムフカマート］もあれば――それらは啓典の基盤である――、他方で比喩的な句［ムタシャービハート］もある。心に逸脱がある者は、比喩的な句を追求し、それを説明しようとして意見の対立を引き起こす。だが、神以外その意味を誰も知らない。知識が堅固に打ち立てられている者は言う、「私たちはそれを信じます。それはすべて主からです」と。しかし賢き者しか心に留め置かない。（三章七節）

ハーンはこのように、「ムタシャービハート」を「比喩的なもの」と訳しています。クルアーンには「知られている人間の世界」と「不可視の事柄」の二つの内容が含まれていて、「不可視の事柄」には比喩的な解釈が必要であり、もし比喩的に解釈しなければ誤った読み方になってしまうと言います。[*34]

この「明瞭なもの（ムフカマート）」と「不明瞭なもの（ムタシャービハート）」という用語に関しては、アーザードもマウドゥーディーも、真理を理解するためには「明瞭なもの」の方がより重要で、「不明瞭なもの」はそれには劣ると解釈しています。[*35] クルアーンを比喩的に解釈するのはハーンの解釈の特徴で、それは彼がこのような解釈手法を通して聖典で語られている目に見えない事柄を把握できると考えているからです。このような解釈のあり方は、ガンディーによるギーター解釈の手法にも通じています。そしてハーンがクルアーンを比喩的に解釈したことで、より精神的、内面的な意味を探ることが可能となっているのですが、それを次に見ていきます。

内的自己と精神性の解釈

ハーンのクルアーン解釈の第二の特徴として、人の内的自己に重点を当てていることが挙げられます。人間の内的精神と神の認識がどう関連するのか、それは「**預言者に下されたものを耳にする時、彼らが認識する真理ゆえに、彼らの目から涙があふれ出す**」（五章八三節）を論拠とします。彼は、この句の「彼らが認識する真理」という言葉から「マアリファ（真理の認識）」という概念を引き出す解釈をしています。[*36]

ハーンによれば、内的精神こそが「イスラーム的人格」を育むために最も重要な役割を果たしますが、その内的精神を形成するものがクルアーンです。彼はこの「形成」を「知的革命」と呼ぶのですが、これこそが「マアリファ」つまり「真理の認識」だと言っています。[*37] アーザードやマウドゥーディーはどちらもこの句には関心を示していませんので、この解釈はハーンにとってのこの句の重要性を示唆しています。彼にとってクルアーンとは、人間の知性を変容させるものだととらえることができます。

ハーンは頻繁に、クルアーンの句を精神的に、つまり人間の内的自己について語るものとして解釈しています。例えば二章二—五節「**これこそが啓典。そこには疑いはない。神に留意し、不可視界を信じる者たちのための導き**」について次のように述べています。クルアーンに導かれ、真理を求めることに熱心な人々は、強情で因習・偏見にとらわれることのない「固定観念から自由な魂」という段階に達することができる。真理を求めることで、「内的自己の閉ざされた能力」が開かれ、現在の世界の奥にある不可視の隠されたものへの認識がもたらされる、と。[*38]

この「固定観念から自由な魂」という概念は、ハーンの解釈において重要な心の状態とされています。彼は「魂の浄化」を重視しており、「**彼らを浄化する使徒**」（二章一二九節）の解釈として、ネガティブな影響から浄化された魂を作り出し、神への愛と帰依で満たすことが預言者の最終目的だとも述べています。[*39]

さらにハーンは、クルアーンを理解するために「洞察力」を用いることの重要性を説いています。「**主よ、彼らに、あなたの啓示を誦《よ》み、啓典と知恵を教え、彼らを浄化する使徒を遣わしてください**」（二章一二九節）から、「知恵（ヒクマ）」が、高次の意識をもたらすとの解釈を示しています。

> クルアーンの教えに従って自らを形成すると、洞察の光がその内部で輝き、卓越した意識がもたらされる。そうすることで、すべての事柄に関して神が望まれるように正しい結論に達することができるようになる。[*40]

マウドゥーディーは浄化の対象を、信仰、概念、行為、習慣、文化、政治といった生活のすべての側面としています。[*41] ハーンがいかに内面を重視しているかが分かるでしょう。

このことは、ムスリムにとって重要な「タクワー（神への畏怖）」概念の解釈によく表れています。タクワーは第2講でアースィーの解釈を見た際に少しふれました。ハーンは、「最後の日」を畏怖する（イッタクー）することを命じる二章二八一節を解釈し、「タクワーの精神」が広まる必要性を説きます。

神のもとに帰される日のことを畏怖しなさい。その時、すべての魂は、稼いだ分をすべて支払われる。そこで間違いは生じない。[*42]（二章二八一節）

この「神のもとに帰される日」が世界の「最後の日」のことです。この時、現世での善悪が判断され、来世が楽園か地獄かが決められるという、恐るべき日です。実は彼はこの句を解釈する直前に法による社会改革について論じているのですが、タクワーはそれよりも重要だと断言しています。タクワーの精神を持たない個人には、イスラーム的システムを完成させることはできない、改革の第一段階は個人が認識を得ることで、社会改革はその次に行うべきことだと考えているのです。[*43]

ハーンはこの句から精神的改革のメッセージを読み取っていますが、アーザードやマウドゥーディーはそのような読み方をせず、ハーンの独自性がここでも明白です。個人の精神の向上が社会改革に優先するという彼の解釈は、マウドゥーディーのイスラーム協会が求めるイスラーム国家の創設は二次的なものだと暗に述べているとも考えられます。

さらに具体的な改革の諸段階については、三章一六四節の解釈のなかで述べられています。

神は信徒たちに偉大な恵みを授けられ、そのなかから、その啓示を誦み、彼らを浄化し、啓典と知恵を教える使徒を遣わした。なぜならば、それまで彼らは実に明白な過ちのなかにいたのだから。[*44]（三章一六四節）

この句の解釈で、ハーンは改革を次の四段階に分けています。①人々の知性に神の徴《しるし》を自覚させる、②直接の対話により人々を浄化させる、③現世でどのように生きるべきかについてイスラーム法を教える、④宗教的真理の秘儀を伝える、と。[*45]この改革の階梯《かいてい》で注目すべき点は、知的・精神的覚醒から始まっていることでしょう。アーザードやマウドゥーディーはこの句を精神的改革に結びつけて解釈していませんので、これもまたハーンの独自の解釈だと言えます。彼はまず個々人が神を意識し、畏怖することから改革が始まり、それが社会全体の変革につながっていくと考えていて、それを解釈で示します。

このようにハーンはクルアーンを精神的に解釈しますが、それは断食に関する二節一八三―一八四節に対しても同様です。この句は「**信徒たちよ、断食が汝らに定められた、汝ら以前の者たちに定められたように**……」と始まります。ハーンは断食の実践を身体的断食と断食の精神に分けて解釈しています。身体的断食は通常の断食で、毎年一カ月間行われるだけですが、断食の精神は常に継続されるべきものであると言っています。断食は「物質的世界の混乱のなかでの精神的義務」をどうやって満たすかを理解し、「知性の平和」に到達することをもたらすからです。人は特にラマダーン月の間、神に心を集中させ、嘘や噂などの悪行を避け、人格を高めます。日に日に「内的自己」が敬虔な状態に近づき、魂は「精神的に高い至福の状態」へと上げられていくと述べています。[*46]

アーザードの解釈はどうかと言いますと、簡潔に、断食の目的は浄化を通しての抑制といった知性の向上だと述べています。[*47] マウドゥーディーは断食に関連して精神的・知性的効果については述べることはなく、むしろこの句が啓示された歴史的背景について焦点を当てて解釈を示しています。[*48] 内面に重点を置いたハーンの解釈が独自だということが確認できます。

では最も関心が集まると思われるポイントに進みましょう。ハーンは好戦的なクルアーンの句に対しても精神的に解釈することができるのでしょうか。九章一二三節に「カーティルー」という言葉があります。通常「戦え」や「殺せ」と訳されますが、彼はこれを「自己」やタクワーと結びつけて解釈し、次のように訳しています。

信仰する者たちよ！ 戦え、汝らの近くにいる真理を否定する者たちと。彼らを断固として扱え。神はそれを畏怖する者とともにいることを知れ。（九章一二三節）

アーザードやマウドゥーディーの解釈を見てみますと、この句を実際の軍事的戦闘に結びつけ、敵として具体的に、アラブ人キリスト教徒や近隣諸国のローマ人、ムスリム社会の偽善者を挙げています。[*49] これらの解釈は、戦う相手を限定し、無条件に不信仰者を攻撃することを禁じようとするものですが、戦闘そのものは認めています。

他方ハーンはこの句をより精神的に解釈して、「戦え」を二つの段階からなる奮闘としてとらえます。人にとって最も近いものはその「自己」ですので、「まさに最初の奮闘は人間の『自己』でもってなされるべきである」と言います。そしてこの奮闘の後に、「攻撃者に対するすべての行為が、神への畏怖（タクワー）

において実行されるべきである」、それはなぜならば「神への畏怖は神とその臣下が出会う場だからである」と述べています。[*50]

ハーンは、通常身体的な戦いとしてとらえられているこの句を、内面を重視する闘争のプロセスとして解釈し直しているのです。内的自己の向上こそが、まずなされるべきとされます。その次が、自己の外にいる攻撃者に対する行動となりますが、その時も内面においてタクワーを保たなくてはならないと言います。つまり常に、内面と向き合うことが重要であるという解釈が提示されているのです。

平和的に生きる——ジハードとフィトナ

ハーンの解釈の第三の特徴は、平和的に生きるよう強調していることです。第2講でも詳しく見ましたが、クルアーンにはムスリムが非ムスリムの敵と戦い、殺すよう命じられていると読める句が多くあります。ハーンは、メディアなどを通して、無条件に非ムスリムを殺す「聖戦」がジハードだと主張するムスリムたちの見解が伝えられ、よってクルアーンが暴力的ジハードの書だという見解が広がってしまった、と指摘しています。けれども彼は二五章五二節に基づいて、このような認識は間違いで、ジハードの意味は「平和的闘争」なのだという解釈を示します。[*51]

彼は二五章五二節について序文でも言及しているので、二カ所での訳を以下に示します。右の訳が序文でのもの、左の訳は二五章五二節の箇所のものです。

より大きなジハードを行いなさい（つまり、より努力して励みなさい）、この（クルアーンの）助けでもって。[*52]

（二五章五二節）

最大の努力でもって励みなさい、これ（クルアーン、そのメッセージを彼らに伝えるために）を手段として。[*53]

（二五章五二節）

このように少し異なって訳されていますが、意味は変わりません。ハーンは、この句の「大ジハード（ジハード・カビール）」という言葉を、「より大きなジハード」や「最大の努力でもって」と訳しています。

彼はこの句が「神の言葉を広めるための奮闘努力」を命じているととらえ、これこそが本当の最大のジハードだと言っています。もしそのような平和的努力が敵のために難しくなったとしても、信徒たちはクルアーンの教えを説き広め続けなければなりません。[*54]このように彼にとってジハードとは、平和的な努力、クルアーンを非ムスリムに伝えるミッションなのです。

それに対してマウドゥーディーは、「大きなジハード（ジハード・カビール）」を「最大の努力」と言い換えていますが、その手段は「舌、ペン、財、生命、得られるすべての武器」だとして、[*55]暴力を用いることも肯定する解釈となっています。繰り返しになりますが、ハーンの立場の独自性が分かるでしょう。

さらにハーンの二章一九〇―一九三節解釈を見てみましょう。「キタール」――「殺害」や「戦い」――を命じている句です。第2講でも引用した句ですが、ここで再度、ハーン訳に沿って訳出し、彼による加筆箇所に傍線を引いて示します。加筆箇所だけ読んでもらえば分かると思いますが、ハーンの翻訳は、殺害する相手は攻撃者のみで、戦うのも防衛のためだけと制限しています。さらに「フィトナ」を「宗教的迫害」と訳しています。この「フィトナ」については、前の講義でＩＳやアースィーの解釈について見ましたが、彼らがここに政治性を読み込んでいたのとは対照的に、ハーンは宗教的な問題として解釈しています。

汝らに戦いを挑む者があれば、神の道のために戦え。だが侵略的であってはならない――なぜならば神は本当に侵略者を愛さない。（汝らに対して戦ってくる）者たちに会えば、どこでも殺しなさい。汝らを追放した場所から、彼らを追放しなさい。本当に（宗教的）迫害は殺害より、もっと悪い。聖なるモスクの近くでは、彼らが戦ってこない限り戦ってはならない。もし戦うならば殺しなさい――これは真理を拒む者への応報である――だが彼らが止めれば、神は本当に、寛容にして慈悲深い。フィトナ（宗教的迫害）がなくなり、宗教が神のみのものになるまで、彼らに対して戦え。もし彼らが止めるなら、侵略者以外には、敵意を持ってはならない。[*56]（二章一九〇―一九三節）

ハーンの解釈では次のように明言されています。

敵対者によってすでに攻撃がなされている時には、信徒たちには自らを防衛する義務がある。戦争行為を先に始めることはムスリムには認められていない。防衛的戦争のみイスラームでは許される。防衛的戦争であっても、国家によって明白に宣誓されなければならない。[*57]

さらに、フィトナがなくなるまで戦え――殺せ――と命じている最後の箇所に焦点を当てることにします。ハーンは、イブン・ウマル（六九三／四年没）というムハンマドの教友の言葉を引用し、フィトナとはイスラーム以前に広まっていた「強制的宗教システム」のことだと定義します。そして、イスラームが広まって以降、宗教的迫害は知的自由にとって代わられたため、フィトナは終了している。ゆえに防衛以外の目的で、敵と戦うことはクルアーンではもう許されていないことになる、暴力は許可されていない、との解釈を示しています。[*58]

これに対して、アーザードやマウドゥーディーの解釈はどうでしょうか。両者ともハーンと同様に戦争は間違っているとしつつも、その必要性を認めています。アーザードは戦争時における正義と公正さを強調し、「戦争は悪であるが、混乱の方がより悪い」と述べています。この「混乱」とは意識や宗教の自由が暴力的に奪われている状況とされていて、つまりフィトナを指していると考えられます。そしてその時こそ、「意識の自由の権利」を守るために戦争が必要だと述べています。[*59] マウドゥーディーは、攻撃や敵の妨害に対して防衛するために戦争は必要だが、人道的になされなければならないと述べています。[*60] アースィーによる解釈と比較しても明らかでしょうが、ハーンはこの句を可能な限り非暴力的に解釈していると言えます。

ではここから、第2講で紹介した「剣の句」についてのハーンの解釈を見てみましょう。以下のクルアーン訳は、ハーンの加筆部（傍線）を加えています。

聖なる月が過ぎたならば、（汝らと戦闘状態にある）多神教徒を見つけ次第殺し、また捕虜にし、包囲し、あらゆる場所で待ち伏せせよ。だが彼らが悔い改め、礼拝を守り、定めの喜捨をするならば、彼に道を開けよ。実にアッラーは寛容で慈悲深い方である。[*61]（九章五節）

マウドゥーディーは、この句が一般的につまり制限なく適用できることを疑っていないようで、攻撃する際の条件について焦点を当てて解釈しています。[*62] アーザードの解釈の特徴は、戦闘の対象を狭く限定している点でしょう。彼は、この句の多神教徒とは、ムハンマドのミッションを酷く妨害した非ムスリムのアラブ部族などだと限定して、「この句は多神教徒全般について述べられてはいない」[*63]と明言します。この解釈は、インドに住むムスリムとしてヒンドゥー教徒という多神教徒との対立を避けるという意図を示すものだと考えられます。

ではハーンの解釈はどうでしょうか。彼によればこの句は、異教徒すべてに対する「通常の戦闘」についてではなく、当時の預言者の相手だけを対象とした神の命令で、そのためにこの句の前半部は「極めて過酷な命令」となっている、と言います。けれども彼は後半部から、現代に有益なより寛容なメッセージを引き出そうとしています。それは、長きにわたって説得しても非信徒が「イスラームを受け入れない時でも、保護された状態でその者の家に送り届けられるべき」だというものです。[*64]

この解釈が示唆するのは、ハーンが暴力を用いずに、深く長く忍耐を保ちつつ、非ムスリムと共存することを強く希求しているということでしょう。彼は「もし人がそれと知らずに、または無知から、悪事にふけっているならば、気づいたり、無知があらためられたりするまでは、できる限りあたたかく見守られるべきであろう」と述べています。[*65]つまり異教徒に対する忍耐と受容に基づく共存が説かれているのです。ただしここは宗教なので当然なのですが、いずれはムスリムに改宗するであろうという期待の枠組みのなかでの共存ということになっています。

次に、この「剣の句」とは対照的に、人命尊重を説く五章三二節を見てみましょう。人を殺したものは全人類を殺したに等しく、人の命を救った者は全人類の命を救った者に等しいと述べている句で、これもすでに六九頁で紹介しました。

アーザードやマウドゥーディーも確[*66]かにこの句を解釈するにあたって、人命の尊さを主張し、全人類に親切にすることの重要性を説いています。けれどもハーンの解釈のなかには、一般論であるかのように述べていますが、実際には現代インド社会の問題を念頭に置いていると考えられる示唆的な一節があります。

> 社会において、お互いの命を尊重するという伝統は、長い歴史の結果として形成される。そして一度この伝統が破られると、再生させるまでには極めて長い時間が必要となる。社会において暴力の伝統を作る者は、その社会の最悪の敵である。[*67]

これは現代に生きる者たちへの戒めの言葉になり得るでしょう。

ほかにもハーンの具体的な知恵が解釈として示されていますので、最後に見ていきましょう。対立のある社会のなかでどのように平和的に生きていくかについて、四一章三三―三六節の解釈として述べられています。

> 神を思い起こさせ、善行をなし、「まさに私は服従する者である」と述べる者ほど良い者がいるだろうか？　善と悪は等しくない。より良いことで悪を追い払いなさい。そうすれば、かつては敵だった者が最も親しい者になるであろう。だがよく耐え自制する者たち以外は、そのようにはならないであろう。本当に幸運な者たち以外は、そのようにはならない。もし悪魔の誘惑が汝を唆《そその》かすなら、神に助けを求めなさい。実に彼は全聴で全知である。[*68]（四一章三三―三六節）

マウドゥーディーの解釈を見てみます。敵に善行をなすことは良好な関係を築くために有益だけれども、これは一般的な原則ではなく、そのような善行を受けても態度を変えない邪悪な者もいる、とあります。[*69]　マウドゥーディーは敵との全面和解には懐疑的な態度で、それを信じるハーンとは対照的だと言えます。対してハーンの解釈は「一方向的な善行」さえも読み込んでいるものになっています。彼は、忍耐を続け、報復心を払拭することで、邪悪なことをしてきた敵に対して復讐することを避けるよう説いています。そして「もし人々が良くしてくれなくても、人々に良くしなければならない」とまで述べています。*70

このようにハーンの解釈は、インドのムスリム・マイノリティとして平和に生きていく知恵をクルアーンから引き出そうとするものです。まず彼はクルアーンを字句通りではなく比喩的に読み、そうすることで内面的自己に精神的な覚醒や向上が生じると考えます。このような状態となった者は、より神に従うようになり、非ムスリムにも寛容となって、暴力のない平和的な共存が可能となるはずだと言います。ハーンは、平和的な共存において重要な心の持ち方を提案しており、それはタクワーや忍耐の心とされています。これは極めて自制的な生き方をムスリムに求める解釈だと言えますが、マイノリティとして異教徒の社会で生き抜くための大切な知恵だとも言えます。

このようなハーンのクルアーン解釈はインドならではのものではないでしょうか。この国でムスリムはマイノリティとして暮らしていますので、何らかの譲歩が不可欠です。よって自制的見解が生まれやすかったのです。けれども、ムスリムがマイノリティである国は世界中に数多くあります。やはりインドはガンディーが諸宗教の同等性と平和・非暴力思想を生んだ場所で、ハーンがこの影響を受けたという意味は大きいと考えられます。ハーンのクルアーン解釈は、ムスリム・マイノリティであることとインド人であることが融合した独自性を持ちます。彼の解釈はあまりにナイーブで理想主義的だという批判も十分にあり得ます。それでも世界のムスリム――そして非ムスリム――に対して示唆に富むものだと思うのです。

第４講

クルアーンは
テロに反対している？

ムスリム国際NGOの挑戦

1　モロッコ政府の反テロとクルアーン

モロッコの港町タンジェ（タンジール）は、ジブラルタル海峡をはさんでスペインと向かい合っています。この町のことは、クルアーンのカリグラフィーを壁に飾ったシャワルマ屋についてお話しした時にもふれました。

タンジェはヨーロッパから見て、最も近しいムスリム都市の一つでしょう。フランスの画家アンリ・マティスも一九一〇年代にこの町に滞在し、絵を描いていました。私も旧市街を歩いていて、彼の描いた聖者廟に偶然行き当たりました。聖者はマグリブ（北アフリカ）ではマラブーと呼ばれ、奇蹟を起こすと信じられているため、病気の治癒などを祈念してその墓が参詣の対象になっています。第3講でふれたニザームッディン廟も同じ理由で参詣対象になっていました。聖者崇拝はムスリム世界では広く見られる庶民信仰の形です。

この「マティスのマラブー」も、本当の名前は「スィディー・アフマド・ブクジャ（さらに正式にはスィディー・アフマド・ブン・マフディー）のマラブー」だと、向かいにある骨董品を扱う土産物屋の店主が教えてくれました。この「スィディー・アフマド・ブクジャ」がこのお墓に埋葬されている聖者の名前です。実際、タンジェの旧市街のあちこちに聖者廟がありますし、さらにはあのイブン・バットゥータ（一三六八年没）の墓もあります。彼はタンジェに生まれ、中東、アフリカ、インド、中央アジア、東南アジア、そして中国まで訪れた大旅行家で、『三大陸周遊記』を残しています。このようにタンジェはイスラームと西洋の歴史が入り混じった魅力的な場所です。

二〇一九年の夏にここでクルアーンの国際学会があり、私も参加しました。ムスリム・非ムスリムの研究者が学問という土俵でイスラームの聖典を議論するという醍醐味を体感することができました。発表の合間には参加者どうしで情報交換の時間となります。モロッコ人研究者から、井筒俊彦のクルアーン研究がモロッコでも関心が高まっていることを聞き、超保守的な国とされるサウディ・アラビア出身の研究者からはアミナ・ワドゥードのフェミニズム的クルアーン解釈を評価する言葉を耳にしました。井筒俊彦は海外でも高い評価を得ている東洋思想学者で、クルアーン研究でも大きな足跡を残しています。またワドゥードについては第6講で少しふれることになります。[*1]

タンジェで宿泊したホテルのそばには、イブン・ハルドゥーン文化センターがあり、ちょうど書物市を開催していました。イブン・ハルドゥーン（一四〇六年没）はマグリブで活躍した大学者で、その著書『歴史序説』がよく知られているでしょう。書物市をのぞくと思った通り、マグリブ書体と呼ばれる文字で書かれたクルアーンばかりが平積みになっており、私は北アフリカまで来たことを実感しました（図4−1）。

これはどういうことかと言いますと、クルアーンはかつていくつかの経路で伝えられていたのですが、現在書物として残されているのは、二つの経路によるものだけです。その一つ「アースィムからハフス」経路は、マシュリクつまり東側のアラブ地域に残り、こちらが今の標準版クルアーンとなっています。西側のアラブ地域であるマグリブ地域にはもう一つの伝承経路「ナーフィウからワルシュ」が残っていて、マグリブ書体で書かれて印刷されているのです。

けれどもまさか、この経路と字体の違いが、反テロにつながるものだとは思いもよらないことでした。モ

図 4-1　マグリブ書体のクルアーン

右頁の円内が第一章（ファーティハ章）、左頁の円内が第二章（雌牛章）の冒頭。丸みを帯びた字体がマグリブ書体の特徴である。

出所：筆者撮影

ロッコでは国王ムハンマド六世の指示により、このマグリブ・スタイルのモロッコ版クルアーンが刊行され、子どもたちはこちらで学ぶよう推奨されているとのことです。その意図は、マシュリク地方のサウディ・アラビアで刊行されて広まっているクルアーンへの対抗であると言います。[*2] サウディ・アラビアは昨今、開放路線に舵を切ろうとしてはいますが、ワッハーブ主義と呼ばれる厳格なイスラームを国教とし、オサマ・ビンラディンなどのテロリストを生み出すに至っています。モロッコ政府はその影響を国内に入れないために、モロッコ独自のクルアーンを前面に出してきたということらしいのです。

　またモロッコでも多くの若者が過激化し、実際にＩＳにリクルートされて加わるようになっています。これに対抗するため、政府は女性の宗教指導者を養成する学院を首都ラバトに創設しました。学生たちはここでクルアーン解釈を深く学び、卒業後は、学校や家庭を訪問して、若者たちにクルアーンが寛容を説いていることを伝えます。そうして若者と普段から関わるなかで、過激化の兆候を読み取り、悪化を食い止めることもあるそうです。[*3]

モロッコは、「アラブの春」以降も国王主導の民主主義を実践し、他のアラブ諸国に比べると安定した政権運営が続いているとされる王国です。それでもテロリストが生まれてしまう社会のあり方に強い危機感を持ち、内部からさまざまな対応に乗り出しているのです。そのなかでクルアーンの果たす役割が小さくないこともここからうかがえるでしょう。

日本でも、ムスリムのテロリズムが国際社会全体の問題だという認識は十分にあります。けれども、非ムスリム社会がそれらにどう対応するかという観点だけで漠然ととらえているように思われます。そうではなく、ムスリム社会内部からの取り組みとの相乗効果で解決していくべきではないでしょうか。日本にいると実感することは極めて少ないのですが、ムスリムのテロリズムそのものが、西洋社会とムスリム社会の複雑な歴史的関わりのなかで生まれてしまったものだからです。

ではこれから、日本ではなかなか知られることのないムスリムによる反テロ活動の一端を見ていくことにしましょう。特にクルアーン解釈がどのような役割を果たしているのかに注目していきます。

2　テロに立ち向かうムスリムＮＧＯ

パキスタンからイギリスへ

オランダの森の中のリゾートホテルで、あるムスリム国際ＮＧＯの会合が開かれ、明らかに南アジア系の風貌の人々が集まっていました。ＮＧＯの名は、ミンハジュ・ウル＝クルアーン、「クルアーンの道」といった意味になりますが、ここからは「ミンハジュ」と呼ぶことにします。創始者はパキスタン出身の宗教学者ターヒル・カードリー（一九五一年生）です。

この会合は「ヒダーヤ（導き）・キャンプ」と呼ばれ、ヨーロッパ在住のメンバーが宿泊して、学び、交流する、年に一度の集いです。私が訪れた二〇一八年の大会では、イスラームや生活の知恵についてのセミナーやワークショップが企画され、食事も提供されて、家族連れもいるといった、小さな学会の大会のような雰囲気でした。

このヒダーヤ・キャンプ（以下「ヒダーヤ」）は、特に二〇一〇年八月にイギリスのウォーリック大学で開催された時に、人々の注目を集めました。ボイス・オブ・アメリカはこう伝えています。西洋世界初の若者ムスリムに向けた反テロ・キャンプに、ヨーロッパや北米から一三〇〇人ほどが参加した。参加者が過激派に立ち向かうための方法を学び、それぞれの国に戻って反テロのメッセージを広めてもらうことが期待される、と。[*4]

ロンドン支部で私がインタビューした際、ミンハジュのメンバーはヒダーヤについてこう説明してくれました。二〇〇五年に始められ、基本的に若い人たちのためのもので、そのテーマは反テロの年もあるがさまざまである。若者のリーダーシップを育てることを目的としていて、偏狭なイスラーム理解が広まることを防ぐための場でもある。西洋のなかでどうムスリムであるか、どう西洋社会に溶け込むかを考える場だ、と。[*5] ミンハジュの活動は特に若者を重視していて、そのなかの重要なトピックが反テロ、つまり若者を過激化させず、テロ組織に入れさせないというものになります。[*6] これこそがまさしく、この講義でミンハジュを取り上げる理由です。

私はオランダのヒダーヤを訪れた前の年に、イギリスのロンドン支部とバーミンガム郊外の町ウォルソウ支部を訪問していました。[*7] ロンドンでは反テロ・プログラムが展開されていたのでそれについてインタビューをしに行ったのですが、これについてはまた後でお話しします。まずはイギリスの地方都市バーミンガムで行われている「ダアワ・プロジェクト」について紹介しましょう。これは刑務所に冊子を提供するという活動で、反テロに貢献することを目指しています。

二〇〇五年の7・7(ロンドン同時爆破テロ)以降、イギリスではテロ対策のために逮捕件数が増え、受刑者も増加しました。しかも刑務所内で洗脳されて過激化する者が増えてしまったため、受刑者のリハビリテーションが大きな社会的課題となっています。このリハビリテーションとは洗脳を解いて脱過激化させることで、そのためにイマーム(イスラームの宗教指導者)が教えを説くことの効果が大きいとされています。受刑者の多くが正しいジハードやイスラームについての知識を持っていなかったためです。[*8] つまりここでもイスラームについての教育の重要性が確認できます。

ミンハジュの「ダアワ(宣教)・プロジェクト」の統括者は、イギリス中部地区のリーダーのアフマド・ナワーズです。パキスタン出身で、バーミンガムでパキスタン料理店を経営している好人物です。彼はこのプロジェクトについて次のように説明してくれました。(ここではインタビュー対象者の敬称は略します。またミンハジュのメンバーはカードリーのことを「シャイフ・アル＝イスラーム」つまり「イスラームの師」といった尊称で呼ぶことが多いのですが、ここではすべて「カードリー師」と統一します。）

二〇一二年に、カードリー師のリーフレットを刑務所に無料配布し始めました。ムスリムだけでなく非ムスリムにも配りました。刑務所の所長によると、これらを読んだり聞いたりした受刑者の様子が変わって、問題行動が明らかに減ったとのことでした。影響を受けた受刑者がさらに他の受刑者に薦めるという動きも出てきています。このリーフレットの印刷はメンバーの寄付によっていて、つまりこれはミンハジュ全体が行っているプロジェクトということになります。

私がこのプログラムが始まった経緯についてウォルソウ支部に集まってくれたメンバーたちに尋ねてみたところ、次のような答えが返ってきました。もともと、カードリー師のリーフレットの無料配布は行っていたが、メンバーたちのなかでそれを刑務所にも届けようというアイデアが出たので始めた。カードリー師に直接このプログラムについて話す機会があったが、大変に喜んでいたと聞いた、と。

ここで同席していたアフマド・ナワーズの妻ロシナ・ナワーズから、「過激化する人たちにカードリー師のリーフレットを渡す意義は大きい」という言葉が出てきたため、「過激化」とは具体的にどういったものなのかと尋ねてみました。その返答によれば、受刑者の多くはドラッグやナイフ・銃などの武器を用いたことが原因で受刑しているが、「サラフィー主義」（イスラーム主義）の影響もあるとのことでした。どうやら、イギリスのムスリムたちの問題としてはテロよりも一般的な犯罪が多いのだろう、ということが分かってきました。

この会合に参加してくれた医師もこう話してくれました。家庭に問題のあるムスリムの若者が、学校や社会とのギャップを埋められず、ドラッグやナイフ・銃に手を出したり、サラフィーの影響を受けたりすることがある。実際にバーミンガムにサラフィー系のセンターがいくつかあり、中東から学者が派遣されている。その学者たちはこのイギリスでの若者の問題の実態を理解せずに若者に接し、彼らが自分の国で受けた教えをそのまま植え付けることがある、と。ここからも、在英の若者ムスリムのなかには、家庭や社会における状況の困難さから、反社会的な行為に進む者がいることがうかがえるでしょう。

さらに私は、実際に若者が過激化したケースを知っているか、と会合の参加者たちに尋ねてみました。答えは周りにはいないというものでしたが、過激化する者たちはクルアーンの一部を文脈を考えずに切り取ってそれに従っているだけで、その解釈は間違っているという意見が何人かから出されました。これはこの講義の問題意識にも通じる重要な見解でしょう。

それに加えてある参加者が、自分が大学生だった一九九〇年代に大学でヒズブ・タフリールの影響が増し、それに入っていく人がいた、と話してくれました。このヒズブ・タフリールとは、第2講でアースィーの半生についてふれた時に出てきた「イスラーム解放党」のことです。カリフ制国家樹立を求めるイスラーム主義組織ですが、ここからは「解放党」と呼びます。アースィーはレバノンで大学生だった頃に、この組織に関わっていました。タキーッディーン・ナブハーニー(一九七七年没)が説き始め、一九五三年にエルサレムで設立されて中東アラブ諸国に広まり、さらに東南アジア、中央アジア、ヨーロッパ諸国でも活動が活発になりました。活動を非合法化する国もありますが、イギリスでは合法のままでした。イギリスでは特に、ユーゴスラビア紛争のあった一九九〇年代半ば以降にメンバーが急増して数千人規模になり、実際に紛争に参加する者も現れたと言います[*9]。

アフマド・ナワーズはこれに関連して次のような体験談を話してくれました。以前刑務所を訪れた時、自分の家の近所のクリーニング店で働いていた男性が受刑者のなかにいた。お互いに気がついて、「何をしてここにいるんだ」と聞いたところ、「シリアのダーイシュ、ＩＳＩＳにお金を送ったからだ」とのことだった。カードリー師のリーフレットを見せると「あなたがこのような平和に関する活動をしているとは知らなかった」と感動した様子になり、「外に出たら会いに行く」と言ってくれた。クリーニング屋で働いている頃には、そのようなことは想像もつかなかった。そして今、彼はこのミンハジュで活動しており、このように元の正しい道に戻る者もいる、と。ここでようやく、私が知りたかったＩＳの名前が出てきました。ミンハジュの活動がテロを支援したムスリムの更生の一助になったのではないかと推測されます。

イギリス社会ではムスリムの若者が現状への不満から、過激派組織に入るという行動パターンが繰り返し生じてきました。活発な組織は時代によって異なりますが、かつては解放党、最近ではＩＳということになります。解放党から回心させた経験が、現在のＩＳ対策に役立っていることも確かで、ミンハジュもこのような積み重ねのなかで活動しているようです。

このことは次のような二人のメンバーからの聞き取りからもよく分かります。[*10]

一九九六年から一九九七年頃、自分は二〇歳代で、解放党に属していた。その頃の自分は、本当の自分とも家族とも断絶していた。家族や誰に対しても、「それは正しいのか？　その根拠は何か？　クルアーンやハディースにあるのか？」と盾突いてばかりいた。家族も皆心配していた。身近な者がミンハジュに入っていて、カードリー師の教えを知るように薦めてくれていたが、まったく聞く耳を持っていなかった。その頃は解放党以外のものはすべて間違っていると洗脳され、信じ込んでいて、小さい世界に入り込んでいた。だがある時たまたまカードリー師のレクチャーを聞き、それは死について、人の魂がどこから来てどこへ行くのかについてだった。そこで突然、今、自分は旅の途中にいるのだと感じ、そのレクチャーでは根拠がすべて示されていたことに魅了された。そして知人に借りて他のレクチャーを一週間ぶっ通しで聞き続けた。それまでは自分を〔本当の〕自分自身、家族、社会のすべてから断絶させていたが、それをやめ、つながりを再開させた。それがスーフィズム〔イスラーム神秘主義、タサウウフ〕だった。そしてウンマ〔ムスリム共同体〕や預言者にもつながっていった。すべてカードリー師のおかげである。ガザーリー〔イスラーム中世の大学者で神学とスーフィズムを統合させた。一一一一年没〕は自分のヒーローだが、そういった大学者とも〔カードリー師を通じて〕つながっていった。もしカードリー師のメッセージを聞かなかったら、今頃どうなっているのかと思う。

もう一人もこう語ってくれました。

自分もかつて、解放党と関わった時期があった。イラン革命の直後で、大学のキャンパスで「アメリカに死を」と自分も叫んでいた。また一九七〇―八〇年代はムスリム同胞団も広まっていた。だが自分は運が良いことに、両親がミンハジュに入っていたので、これらのイスラームには精神性がないと気づいた。カードリー師はスーフィー的背景を持っていて、精神的な面が強く、魅力があった。しかも彼には、政治に対して民主的に変えていこうとする姿勢があって、〔精神と実践の〕両方あることが魅力であった。

特にこの後者の人物の時代背景はアースィーと近く、解放党やイラン革命、ムスリム同胞団などが国境を越えてムスリムの若者に大きな影響を与えたことがうかがえます。どれもイスラーム国家の樹立を追求するイスラーム主義の代表的な動きです。
ミンハジュの創始もちょうどその頃の一九八一年で、本部はパキスタンのラホールにあります。その目的は次のように公式ウェブサイトに書かれていますが、大変にリベラルなものです。

平和、寛容、信仰間の調和、教育を促進し、過激主義やテロリズムに立ち向かい、ムスリムの若者に宗教的穏健を説き、女性の権利、発展、エンパワーメントを促進し、社会への奉仕と人権の促進をもたらす。[*11]

実はムスリムが立ち上げ運営しているNGOは決して少なくはありません。中東や周辺のムスリム諸国のなかでも、イスラエル、エジプト、トルコに次いでパキスタンが多いようです。[*12] パキスタンで発したミンハジュがイギリスで活動を始めたのは一九八四年、公式の事務所がイースト・ロンドンで開かれたのが一九九四年です。[*13]
現在、一〇〇カ国以上に支部があり、[*14] 日本にも群馬県に伊勢崎市支部があります。なかでもイギリスはパキスタンの外でのミンハジュの重要な拠点となっています。ロンドン東部のフォレスト・ゲートのほか、バーミンガムやマンチェスターなどのパキスタン系ムスリム共同体のある多くの都市に支部が広まっています。[*15] これはヨーロッパのなかでもイギリスにパキスタン系ムスリムが多いことが背景として考えられます。二〇一五年のデータですが、ヨーロッパへのパキスタン出身の移民は、イギリスで五四万人、次いでイタリアで八万五〇〇〇人、スペインで五万六〇〇〇人となっていて、やはりパキスタン出身者の移民先としてイギリスが多いことが明白です。[*16] 第6講で扱うサルダールもその一人です。

ここで簡単に、ムスリム移民の歴史的背景を概観しておきましょう。[*17] 第二次世界大戦後の産業復興のため、イギリスは旧植民地からの安価な労働力を歓迎し、移住を奨励しました。一九五一年にはイギリス在住のパキスタン人――当時は同一国民であったバングラデシュ人を含みます――は五〇〇〇人ほどであったといいます。一九六六年にはイギリスに約一二万人のパキスタン人が居住するようになり、各地で出身国の文化を温存しつつ共同体が形成されていきました。

この時期以降、モスクも増え、イスラーム組織がいくつも創設されています。ただし出身国の伝統文化をそのまま継承したので、バーレルヴィー派やデーオバンド派といった南アジア系イスラームの勢力が多く見られました。[*18] 二〇〇〇年にはモスクは一〇〇〇以上となり、その翌年の国勢調査によれば、パキスタン系移民は、インド系移民に次ぐ大きな規模のエスニック・マイノリティになっています。現在パキスタン系ムスリム共同体はロンドン、バーミンガム、ブラッドフォード、マンチェスターなどの都市部に多く居住しています。

イギリスのムスリム社会はさまざまな問題を抱えていますが、なかでも若者の過激化は大きなものです。二〇一三年以降、ＩＳのメンバーにウェブ上で勧誘され、親に黙ってシリアに渡航したという事例が数多く報道されてきました。けれどもこれは最近始まったことではありません。先ほどもお話ししましたが、これまでも異文化社会における疎外感やアイデンティティの問題に悩んだ移民のムスリムの子どもたちが、イスラーム主義過激派組織に入り、家族を心配させ、悩ませてきたのです。

例えば有名な例を挙げますと、イギリス最初の反テロ・シンクタンクにキリアム財団がありますが、その創設者の一人であるエド・フサインがそのような経験の持ち主です。彼も南アジア出身の両親を持ち、イギリスで生まれ育ちました。その自伝『イスラーム主義者――なぜ私はイスラーム原理主義者になったのか、何を見て、なぜ脱退したのか』は、第6講で扱うサルダールの自伝と並んで、在英ムスリムの代表的な自伝ともされます。[19]

この自伝を読むと、フサインも一九九〇年代に解放党に入って活動し、それ以外と断絶していたことが分かります。けれども彼は、解放党が暴力を手段としていることに疑問を感じて脱退しました。彼は今、キリアム財団を創設したことで過激派組織から脅しや嫌がらせを受けながらも、反テロ活動の先頭に立って活動しています。実際、同財団は反テロ活動に関連してミンハジュと協力関係にあるようです。[20]

ここまでで、国際ムスリムNGOの反テロ活動を取り上げる理由が見えてきたことでしょう。在英の移民系ムスリムたちは、自分たちの経験をふまえ、自分たちの問題として、ISに加わろうとする若者たちを阻止しようと活動をしているのです。非ムスリムがISの軍事拠点を叩き、その拡大を阻止し、現地の被害者を救出する必要があるのは確かですが、それと同時に、ムスリム共同体の内部からもISの活動を抑止する活動が展開されることが極めて重要だと考えられます。ではそのためにどのようなことができるでしょうか。

イギリスでイスラーム過激主義に対抗する活動を行ってきたサラ・ハーンは、著書『英国イスラームの闘い――ムスリムのアイデンティティを過激主義から取り戻す』で、イギリスのムスリムの若者たちが過激派組織に入っていく背景と過程を詳細に検討しています。そこで「テロリストの過激主義者たちがクルアーンの句を捻じ曲げている時に、『イスラームは平和の宗教です』と言っても仕方がない」と述べ、その解決策として在英ムスリムへの反過激主義教育の重要性を主張しています。[21]ここでようやく、カードリーの反テロ思想とミンハジュによるその思想の教育実践につながりました。これからそちらに目を移していきましょう。

創設者ターヒル・カードリー

ミンハジュの創設者ターヒル・カードリーはパキスタン出身ですが、今はカナダに住んでいるようです。スーフィズムの影響を受けて寛容を説きつつ、イスラーム復興を主張する活動思想家です（図4-2）。パキスタンでは、パキスタン人民運動党（ＰＡＴ）を一九八九年に創設して政府を批判するなど、その顔をテレビの宗教チャンネルで見ない日はないとまで言われたこともあるほどです。[*22] 国際的知名度も高く、例えばダボス会議（世界経済フォーラム）では二〇一一年にテロリズムに関するパネル・セッションで講演しています。[*23]

図4-2　ターヒル・カードリー
出所：公式インスタグラムより。https://www.instagram.com/p/CDTw388hJFH/

私はインタビューを通して、カードリーがミンハジュのメンバーたちにとって強い崇敬の対象なのだと実感しました。前にお話ししたダアワ・プロジェクトのリーダーであるアフマドとロシナ夫妻は、イギリスに講演のためにやって来たカードリー一家をバーミンガムの自宅に泊めたことがあります。それはカードリーが在英メンバーの様子をよく知るために、ホテルではなく家に泊まりたいと希望したためでした。夫妻はその時、カードリーがとても気さくで冗談も口にし、かつ謙虚で、人の心にすっと入ってくるような人物だと感じたと話していました。他のメンバーたちからも、カードリーの演説を聞いたり、会話したりすると、涙が止まらなくなり、迷いがなくなったなど、そのカリスマ性を示唆する言葉を多く耳にしました。[*24]

気さくさと高貴さという両面性がその魅力であるようです。

カードリーは一九五一年にパキスタンのジャンで、学者の家系に生まれました。一〇歳頃から、高名な学者でスーフィーでもあった父から宗教について学んでいたのですが、一二歳の時に、サウディ・アラビアのメディナのマドラサ（イスラーム学校）でイスラーム諸学を学ぶようになりました。その後、サウディ・アラビアのメッカやシリア、イラクのバグダード、レバノン、マグリブ諸国、インド、パキスタンをめぐり、多くの優れた師より教えを受けます。[*25] さらに大学での教育も受けており、一九七〇年にパキスタンのパンジャブ大学でイスラーム学やアラビア語を学び卒業し、一九七二年にイスラーム学で修士号、一九七四年に法学士号（LLB）を取得しています。一九七八年にパンジャブ大学の法律の講師となって、イスラーム法博士号も取得、その後、教授や学部長を務めました。[*26] このようにイスラーム伝統教育とともに近代的・西洋的な大学教育も受け、かつ教えていた人物です。

近年カードリーは基本的にカナダに在住し、講演や集会のために祖国パキスタンやイギリスをはじめ、世界中を訪れています。パキスタンでは政府の腐敗を批判する大規模なデモ行進を主催したこともあります。[*27] イギリスでは宗教間対話を促進する「人類のための平和」集会を二〇一一年に開催して一万二〇〇〇人が参加、世界の平和を求める「ロンドン宣言」を表明し、二五万人がインターネット上で署名したといいます。[*28] このように昨今は特に、平和推進や宗教間対話がその活動の中心に置かれているようです。

カードリーの著作は、これから取り上げるファトワー書を含め数多く刊行されており、そのテーマは伝統的イスラーム学と現代事情の二つに分けられます。前者に属するのは、クルアーン解釈書やハディース、神学（アキーダ）、ムハンマドの伝記（シーラ）、法学（フィクフ）、神秘主義に関するもので、伝統的なイスラームの学問を網羅しています。これに対して、イスラーム的政治経済システムや人権、科学に関する著作も少なくなく、現代的諸問題への強い関心が見てとれます。

このように、カードリーの受けた教育や行動様式は、伝統（イスラーム）に根差しつつ、近代（西洋）的に展開してきたものです。さらに伝統の領域でも、法学と神秘主義というイスラームの知的伝統の二本柱に立脚しています。彼は知性においても行動においてもバランスがとれていますが、西洋社会に育った移民の若者ムスリムの目からはどのように見えるでしょうか。イスラーム学者として伝統的知の体系を極めた上に、西洋的学問も習得し、国際的に評価される人物として彼らの目に映り、その言葉は強い説得力を放つと考えられます。

カードリーの思想の大きな特徴の一つは、スーフィズムでもってイスラーム主義に対抗するというスタンスです。彼にとってのスーフィズムは、「テロリズムに首尾よく終止符を打つための随一の武器のよう」とまで言われます。[*29] 私がミンハジュのメンバーにインタビューした際にも、「サラフィー主義」に対する危機意識が強くうかがえたことは、すでに述べた通りです。

これまでも何度か「スーフィズム」にふれることがありました。これはムスリムにとって極めて重要な思想と実践の潮流で、汎神論的な世界観に基づき、修行を通して人と神との合一を目指しつつ、教団を作り、聖者への崇拝も行います。宗教の形式よりも内面・精神のあり方を重視し、イスラーム世界各地に広まっています。

他方、スーフィズムはイスラーム主義者から強く批判を受け続けています。ムハンマドの時代にはスーフィズムはなかったという理由で、逸脱（ビドア）とみなされているためです。このため、パキスタンの民衆の間にはスーフィズムが浸透しているにもかかわらず、昨今はその聖者廟に対して、アル＝カーイダやターリバーン、ISによる攻撃が続いています。なかには自爆テロによる攻撃もあり、実行犯が若者であることも大きな社会的問題となっています。このようにイスラーム主義とスーフィズムは緊張関係にあります。

カードリーがスーフィズムを重視していることは、次のようなことからもうかがえます。代表的なスーフィー教団の一つにカーディリー教団があります。聖者アブドゥルカーディル・ジーラーニー（一一六六年没）によって創始され、中東・北アフリカから南アジアや中央アジアまで広まっています。カードリーは、その聖者の子孫であるターヒル・アラーウッディン（一九九一年没）に師事し、ミンハジュの創設式典に招くなど、近しい関係を構築していました。

実際にミンハジュのイベントでもスーフィズムにゆかりの深い声楽のカッワーリーやナシードが用いられているようです。私がイギリスで行ったインタビューでもヒダーヤでこれらを行うと言っていましたし、[*30]実際に訪れたオランダのヒダーヤのプログラムにも入っていました。これはこの組織が、スーフィーの音曲や聖者崇拝儀礼に寛容なバーレルヴィー派に属することからもうなずけます。これに対して儀礼を否定する厳格な派がデーオバンド派です。ターリバーンはこちらから派生したとされ、バーレルヴィー派の儀礼集会に自爆テロ攻撃を行っていました。スーフィーが行う儀礼に対する態度は、そのムスリムの寛容の度合いを知る目安になるのです。

この意味を考えるにあたって、ロンドンでのインタビューが参考になるでしょう。ロンドン支部の幹部はこう言っていました。ヒダーヤの活動の重要なメッセージの一つが、文化を肯定することである。音楽を否定的にとらえるムスリムの潮流があるが、音楽は大切な文化だと若者に伝えるために、ナシードを行ったりするのだ、と。[*31]この「音楽を否定的にとらえるムスリムの潮流」とは、厳格なデーオバンド派やワッハーブ派、さらには過激派とされるイスラーム主義者のことを示唆しているのでしょう。そうするとミンハジュがその会合で音曲の儀礼を行う理由は、南アジアの伝統の尊重と同時に、あえてそれを行うことで、イスラームの柔軟性を若者に再確認する意味があると考えられるのです。このようにミンハジュは単に平和や寛容を説く組織であるだけではなく、イスラーム主義への対抗という立場を体現しています。

さらにミンハジュは、体制への批判という姿勢をとっています。そもそも「リベラル」で独自性の強い活動は、ムスリム諸国では体制と対立することが多く、最悪の場合、暴力が生じます。最近の例としては、フェトフッラー・ギュレンが率いる国際NGOヒズメット運動（ギュレン運動とも）とトルコ政府の関係が挙げられるでしょう。ギュレンもまたスーフィズムの影響を強く受けて平和や寛容を説き、宗教間対話を促進する活動を世界的に行ってきました。[*32] けれども、二〇一六年にトルコで反政府クーデターを企てたとされ、国内のメンバーは逮捕、粛清され、国内活動は禁止されました。国外での活動も大きく制限が加えられています。

カードリーとミンハジュもまた、パキスタン政府と緊張関係を続けてきました。よく知られるのが、二〇一四年にラホールのモデルタウン地区にあるカードリー宅で起こった事件です。パキスタン人民運動党の活動家とパンジャブ州警察との間で衝突が生じ、死傷者が多数出たため、ミンハジュ側は「モデルタウンの悲劇」と呼んでいます。この衝突の背景にはカードリーたちによる政府の腐敗を批判する政治活動があると考えられています。[*33] このような事例からも、ムスリムがリベラルであることは単なる西洋かぶれではなく、イスラームの理解と実践をめぐる現実の戦いだということがうかがえます。

ではカードリーはどのように反テロを訴えているのでしょうか。そのメッセージを具体的に見ていきましょう。それはファトワーとして、イスラーム法の伝統に基づいて発出されました。第1講で「イスラームQ&A」についてお話ししたことを思い出してください。これもファトワーの一種でした。

3 反テロを説く

ファトワー書の刊行と反響

二〇〇一年のアメリカ同時多発テロ（9・11）以降、ヨーロッパでもアル＝カーイダ系実行犯によるとされるテロが続きました。二〇〇四年のスペイン、マドリードでの鉄道テロの後、二〇〇五年にロンドンでの地下鉄・バス同時爆破事件、いわゆる「7・7」が起こったのです。当然のことながら7・7が英国社会に与えた影響は大きなものでした。私がロンドン留学時代に毎日のように通った道のすぐそばでも死傷者が出たため、今はそこに追悼の言葉が掲げられています。

7・7の実行犯は、「ホームグロウン・テロリスト」と呼ばれる、イギリス社会で育ったムスリムでパキスタン系移民の第二世代の者でした。このためその衝撃はより深いものとなりました。実行犯はアル＝カーイダの作成した計画に沿って独自にテロを起こしたとも言われます。そのようななか、二〇一〇年に刊行されたカードリーのファトワー書が注目されたのは自然な成り行きだったと言えるでしょう。ヨーロッパ在住のムスリムたちは、国家や社会の主流と切り離されがちです。そのためムスリム法学者が発するイスラーム法に基づいたファトワーこそが、ムスリムとして生きていくための唯一の規範となっているとも言われます。[*34]

これまでアル＝カーイダやＩＳなどのテロ組織に対して、欧米諸国を中心に国際社会が対策を練り、過激派の監視・摘発や空爆といった軍事行動も含む対応をとってきました。こうすることで組織的・軍事的にはある程度、弱体化させることに成功してきたと言えます。けれども実際のところ、一つの組織が弱体化しても、また別の組織が生まれ、そこに新たに若者ムスリムが加わることになってしまい、この悪循環を断ち切ることは短期間では困難です。若者のムスリムのなかでこれらの組織に魅かれて加わる者たちが後を絶たないことは、ムスリム諸国のみならず欧米諸国でも見られる現象で、社会的問題となってきましたし、一時期、日本でも関心を集めました。[*35] また西洋諸国のみならず、ムスリムがマジョリティの国々でも、防止のために政府によるさまざまな政策や社会活動が行われてきていることは、すでにお話ししました。[*36]

テロリズム（テロ）の定義は難しく、立場によってゲリラや解放闘争と呼ばれることもあるでしょうが、それは暴力によって恐怖（テロル）を引き起こし、自説を押し通すことを目的とするものと言えます。この講義でテロリズムが問題である理由は、暴力という一方的で取り返しのつかない手法を用いて自分たちだけが「生きやすい」社会を構築しようとしているからです。暴力ではなく、遅々として進まないように思えても、対話や議論、思考錯誤や失敗を通して、多様な特性を持つ人々にとって「生きやすい」世界を作り上げていくべきでしょう。そのためには、平和、非暴力、平等、寛容といった、テロ集団が真っ向から否定する概念の尊重を前提としなくてはならないのです。つまり反テロとはリベラリズム推進と表裏にあるとも言えるのです。

ではテロという手法が選ばれる土壌を根から断つにはどうすればよいでしょうか。多様なアプローチを総合的に行うことが必要ですが、ここではミンハジュが試みている反テロ・教育プログラムに焦点を当て、ムスリム共同体内部からの共存への取り組みがどのようなものなのかを明らかにします。平和教育プログラムはカードリーのファトワー書『テロリズムと自爆攻撃に関するファトワー』を基本としていますので、まずはその内容や外部からの評価を見ていきます。その後で、実際にどのように教えられているのか、現場を紹介していきます。

『テロリズムと自爆攻撃に関するファトワー』は二〇一〇年三月にウルドゥー語で、同年一二月に英語で刊行されました。ファトワーとはムスリムの日常生活の悩みに関する、イスラーム法に基づいたアドバイスのようなものです。日本語では「法的判断」「法的意見」などと訳されています。

ムスリムが結婚や離婚、遺産相続といった日々の問題に直面した時、ウラマー（ムスリム宗教学者）に質問し、これへの回答としてファトワーが出されます。ただし法的な拘束力はなく、学者によって回答が異なることも多くあります。ファトワーを出す法学者はムフティと呼ばれるのですが、支持者が多い者のファトワーは大きな社会的影響力を持つことになります。さらに昨今の特徴としては、インターネットの浸透にともなって、サイバー・ファトワー（オンライン・ファトワー）が特にムスリムの若者の間で広まっています。その代表的なものが「イスラームQ&A」になります。その相談内容もまた、日常生活の悩みから、テロや自爆攻撃の是非、さらには攻撃の命令に関してまでと[*37]、現実世界の諸問題を反映しています。このようにファトワーはムスリムの生活のあらゆる側面に関与し、行動の指針とされるものです。

カードリーのファトワー書が出された際、イギリス社会でも好意的に受け取られたのですが、例えばBBCでは次のように報じられました。このファトワー書はアル＝カーイダの暴力的イデオロギーを解体するものであり、カードリーの活動はイギリスの政策立案者や治安関係者から関心を寄せられている。カードリーはアル＝カーイダのメンバーが若者を組織に勧誘する際に用いる議論を論破する根拠を提示している。ミンハジュはイギリスでも最近まであまり知られていなかったが、現在、伝統的な指導者に幻滅した若者たちを主な対象として活動中である。政策立案者や治安関係者はテロ対策のために穏健イスラーム組織との連携をはかっているが、草の根への影響力を持つ組織がなかなか見つかっていないのが実情である、と[*38]。

カードリーのファトワーは、自爆攻撃やテロをムスリムの行為として否定するために発出されました。このテーマに関するファトワーは9・11以降数多く出されているのですが、イスラーム研究や国際関係論に詳しいアメリカの研究者ジョン・エスポズィートは、カードリーのファトワーを次のように高く評価しています。ムスリムの宗教指導者たちは、9・11の翌日にテロを非難するファトワーを出してはいるが、パレスチナ人の自爆テロを合法としている。また宗教指導者の間でも自爆テロに非戦闘員が巻き込まれることに関しては議論が分かれるが、イスラエル人であるならば非戦闘員であっても敵であるのでテロの対象としても構わないとする者もいる。だがカードリーのファトワーはクルアーンや高名なムスリム学者たちの議論を広く網羅した上で、何の例外もなくすべての暴力的テロ行為を否定するがゆえに、画期的なものである、と。[*39]

カードリー自身、ファトワー書執筆の意図について語っています。彼の現状認識は、少数のムスリムたちがジハードの名のもとにテロをイスラームと結びつけようとしているため、「世界中の現代の若者ムスリムたちが、実践的分野や信仰、宗教的教義の領域で、知的混乱と崩壊の被害者となってしまっている」[*40]というものです。彼はこの状況を解決する必要があると考えました。

このようなひどい状況を鑑み、私は西洋世界とイスラーム世界にイスラームのテロリズムに関するスタンスを説明する必要があると考えました。それはクルアーン、預言者の伝承（ハディース）、そして法学や神学といった古典文献に基づきます。目的は、この見識を世界中の重要な研究機関やシンクタンク、影響力のある世論を形成する組織に伝え、イスラームについて疑念や不安を抱く者がムスリムであっても非ムスリムであっても、テロリズムに関するイスラームのスタンスをより正確に理解できるようにすることにあります。[*41]

そのためにカードリーはまず、七つの質問に対する回答を示しています。[*42] 実はこの個所に最もファトワーらしさを見て取ることができます。先ほど説明したようにファトワーとは、個々のムスリムから出た質問への法学者からの回答だからです。けれども彼のファトワー書はこの個所は問答形式となっていますが、この後は問答形式ではなくなり、全部で一八章ある本論を通して七つの質問に詳細かつ壮大に回答していくという構造になっています。一八の章については次の節で見ていきますので、その前に七つの質問について少しふれておきましょう。

図4-3を見てください。これらの質問項目から現代のムスリムたちが、テロに対して何を悩み、疑問に思っているのかがうかがえます。質問5の「ハワーリジュ派」に関するものはイスラームの歴史と思想に根差す議論となっていますが、それ以外の質問は、武力でもって問題を解決することへの批判ですので、非ムスリムの視点からも共有できる問題提起となっていると思います。

カードリーはこれらの質問に回答し、良い意図があったとしても悪行が善行に変わることはないとして、こう述べています。多くの人は自爆攻撃そのものは悪だと考えるけれども、それが良い意図によるならば正当化できると思い、それはジハードなのだからと言って、非難しようとしない。だがクルアーン二章二〇四―二〇六節によれば、アッラーのためだと口当たりの良い言葉で人を惑わすけれども実際には悪事をなす者は、結局は地獄に落ちるという。現代のテロリストはこのような人々である。たとえ良い意図に基づいているのでジハードを行っているのだと主張しても、イスラーム法上、テロという暴力行為は認められず、テロリストは地獄へ落ちるだろう、と。[*43]

イスラームを守り、それを外国の攻撃から防衛し、ムスリムのウンマ［共同体］に対する不正や非道に報いることと、平和的な市民を残虐に大量殺害し、所有物を破壊し、人を残忍に殺害することはまったく異なるものです。前者によって後者が合法となることは決してないのです。この両者はまったくの無質問1　自分の信仰を他者に広めるために暴力を用いてよいですか？　イスラームは教義上の相違を理由に人を殺すことを認めていますか？　人の財や所有物を奪ったり、モスクや宗教施設を壊したりすることについてはどうなのですか？

質問2　ムスリム国における非ムスリム市民の権利はどうなるのですか？

質問3　イスラームは人間の生命の尊厳に関してはっきりと命じているのですか？　不正に復讐したり、非ムスリムの世界的権力を混乱させるために、外国の使節団や平和的な非ムスリム市民を誘拐したり暗殺したりすることは認められるのですか？

質問4　非イスラーム的政策の政府を倒し、または改めさせるために武装闘争を行ってよいのですか？　合法的な政府やその権威への反乱はイスラーム的に命じられているのですか？　為政者のやり方を改めさせるための合法的な方法は何ですか？

質問5　ハワーリジュ派はテロリズムの歴史に大きな足跡を残しています。ハワーリジュ派とは誰ですか？　イスラームの啓示法でどう判断されるのですか？　現在のテロリストはかつてのハワーリジュ派の系譜に属するのですか？

質問6　テロリストの活動や武装をやめさせるために政府はどのような手段をとるべきですか？

質問7　テロリストの残虐行為は、もし彼らの意図がイスラームを広め、ムスリムの権利を守るためならば、正当化され許されるのですか？

図4-3　7つの質問
出所：『テロリズムと自爆攻撃に関するファトワー』より筆者作成

関係です。テロリズム、大量殺戮、そして大虐殺がイスラーム的命令を実行するという名目で正当化されることはあり得ない、それらが例外的に認められることはないのです。[*44]

このファトワー書の趣旨は、そもそもイスラームは平和の宗教だと定義した上で、現代のテロリストをイスラーム誕生時から存在した反イスラーム的集団の「ハワーリジュ派」と同一視し、批判・否定するというものです。カードリーはクルアーンやハディース、古典期や現代の法学者や神学者の著作などを網羅的に参照しながら、詳細な議論を展開しています。

二〇一〇年のファトワー書の発行後、カードリーはアメリカ、カナダ、オーストラリア、トルコなどの大学や政府機関に招かれ、ファトワーに関する講演を行い、テロを抑え、平和を構築するためのアドバイスを求められるようになります。[*45] さらに二〇一四年に「カリフ制国家樹立」を宣言したＩＳの出現により、西ヨーロッパ諸国は大きな衝撃を受け、その解決を模索するようになりました。シリアの難民の受け入れ問題とともに、在欧の若者ムスリムたちがＩＳに魅かれ、それに参加するために移住し始めたためです

このような時期に、カードリーの思想に基づく反テロ教育用のカリキュラム本の作成が進められました。彼の指導下でファトワー書を中心として作成され、二〇一五年六月から七月にかけて次の三冊が刊行されたのです。

①『平和と反テロリズムに関する若者と学生のためのイスラーム的カリキュラム』
②『平和と反テロリズムに関する宗教指導者とイマーム、教師のためのイスラーム的カリキュラム』
③『平和と反テロリズムに関するイスラーム的カリキュラム――追加重要文献』

これら三冊についても多くの報道がなされ、当時の世界情勢から、特にＩＳの脅威に対抗するものとして高く評価されました。例えばイギリスのキャメロン内閣の元閣僚で、ムスリム初の入閣を果たしたサイイダ・ワルシーは、このカリキュラムがすべての学校で学ばれるよう政府は検討すべきであり、また英国ムスリムはＩＳをはっきりと非難すべきだと述べました。[*46] このようにイギリス社会は概して、カードリーのカリキュラムをムスリム内部からの改革の動きとして歓迎しています。

三冊のカリキュラム教本はカードリー自身でなく、その指導監督のもとで学者たちのチームが編纂したものです。彼の『テロリズムと自爆攻撃に関するファトワー』を中心に、その他の著作、講演、講義に基づいて作成されました。本格的なイスラーム学の教養や議論を基礎として、それを現代の若者のためにできる限り分かりやすく伝えようとしています。その特色は古典期のイスラーム学文献を多く引用していることです。つまり本格的なイスラーム学に基づくプログラムで、指導者は当然として、学生もまたイスラーム学の素養が必要だということになります。カードリー自身、一夜では過激思想の持ち主は変わらないかもしれないが、知性が最終的には過激主義を打ち負かすと信じ、こう述べています。

私たちは、精神的、学問的、知的、そして宗教的に、過激派的傾向や急進的なテロリストの態度に彼ら［若者ムスリム］が対応できるようにしてやる必要があります。彼らに、真のイスラーム像を知らしめなければならないのです。[*47]

カリキュラムは、この「知性」を作り出すためのものだということでしょう。それはアジテーションのための短文を聞いて短絡的にテロ組織に魅かれる若者たちに対して、長い時間をかけて形成されたイスラーム学の体系を原典から学ばせ、平和思想を体得させる作業だと言えます。

反テロのクルアーン解釈

では実際に、ファトワー書『テロリズムと自爆攻撃に関するファトワー』を概観していきましょう。第一章「イスラームの意味」でカードリーは「イスラーム」の語義を議論し、次のようにまとめています。

本来、イスラームという言葉の語彙的・言語的意味は、平和、安心、保護、安全、そして庇護というものです。つまり、イスラームとは暴力や殺害からの安全を含意し、保護や安心を意味します。イスラームには、紛争や大量虐殺、破壊、無政府状態、混乱を認める余地はないのです。[*48]

第二章から第一二章では、イスラームの教えにおいてはムスリムも非ムスリムもその生命や信仰が守られているということが論じられます。第二章「無差別にムスリムを殺すことの違法性」では、ムスリム同士の殺戮を禁止していて、クルアーン五章三二節が重要な役割を果たしています。[*49]この句はすでに第2講で紹介したように、人を殺す者は全人類を殺したも同然、人命を救ったものは全人類の生命を救ったも同然、という内容でした。この句は、このファトワー書の巻頭でも掲げられており、カードリーが極めて重要視していることがうかがえます。

さらにこの第二章では自らを殺すこと、つまり自爆テロの禁止についても論じられています。広く世界で行われている自爆行為そのものが反イスラームであって、実行者は地獄に行くであろうと述べているのです。

その根拠は、生命は贈り物であり、人間ではなくアッラーこそが生死を決めるからだとして、次のクルアーンの句が引用されます。[*50]

自分自身の手で自らを破滅におとしいれてはならない――善をなしなさい。実に神は、善をなす者を愛される。（二章一九五節）

また汝ら自身を、殺してはならない。実に神は汝らに親切である。だが誤りや不正義からこれをなす者がいれば、じきに我々は、その者を（地獄の）業火に投げ入れるであろう。それは神にとって容易《たやす》いこと。（四章二九―三〇節）

第三章「無差別に非ムスリムを殺し、拷問することの違法性」では、非ムスリムを殺害することもまたイスラームの教義上禁止されているのだと論証し、加えて、非ムスリムを攻撃から保護することもムスリムの義務だと述べています。この論拠もクルアーン五章三二節にあるとされます。ここに、「ナフス（人）」という用語が含まれていることから、一般的な意味を持ち、非ムスリムにも適用される句だという解釈が示されているのです。カードリーはこう言っています。

ムスリムでも非ムスリムでも、宗教、言語にかかわらず、どこに住んでいようとも、老いも若きも、男性も女性も、その市民を殺害することは厳しく禁止され、それはこの句で言明されているのです。[*51]

第四章「非ムスリムへのテロは戦争時であっても違法である」では、女性や子ども、宗教指導者といった非戦闘員への殺害行動は認められないと主張しています。第五章「非ムスリムの生命、所有物、神聖な場所を保護すること」でも、非ムスリムの保護がムハンマドの時代から続けられてきたことを論じています。第六章「異なる信仰を強制し、神聖な場所を破壊することは違法である」では、信仰の自由を説き、異教徒の礼拝施設に対する破壊行動を批判しています。第七章「イスラーム国家での非ムスリム市民の基本的権利に関する法的格言」では、ムスリム・マジョリティ国でも非ムスリムの基本的権利が守られると説いています。

第八章から第一二章においては、「反乱」という概念に焦点を当てて議論が進められていきます。政府への反乱としてのテロが論点になっているのは、パキスタン国内で腐敗した政府に対するテロが頻発する状況をふまえたためだと考えられます。第八章「ムスリム国家、行政、権威に対する反乱は違法である」では、「反乱」のイスラーム法上の定義について論じ、第九章「反乱――その重さと罰」では、反乱が重罪である理由を預言者ムハンマドの言動から説いています。

このなかで「**フィトナは殺害よりもっと悪い**」（二章一九一節）の解釈が示されています。この句についてのＩＳやアースィー、ワヒードゥッディーン・ハーンによる解釈はすでに紹介しました。カードリーにとっても重要な句ということになります。フィトナは、ＩＳにとってはムスリムに対する迫害であり、アースィーにとってはアッラーとのつながりを妨げるような暴動、妨害行為、破壊行為、そしてワヒードゥッディーン・ハーンにとっては宗教を強制する迫害でした。

けれども、カードリーにとってのフィトナはテロリズムのことです。これは、同じ句でも解釈者によって異なる解釈がほどこされるという好例でしょう。

テロリズムは社会的混乱を引き起こします。平和な人々が悲惨な状態で亡くなり、心理的苦悩や精神的混乱で苦しめられることになります。テロリズムは恐怖でもって社会全体を苦悩させるのです。テロリストは、根拠のない憶測の解釈で人々を誤った方向に導こうとし、その活動は宗教対立を引き起こします。それゆえに、神は彼らを、人類全体の殺害者、さらには、神やその使徒を攻撃する者と呼びます。つまり全能者［である神］は、このような不幸を振りまくテロリストは人類全体の殺害者、つまり大罪を犯した者たちだと明言しています。[*52]

さらに第一〇章「腐敗した政府への闘いの法的立場」は、ムスリム政府に対する武力による反乱は違法であり、合法的な手段で政府を変える必要があると主張します。第一一章「ウンマの四人のイマームと偉大な権威者たちによるテロリストと反乱に反対する法的な判断と言説」ではさらに、イスラームの四法学派の創始者など古典期の著名な法学者たちが、テロや反乱に関して述べていることを紹介しています。そして第一二章「現在のサラフィー系学者の反テロリスト言説」では、サウディ・アラビアの著名な法学者で大ムフティであったイブン・バーズ（一九九九年没）など、サラフィー（イスラーム主義）系の学者たちによる反テロの主張を紹介しています。

次いで第一三章から第一七章では、現在のテロリストがイスラーム初期から存在した「ハワーリジュ派」であること、そしてその存在はイスラームの教えから完全に逸脱したものであることが詳細に論証されます。カードリーは、現代のテロリストは反乱者、かつ、ムハンマドの時代から存在した類の人々であって、ムハンマドも批判していたと述べています。ここが重要なポイントで、「テロリスト」＝「ハワーリジュ派」＝「ムハンマドに批判された」、つまり「ムハンマドはテロリストを批判している」という論理的つながりとなります。

「ハワーリジュ」とはアラビア語で「退出した者」を意味しますが、この名称は次のようなイスラーム史初期の出来事に由来します。ムハンマドの従兄弟かつ女婿であったアリー（六六一年没）という人物がいました。彼はスンナ派にとっては第四代正統カリフ、シーア派にとっては初代イマーム（指導者）とされます。アリーが敵対していたウマイヤ家のムアーウィヤ（六八〇年没）――後にウマイヤ朝を開きました――と妥協したためにこれに怒り、もうアリーにはカリフの資格はないとして暗殺した人々がいました。彼らがハワーリジュ派です。つまり、厳格で狭いイスラーム理解を持ち、暴力で問題を解決しようとする人々なので、今もテロリストに対する名称として用いられることがあります。

カードリーのファトワー書の第一三章「ハワーリジュ派の厄災と今日のテロリズム」ではこの派の定義や特徴、ムハンマドの時代やイスラーム史初期の状況について詳しく説明されています。ここではクルアーン三章七節がムハンマド時代のハワーリジュ派的な存在に対する批判、つまり現代のテロリスト批判として引用されています。この句ではクルアーンには「明瞭な句」と「不明瞭な句」があると述べられ、ワヒードゥッディーン・ハーンがクルアーンの比喩的解釈の重要性の論拠としていたことはすでにお話しした通りです。

この句についてカードリーは、クルアーンには確固としていて意味が明瞭な句と、比喩的で抽象的・示唆的な意味を含む句があるという意味で解釈しています。そしてそれに続く句「**心に逸脱がある者たちは、比喩的な句のみを追求し、混乱を引き起こし、真の解釈ではなく自分に都合のよい解釈を提示しようとしている**」はハワーリジュ派的存在、つまり現代のテロリストのことを指していると、多くの学者の議論を参照しながら論証しています[*53]。同じ平和を求める解釈者であっても、同じ句について重点の置き方、読み取り方が違っていることがよく分かるでしょう。結局はどのような文脈のなかでクルアーンを読むのかという問題なのです。

さて、第一四章「ハワーリジュ・テロリストに関する預言者の言葉」では、ムハンマドやその同世代の人々によるハワーリジュ派的テロリストへの非難の言葉、例えば「彼らは最悪の被造物である」といった言説が紹介されています。第一五章「ハワーリジュ派による騒乱は排除されるべきという預言者の命令」では、ハワーリジュ派と闘い、それを排除することがムスリムの義務だと論じられます。第一六章「ハワーリジュ派を不信仰とし、その排除を命じたイマームたちの言及」では、タバリーやガザーリーなど古典期の著名な学者たちの議論を紹介しています。そして第一七章「今日のテロリストはハワーリジュ派である」では、以上をふまえ、現在のテロリストがハワーリジュ派の系譜に属する者だということが論証されています。

最後の章は、第一八章「社会的・政治的闘争の平和的な方法」です。ここでは実践的な事柄についての示唆が述べられていて、ミンハジュの活動の方針になっていると考えられます。ムスリムは住んでいる国でマジョリティである場合とマイノリティである場合があります。この章はその両方について、社会で問題に直面した場合どう対応すればよいのか、という見解が示されています。

まずはムスリムがマジョリティの国に住み、政府が腐敗し人々を抑圧している場合についてです。そのような政府に対してでも、暴力で反乱を起こしてはいけないけれど、黙していてもいけないと述べられています。その根拠は、次のクルアーンの句にあります。

汝らは、人類に遣わされた最良の共同体である。汝らは正しいことを命じ、邪悪なことを禁じ、アッラーを信奉する。（三章一一〇節）

するとどのようにすればよいのだろう、とカードリーは問いを投げかけます。[*54]

彼は、不正や抑圧に対して、政治的で民主的な闘争を行うべきだと主張します。正義と平等に基づく社会を打ち立てることをイスラームは求めていて、そのためにムスリムは抑圧的な政府や人物に対して、声を上げなければならないのです。それは次のクルアーンの句に基づきます。

神は悪いことを公の場で口にするのを喜ばれないが、不当に扱われた者についてはそうではない。神は全聴にして全知である。（四章一四八節）[*55]

基本的人権を守り、政治的不正を論じるために声を上げる具体的な方法について、カードリーはこう述べています。表現の自由を行使し、書籍や他のメディアを使い、平和的なデモ行進を行い、コンファレンスやワークショップを開催し、さらに講演や書物を通して世論を喚起・形成する。そして個人や組織のレベルで、合法で民主的な手段でもって、政府を変えるために闘う。国会で声を上げ、法の統治や基本的な生活必需品の支給、人権保護の要請、抑圧や暴力の撲滅を訴える、と。[*56]

これらは実際にカードリーやミンハジュ、パキスタン人民運動党が行っていることです。日本人にとってはごく当然のことのように感じられるかもしれません。けれども、ファトワーとしてクルアーンをふまえつつ主張されているということは、それが容易ではないということです。これが多くのムスリム諸国に共通する問題です。

さらにカードリーは、非ムスリム国で居住するムスリムについてもこう述べています。神への不服従にならない限り、その国の法に従い、できる限り積極的に社会に貢献するべきである。ここには、難民やその国で生まれた市民、永住者、一時的な留学生などのムスリムが含まれる。これについては、ムハンマドがメッカ時代に迫害を受けた時のことが参考になる。当時、彼の信奉者の一部がキリスト教国のアビシニア王国（今のエチオピア）に移住し、その国王からの保護を受けたため、次のような句が下された、と。

迫害を受けて、神のために家から移住する者には、我々は必ず、現世で良き家を与える。だが来世での報奨はさらに大きい。[*57]（一六章四一節）

そしてカードリーは、ムスリムたちがキリスト教徒の国王によってあたたかく迎えられたことから、次のような教訓が得られると言っています。これはまさに非ムスリム国に住むムスリムのとるべき態度についての示唆となります。

私たちは、イスラームは二元的な、白か黒かといった物事のとらえ方を教えてはいない、と知らなければなりません。そのようなとらえ方をすると、他者は、完全に「善」で「イスラーム的」であるか、または完全に「悪」で「非イスラーム的」かのどちらかになるのです。[*58]

このようにカードリーは、ムスリムのアビシニアへの移住という歴史的出来事から、いくつかの教訓を引き出します。ムスリムかどうかで人間を分別するべきではないということ。一〇〇パーセント「イスラーム的」でない環境においても、その国と調和しつつ、平和と安全のなかで生きることが重要だということ。そして最も重要なのは、統治者がムスリムか非ムスリムかではなく、正義のために闘う者であるかどうかである、と。[*59]

これは非ムスリム国に住むムスリムたちの生き方に影響を与えるファトワーでしょう。前にもお話ししましたが、例えば解放党に加わった在英ムスリムたちは、イギリス政府ではなく、カリフというムスリム指導者が統治するイスラーム国を求めていたわけです。またこれはＩＳについても当てはまることで、シーア派が優勢なイラク政府を認めることができず、暴力でカリフ国家を樹立しようとしました。これが暴力を用いてのイスラーム主義的活動ということになります。けれどもカードリーはそうではなく、どのような統治者であっても、暴力を用いることなく闘う――努力する――べきだと説いています。このように彼のファトワーは、この世に不正があると認識する世界中の若者ムスリムたちすべてに向けられた指針になり得るのです。

4　反テロ・平和を教える

平和教育プログラムの実際

カードリーの説くメッセージの重要性は疑いありませんが、実はこれらのファトワー書やカリキュラム教本は、一般のムスリムにとっては理解しやすいものではありません。ロンドン支部でのインタビューでも一般のムスリムには難しいという言葉が出てきました。そこでイギリスのミンハジュは、これらの書籍に基づいた上で、より分かりやすい「平和教育プログラム（ＰＥＰ）」を編み出し、その提供を開始しました。私はそのご厚意により実際の運営者側資料や授業の様子の動画をいただきました。これから紹介しますが、その当時（二〇一七年四月）は未完成ということでしたので、ご了承ください。

ミンハジュ・ロンドン支部で行ったインタビュー対象者のなかには、このPEPプログラム統括者（かつヒダーヤの統括者）のザーヒド・イクバールや、プログラムを実際に運営するタンズィラもいました。イクバールは普段は医師、タンズィラは中学校の物理教師ですが、無償でミンハジュに参加しています。この組織は有給の専従活動家が極めて少ないとのことでした。イクバールはパキスタンで生まれ、一歳で家族の都合でイギリスに来たとのことです。タンズィラはイギリスで生まれ育った、ヒジャーブ――ムスリム女性のベール――姿の理知的な女性です。彼女は、ミンハジュ・シスターという女性組織の英国南部ゾーンのコーディネーターであり、PEPの研修教師も務めています。この二人のインタビューは後で紹介しますが、まずは提供してもらった資料からプログラムがどのようなものか見ていきます。実際の授業の様子が分かることでしょう。

PEP運営資料の内容は、「プログラム要覧」「参加者へのイントロダクション」といった概説文書や、「どうやって人々に参加してもらうか」「英国の対テロ戦略」といった運営戦略資料、そして「授業プラン」と授業用のパワーポイント資料でした。加えて授業を撮影した動画資料も頂戴しました。授業の対象は七歳から大人までで、それぞれの状況に応じて六週間から一年間までのコースが提供されています。また、学校などに出張して、一日集中型のワークショップを行うこともできるとのことです。

ここから着目したいのは、ファトワー書やカリキュラム教本の内容がどのように現場で使われているのか、という点です。「至高のジハード」というコースの第三回目に「イスラーム・テクストの解釈ルール――パート2」という授業があり、クルアーンをどう読み、理解するかを学びます。大人用ですが、ターゲット

1. 句の背景を知る
2. 破棄の法（古い啓示の句が、新しい啓示の句によって改正される）
3. 明瞭な句と不明瞭な句
4. 一般的な句と特定の句（一般の人々に対しての句と信徒に対しての句）
5. 字句通りの句と比喩的な句
6. 語りかけの対象者は誰か？（国、特定の人物、集団、個人など）
7. 啓示の時間と場所（メッカ期かメディナ期か）
8. 関連的探求（クルアーンの関連する句を結びつけて考える）
9. 学者たちの合意（何世紀にもわたって継承された学問を重視）

図 4-4 「至高のジハード」プログラムより、クルアーンを解釈する原則
出所：筆者作成

とされるレベルは「基礎－中級」で、一時間半のレッスンとされています。内容は大変にシリアスなものですが、パワーポイントのスライドにはシャーロック・ホームズらしい探偵のイラストがあって、柔らかい雰囲気の作りとなっています。動画資料を見たところ、実際の授業には老若男女がいましたが、若い人たち、特に若い女性が多いことが印象的でした。

まず、クルアーン解釈の原則を九つ学びます。図4－4に簡単にまとめましたが、イスラームの伝統的なクルアーン解釈学（タフスィール）をふまえたものになっています。ミンハジュが伝統を取り込んだ上で、現状に対応した解釈を提示しようとしていることがうかがえます。このことはまた、伝統的な枠組みから反テロ教育が可能だと考えられているということも意味しています。

ただやはり特徴的なことは、これらを学んだ上で、自分で考えることを促している点です。特に「6．語りかけの対象者は誰か？」はクルアーンの句を限定的にとらえることを可能にする原則です。実際の授業でも、もし誰かにクルアーン二章一九一節を告げられたら、これらの九原則に照らし合わせて、この句の意味を自分で考える必要がある、と教えているようです。この句はこの講義でも何度か登場した好戦的なものですが、ＰＥＰでもやはり中心的に取り上げられています。

この「もし誰かにクルアーン二章一九一節を告げられたら」の「誰か」とはどういった人物でしょうか。過激な思想を持つムスリムがこの句を用いて彼らを勧誘することを想定していると考えられます。実際にこのようなことが頻発しているためで、まさしく実践的な反テロ教育だと言えます。教師のための「レッスン・プラン」資料にも、「過激派はしばしば、この句を自分たちの『論拠』として、人々を洗脳し、教えを吹き込む。受講生はこの授業が終わるまでに、この句に取り組み、テロリストのイデオロギーをどう追い払うか考える」とあります。

授業で教師はクルアーン二章一九一節について次のように話をするようです。「**彼らを見つければ、どこでも殺せ**」だけを切り取って読まず、その後の句――「**彼らが汝らを攻撃するなら、彼らを殺せ**」――を含めた文脈を考えるとよい。そうすると、「彼ら」とは、攻撃をしかけて戦ってくる不信仰者だと分かる。続いて「**そして彼らが汝らを追放した所から、彼らを追放せよ**」とあるが、そもそも個人では防衛戦争の開始を宣言できないのだから、この句が命じているのは個人ではなく国で、その軍事作戦を通して行うべきだと分かる。さらに続く句の「**実に害悪や混乱［フィトナ］を起こすことは殺害よりも酷い（罪）である。だが聖なるモスク（カアバ）の近くでは彼らに対して戦ってはならない**」は、敵が戦いをしかけてくる場合のみ、つまり防衛のために闘うということが指摘される、と。

この解釈の重要なポイントは、個人は敵に武装して反撃してはならない、という主張です。武装した個人が敵を攻撃すること、これはつまりテロリズムということになります。ＰＥＰはこのように反テロのあり方をクルアーンに基づき、示そうとしているのです。

ミンハジュの教育プログラムは、ムスリムそれぞれが自分でクルアーンに向き合い、考える土台をつくる機会を提供しようとしています。クルアーンの句を誰か——ここでは特に過激派ムスリム——に押し付けられた理解に依拠するのではなく、句の背景を理解し、文脈をとらえ、それを相対化して、現代の文脈のなかで理解する手法を提示しようとしています。また、授業の手法はパワーポイントを用いたり、グループディスカッションを行ったりと極めて現代的ですが、内容はとても正統的です。まさしく、伝統に立脚した知性の構築を目指す教育プログラムです。思考停止したテロリストの解釈を排除するためには、自ら思考するムスリムを作っていく必要があるということです。

プログラム企画者や受講者の声

ではこの講義の最後のセクションになりますが、私がインタビューで聞いた印象的な話を少し紹介します。インタビューには、イクバールとタンズィラのほか、イギリス全体の統括責任者であるサイエド・ブハーリーとPEPの受講生やミンハジュのメンバーたちが参加してくれました。ブハーリーはカシミールに近いパキスタンの出身で、ミンハジュ大学の卒業生です。すでにお話ししたようにミンハジュのメンバーは基本的にボランティア参加で、普段は別の職に就いているようなのですが、彼の役職は珍しく専従で、最近できたポストだということでした。[*60]
私がPEPを始めた理由を問うと、イクバールは次のように答えてくれました。
もともとカードリー師は反テロリズムを主張していましたが、二〇一〇年にファトワーが刊行されたことが大きなきっかけだったと言えます。二〇〇一年の9・11以降、英国社会でもいろいろなムスリム組織が、急いで反過激派・反テロリズムを表明し始めたけれども、ミンハジュはそれ以前からずっとそう主張してきたのです。二〇〇五年のロンドン・テロも影響が大きく、この年、ヒダーヤを始めました。二〇一〇年のファトワー刊行以降、二〇一五年にカリキュラム本が刊行され、PEPを始めたのです。この間、英国の若者はインターネットなどを通して、アル＝カーイダや、その後はISISの影響を受けるようになりました。

ここからもプログラムの背景に、9・11に始まりISに至るムスリムのテロリズムに対抗するという強い意識があることがうかがえます。さらに「このプログラムはカードリー自身が始めるように言ったのですか」と尋ねたところ、そうだという答えでした。前にお話しした受刑者へのリーフレット配布はメンバーの発案でしたが、このPEPはカードリーの意向ということで、その重要性が明らかです。

次いでタンズィラがこのプログラムについて詳しく説明してくれました。やはりミンハジュの運営側の意図は「カードリー師の本は一般のムスリムには難しいので、それを分かりやすくかみ砕いて教えるためのプログラムを作っている」とのことでした。学問的な宗教知識とは縁遠い一般のムスリムに、カードリーの高度な教えをやさしく伝えようとしていたのです。そして、「これは英国全体で適応可能なプログラムだと思う。また英国政府の反テロリズム戦略も簡略に学べるようにしている」と言っていて、イギリス社会で生きるムスリムたちを強く想定したものとなっていることが確認できました。これもまた、カードリーのファトワー書で説かれていた、非ムスリム国で暮らすムスリムもその社会と調和すべき、ということに合致します。

続いて出されたイクバールの言葉は、このプログラムが「知性の構築」を目指すものだという意図が、現場まで浸透されていることを示すものです。

自分たちはこのような反テロリズムについて体系化された教育プログラムを提供しているけれども、これは他の組織ではしていない、自分たちだけにできることだと思っています。イデオロギーつまりフィソロフィーを提供しているのです。一般的にはテロリストが生まれるのはイデオロギーとは関係なく、外交政策や疎外感、貧困によると考えられがちです。けれども、アル＝カーイダやＩＳＩＳはイデオロギーを提示していますから、それに対抗する必要があるのです。

さらに「至高のジハード」プログラムの受講生からも話を聞くことができました。この男性は高校の教師で、生徒たちにジハードについて正しく説明できるようにしたいと思い、受講したと言っていました。このコースによって、一般に広まっているジハードについての誤解を解くことができると思う、とのことです。この後、ミンハジュの活動が、テロ組織に入った者を実際どのように引き戻すことができているのか、という話題になりました。解放党のメンバーで、ミンハジュに関心を持ち惹かれている者がいるが、なかなか移ることが難しいという状況があるという話も参加者から耳にしました。

ＩＳに関わる進行中のケースについても聞くことができました。出席者の話をまとめると次のような状況でした。

ある母親がシリアに行ってＩＳＩＳに入ろうとした。子どもが三人いて、特に一番上の子が母親に洗脳されて過激派の思想に染まっていった。母子はトルコで捕まり、イギリスに戻され、母親は刑務所に入っている。子どもたちはホスト・ファミリーの世話になっている。父は状況をまるで分かっていない世間知らずな人物である。裁判所は、父が子どもを引き取りたいなら、ミンハジュに行って勉強するようにとの判断を下した。すでにミンハジュのメンバーが裁判所に反テロの活動について伝えていたため、裁判所は、父親が脱過激化についてミンハジュで学び、理解したと示せたならば、子どもを引き取らせてよいと判断したのだった。そして実際に父親はミンハジュにやって来た。これはここ数週間の話である。

中東のテロ組織に入る人たちが身近にいるということを聞いて、日本との深刻さの度合いがまったく異なることを実感しました。そしてミンハジュが公的な機関とも連携してその解決に貢献していることも分かりました。実はこの話を始める時、メンバーたちは少し躊躇していました。恐らく、現在進行中の話なので、私にどこまで話してよいのか迷ったのだと思いますが、話してもらうことができました。

このように過激化の兆候が浸透していることを聞いて、私は、教師をしているタンズィラに「若い学生が実際に過激化する傾向を感じることはあるのですか」と尋ねたところ、次のように答えてくれました。

過激思想はとても特殊なものです。ただ自分は中学校の物理教師なので、生徒たちを見ていると、彼らは委縮していて、自分がムスリムだから悪く見られないように、失言をしないようにと構えているように思えます。親に「悪いことを言うな」と言われている子もいます。そこで私たちはワークショップを開いて、自然に社会に溶け込めばよい、委縮する必要はないということを伝えているのです。「ジハードの花嫁」「ＳＮＳを通じて知り合ったシリアのＩＳ戦闘員と結婚する在英女性ムスリム」の問題はオンラインを通してなので、見つけるのはなかなか難しいです。それは児童虐待などと同じで、目に見えないところで生じているのです。気をつけなければいけないと思っています。

これも貴重な話です。この講義でも前にふれましたが、移民ムスリム社会での過激化は、もちろん増加して問題となっていましたが、報道されるイメージほどには頻発しているわけではないようです。ただやはり、イギリス社会で問題なくやっていこうとする緊張が若者たちのなかに確実にあるのです。この緊張は場合によっては過激化につながっていくのではないかと推測されますので、ここを解きほぐしていくことも重要な課題でしょう。

これに関連して、イクバールも若者の状況について次のように話してくれました。

若い人のなかにはウェブの情報を通して、西洋に立ち向かってジハードをすべきだという主張を聞いて、その影響を受けている者もいます。それは若い人にとってわくわくするようなスリルで、兵士になってみたいという気持ちが満たされるらしいのです。また［ＩＳが作成する動画のなかで］死者がどんどん出て、ハリウッド映画の予告編のようなので魅かれてしまうということもあります。若い人は何でも白黒に分けたがり、グレーゾーンがないため、そういう世界に魅かれていくのでしょう。ある人は、それらはジャンク・フードのようで、我々はサラダだ、と言いました。我々は今、そういったものにチャレンジしているところなのです。

ムスリムの共同体は世界に広まり、同じ聖典に基づきながらテロリストと平和活動家が異なる方向に向かって進んでいます。このインタビューで言われている「チャレンジ」は並大抵のことではなく、それはここまでの講義からもよく分かることでしょう。それでも問題解決に向かう姿は——日本ではあまり知られていませんが——現在、世界各地で見ることができます。

次の講義からは、ムスリム社会のもう一つの大きな問題である男性優位性について見ていくことにします。ここでも果敢な「チャレンジ」が行われていることが分かるでしょう。

第５講

女性は離婚を言い出せない？

宗教マイノリティと男女平等

1　インドのボホラ派とエジプトのハーキム・モスク

アスガル・アリー・エンジニア――この講義で取り上げるインドの思想家・活動家です――の自伝を読んでいる時、あっと思いました。これは、あそこのことではないか……と。そしてやはり、そうだったのです。エジプトのイスラミック・カイロ地区をようやく再訪することができたのは、二〇一九年のクリスマスの頃でした。「イスラミック・カイロ」とは、ムスリムの歴史建築物が集まっているカイロの古い地区のことです。この呼び名は、ピラミッドのあるギザ地区と、コプト教徒――エジプト固有のキリスト教徒の一派――の多い「オールド・カイロ」地区と対比的に用いられています。

イスラミック・カイロの代表的見所はと言えば、スンナ派の最高権威であるアズハル機構の大学やモスク、迷路のように入り組んだ市場（スーク）のハーン・ハリーリー、巨大なムハンマド・アリー・モスクなどです。また、ノーベル文学賞を受賞したナギーブ・マフフーズの小説『バイナ・アル＝カスライン（二つの宮殿の間）』の舞台にもなった、ムイッズ通りもあります。この通りの両脇には、ファーティマ朝やマムルーク朝の建造物がずらりと立ち並び、中世にいるような気分になります。モスク、学校（マドラサ）、公衆浴場（ハンマーム）、宮殿跡……とイスラーム建築好きならば、何時間でもさまよっていられるでしょう。

この地域はユネスコの世界遺産に一九七九年に指定されました。けれどもその後、メンテナンスが十分になされず、私が二〇〇七年に訪れた時、水たまりでどろどろになった道は歩きにくく、せっかくの世界遺産

図 5-1　ハーキム・モスク
中庭中央にある水場には、ボホラ派の印が付けられている。
出所：筆者撮影

に観光客の姿はほとんどなかった記憶があります。ただ、人々の日常生活のなかに歴史が自然と混じり合っている風情は、それはそれとして味わいがあったのも確かです。昨今、整備されたと聞いて、よかったと一安心しつつ、再訪を楽しみにしていたのですが、なかなか果たせなかったのでした。

そのようななか、エンジニアの自伝を読み、あっと思ったのです。彼はＰＬＯ（パレスチナ解放機構）に招かれて一九八三年にカイロを訪れています。その時、ハーキム・モスクを訪問したのですが、ボホラ派の集団と遭遇し、意識を失うほど殴られ続けて重傷を負った、と書かれていたのです。私は、このハーキム・モスクとは、ムイッズ通りにある、あの美しい静謐なモスクのことではないか……と思ったのでした。このモスクはアズハル・モスクに似た雰囲気で、広い中庭に敷き詰められた白い大理石と、その上に広がる青空に屹立するミナレット（尖塔）を持っています（図5-1）。アズハル・モスクにはいつも多くの人々がいますが、ハーキム・モスクは人も少なく、とても静かで、私の記憶に焼き付いていたのでした。

　これからこの講義でお話ししますが、ボホラ派はシーア派の一派で、カイロを首都としたファーティマ朝に由来しており、このモスクとも深い縁があります。このモスクは、一〇世紀末にファーティマ朝の第四代カリフ、ムイッズによって着工され、二〇年以上かけて、一一世紀初頭に第六代カリフ、ハーキムが完成させたものです。一九八〇年にボホラ派の最高宗教指導者サイイドナー・ムハンマド・ブルハヌッディーン（二〇一四年没）によって改装され、お披露目の式典には彼自身ムンバイから出席し、サダト大統領と中庭を歩く写真が新聞の一面を飾りました。今もボホラ派上層部とエジプト政府は良好な関係にあるようです。

　近代的な思考を持つエンジニアがハーキム・モスクという中世に入り込むことで、身の危険が生じたのだろう……近代と中世という対比は、彼自身の改革闘争にも言えることではないか……などと思いながら、私はイスラミック・カイロを再訪しました。

　驚いたことに、ムイッズ通りの様子はずいぶん変わっていました。道は石畳風に舗装され、おしゃれなカフェや土産物屋、博物館ができていたのです。居住者以外を迎え入れる状態が整っていたのでした。特に目を引いたのが、高校生くらいの若者がとても多かったことで、どうやら友だちと誘い合わせて来ているようでした。まるで、原宿、いえ、歴史地区なので浅草の仲見世通りか鎌倉の小町通りでしょうか、そのような雰囲気だったのです。そこで私は「観光に来た外国人」なので、女子学生たちに頼まれて一緒に写真を撮ることになったのでした。

　ハーキム・モスク入口前の広場もずいぶん様子が変わっていました。以前も確かに、近所に住んでいると思われる小さな男の子たちが数人でサッカーをしていました。けれども今は、青春真っただ中といった若者たちの人だかりができていたのです。広場でサッカーをしている男子学生もいれば、その脇の端に腰かける者たちもいます。ムスリム社会なので男女は別々になって座っているのですが、少し見ていると、お互いに何やら話しかけたりしています。どこもこの世代は同じなのだと思ったり、ムイッズ通りのハーキム・モスク前がそのような場所になっていることに感慨を覚えたりしつつ、私は大きな扉を開けて、モスクに入っていきました。

モスクのなかは、変わっていませんでした。白い大理石の床、青い空に向かって真っ直ぐに立つミナレット。ちょうど回廊内で人々が集団で礼拝を行っていました。男性たちは前方、後方奥の仕切りのなかには女性たち。そう言えば以前は、美しい青のヒジャーブ（スカーフ）をつけた若い女性が、回廊で一心不乱にクルアーンを読んでいた、と思い出しました。その時、中庭に目を向けると、まぶしい日差しのなかで女子高校生らしき二人が――ヒジャーブと服の色を合わせていておしゃれです――楽しげに、スマートフォンで写真を撮っていました。

2 人権とイスラーム――テロと男女差別の共通点

まず、よく引用されるデータではありますが、世界経済フォーラムのジェンダー・ギャップ指数を見てみましょう。この指数は、経済、政治、教育、健康の四分野で男女の格差を測るものです。二〇一九年一二月に公表されたランキングによれば、日本は一五三カ国中一二一位でした。このあまりのランクの低さは、報道などによって知られているかもしれません。では日本の周囲にはどのような国がランクインしているのでしょうか。

一二〇位はアラブ首長国連邦、一二二位はクウェートとなっています。[*1] どちらもアラブのムスリム・マジョリティ国ですが、日本とどうやら格差は変わらないという結果になっています。そしてこれより下にランクインしている国を見ると、ムスリム・マジョリティ国が多く入っています。ムスリム諸国で男女格差が激しいということは確かなようです。

ここからはムスリムにとっての人権について少し考えてみましょう。人権とは、人は多様な差異を持ってはいるけれども、誰もが普遍的に生存と自由を認められ、幸福を追求できるはずだという思想です。けれども、この思想が現実化されることが極めて難しいことは皆が認めるところです。ムスリム共同体内部においても、平等や差別の問題は、性や信仰、民族、階級、血統といった差異に基づき、対立や暴力として現れます。しかもムスリムたちの人権についての見解には幅があります。人権が西洋起源の思想だと強く考えられているからです。国際的な人権法はイスラームがすでに提唱したものの焼き直しにすぎないとして、両者は矛盾しないとする立場もあります。他方、人権法は西洋文化から生まれた異物でイスラームとは相いれないと否定する立場もあります。[*2] ここまで大きく見解が分かれるということは、それほどに対立的な論点を含んでいるということでしょう。

カリード・アブ・エル・ファドルはクウェート出身で、イスラーム法や人権についてアメリカの大学で教える学者です。彼は、現代のムスリムがイスラーム法源を見直して、イスラーム史上前代未聞の個人の人権という概念を認めるような解釈ができるだろうか、[*3] と問いを投げかけています。ムスリム社会は、「人権」という西洋世界から移入された概念を、従来のイスラームの価値観とどのように整合させながら理解し実践すればよいのか、またはそれをそもそもしないか、という問題を無視することができなくなっています。

しかもこの人権に関する問題は、ムスリム共同体の内部だけではなく、共同体外つまり異教徒とどう平和共存していくかという問題にもつながっています。ユルゲンスマイヤーについては、その「コスミック戦争」概念を第2講で取り上げました。彼は、宗教テロを伝統的な意味での男性性に基づく暴力であるとし、これに対抗する概念として、女性の社会的地位向上や同性愛の肯定を挙げています。女性が社会で活躍することや、男性中心の異性愛を否定して成立する同性愛は、男性の優位性に対抗するものだからです。[*4]

アブ・エル・ファドルも同様に、暴力的ジハードと女性への差別問題は結びついていると指摘しています。前者は異教徒への攻撃、後者は男性ではない者への攻撃で「権力と支配権をむやみに求める姿勢」という共通する特徴を持っているからです。[*5]

つまり、男性中心のムスリム社会のあり方ゆえに、対外的にはテロなどの暴力が平和共存を妨げ、そしてその裏表として、対内的には男性優位の構造が女性や同性愛者の権利を否定しているのです。そうすると、男性優位性を崩そうとするリベラルな動きこそが、暴力や差別を生む土壌を変えていくことができると言えるのではないでしょうか。

この講義と次の第6講もこのような考え方をふまえて、男性の優位性をゆるがす新しいジェンダーやセクシュアリティのあり方を認めようとするクルアーン解釈を見ていきます。具体的には婚姻をめぐる女性の社会的地位や同性愛に対する認識について焦点を当てて、二人のクルアーン解釈者を見ていくことになります。婚姻と同性愛、どちらもクルアーンの句に基づいて厳しい制限が加えられてきた歴史があるのですが、それを今、乗り越えようとしている者たちがいるのです。

イスラームに固有の婚姻形態と言えば、一夫多妻婚（複婚）が認められ、四人まで妻を持てるイメージが広くあるでしょう。私個人の見聞の範囲ですが、実際のところは一夫一妻婚がほとんどです。ただまれに、貧困階級の人、超富裕層の人、極めて保守的な村の人、独特な学者夫婦、といった場合に、多妻婚が行われていることを知ってはいます。

実際、複婚が倫理的に許されるかという点については国や地域、立場によって意見がさまざまです。ピュー・リサーチ・センターが二〇一三年に、三七カ国のムスリム・マジョリティ国を調査したので、それを見てみましょう。特にアフリカのムスリム国で許容されがちで、他方、中央アジアや南・東ヨーロッパでは否定されがちなようです。また興味深いことに、複婚は倫理の問題ではなく、状況によって生じる問題だという認識が、伝統的なムスリム国を中心に広まっています。これは、好き嫌いという感情ではなく、夫婦に子どもができないといった問題に起因して、複婚が行われるという意味だと考えられます。実際にこのようなことはままあるようです。とは言え、ほとんどの国で男性の方が複婚を倫理的に肯定していることが調査結果から分かります。[*6]

近代以降、複婚を認めるかどうかは、イスラーム法（シャリーア）上の重要な論点の一つであり続けてきました。進歩的なモダニストは、クルアーンはそれを認めていないと主張し、保守的なムスリム学者は必要な場合もあると述べてきたのです。[*7] 現在ムスリム諸国のなかでは、世俗化したトルコを除けば、チュニジアがクルアーンを解釈した上で複婚を完全に非合法化しています。ただ多くのムスリム国は複婚に条件を課して制限してはいます。

この複婚の問題と比べると、ムスリムの離婚については日本では一般的にそれほど知られていないかもしれません。けれどもイスラーム法に従うと、女性から男性に離婚を申し立てることは極めて難しくなります。そして男性からのみ一方的にかつ簡単に女性に離婚を宣告することが認められてしまいます。ピュー・リサーチ・センターの調査によれば、女性側から離婚を求める権利を認める割合は、南・東ヨーロッパでは八六％ですが、南アジアでは四四％、中・東・北アフリカでは三三％、東南アジアでは三二％となっています。

伝統的なムスリム地域では、離婚は男性側のみから言い出す権利があると考えられていることが明らかです。[*8]

さらに同性愛については極めて厳しい状況が存在しています。昨今はＩＳによる同性愛者の処刑や、二〇一九年のブルネイでの石打ちによる死刑の導入などが報道されましたが、そもそも同性愛者が逮捕され、刑罰の対象になるムスリム国は少なくないのです。[*9] 人々の間にも差別意識が浸透しています。

ピュー・リサーチ・センターによる二〇一三年の調査「ホモセクシュアリティに関するグローバルな見解の相違――より世俗的で裕福な社会では受容度が高い」を見てみましょう。「社会はホモセクシュアリティを認めるべきか」という質問があります。「そう思う」という返答は、例えばアメリカ合衆国で六〇％、イギリスで七六％、日本で五四％となっています。けれどもムスリム諸国を見ますと、トルコが九％、エジプトが三％、インドネシアが三％、パキスタンが二％で、[*10] 大変に否定的な状況になっています。

『愛のためのジハード』（二〇〇八年、原題 A Jihad for Love）というドキュメンタリー映画があります。ここでは、世界各地のムスリムたちが信仰と同性愛者であることの整合性を求めて苦闘する姿が描かれています。また最近、ネットフリックスのリアリティー番組『クィア・アイ』で人気を博したタン・フランスというファッション・デザイナーが注目を集めました。その半生記[*11]『僕は僕のままで』は、パキスタン系のムスリム家庭に生まれて、イギリスで育った同性愛者の心のなか――葛藤と自己肯定――を率直に語っています。在英移民系ムスリムの様子も知ることができますし、ネットフリックスの人気者の人となりを知るという関心も満たされますので、一読をお勧めします。

同性愛はムスリム諸国で拒絶されている一方で、アメリカ在住のムスリムたちの許容度はそれほど低くはないようです。ピュー・リサーチ・センターが二〇一四年にアメリカで宗教別に信徒の価値観について調査しているのですが、それによれば、ホモセクシュアリティを認めるべきとするムスリムは四五％になっています。仏教徒は八八％、カソリックは七〇％、ユダヤ教徒は八一％であることと比べると決して多い割合ではありませんが、[*12]中東やアジア地域の伝統的なムスリム・マジョリティ国に比べれば明らかに多い数字です。また近年、ホモセクシュアリティが社会で認められるべきと考えるアメリカ在住ムスリムの割合が増加していることも調査から明らかになっています。[*13]これは同じ宗教を信じる者たちのなかでも、環境が変われば伝統的かつ教条的な見解を乗り越えることができるということを意味しているのでしょう。

この第5講では、婚姻に関連して、離婚と多妻婚をめぐるクルアーン解釈を見ていきます。次の第6講では、同性愛を論点に含んだクルアーン解釈に焦点を当てることにします。繰り返しになりますが、女性も同性愛者も、暴力を肯定しがちな男性優位社会の周辺に追いやられている存在です。現代のクルアーン解釈がこの点をどう乗り越えようとしているのか、確かめてみましょう。

3 アスガル・アリー・エンジニア――インド・ムスリムの近代的改革

アスガル・アリー・エンジニア（二〇一三年没）は、ボホラ派出身のインド人ムスリムで、ムスリム社会の改革を説き、活動しました（図5-2）。ボホラ派とは、シーア派の分派であるイスマーイール派[*14]のさらに分派で、その人口は世界に一〇〇万人ほどだとされます。エンジニアは、ボホラ派共同体が極めて権威主義的だとして、上層部による抑圧的な支配体制を批判しました。

このようなマイノリティのなかのマイノリティ出身ムスリムであるエンジニアが一九九九年にクルアーン解釈書『クルアーン、女性、そして近代的社会』[*15]を著しました。そしてインドの内外で、ムスリムか否かを問わず、大きな反響を呼びました。この解釈書は女性の地位改善を求め、ムスリム社会で大きな問題となっている一方的離婚（タラーク、棄妻）や一夫多妻婚（複婚）の問題を近代的に解釈し直すことを目指しています[16]。彼はまさに自他共に認めるモダニストです。この点についてもこれからふれていくことにします。

この講義では、エンジニアをクルアーン解釈者として扱いますが、国際的には特に、ヒンドゥー教徒とムスリムの間のコミュナル暴動に関する言論活動家として知られています。「もうひとつのノーベル賞」とも言われるライト・ライブリフッド賞を二〇〇四年に受賞し、その選考理由は「南アジアにおいて長きにわたり、宗教や集団の共存、寛容、相互理解という価値の推進」に尽くしたためとされます[17]。彼の受賞スピーチはインドの伝統とイスラームの教えにのっとったもので、ガンディーとアーザードを先達《せんだつ》とし、クルアーンの教える価値の推進に努めたいと述べていました[18]。ガンディーとアーザードは、第3講のワヒードゥッディーン・ハーンにも強く影響を与えていた人物でした。

図5-2　アスガル・アリー・エンジニア

出所：社会・世俗主義研究所ウェブサイトより。https://csss-isla.com/about-us/dr-asghar-ali-engineer/

エンジニアの活動の出発点は生まれ育ったボホラ派コミュニティで、それに対する批判と改革運動を生涯にわたって継続しました。このことは、彼の自伝『生きている信仰』[19]に詳しいのですが、これはエンジニアの視点から見たボホラ派であることに留意した上で、彼の叙述に耳を傾けてみましょう。「留意」と言ったのはつまり、ボホラ派内部からはまた別の見解もあるということです。
ボホラ派について詳細な調査研究を行ったジョーナ・ブランクも、エンジニアの著作はアカデミックなものだけれど、ボホラ派について書かれたものはアドボカシー（対外的な訴えかけ）としてとらえた方がよい、と述べています。[*20] とは言えボホラ派指導者層に問題がないわけではないことは事実のようです。ブランクの聞き取り調査からは、反体制派——エンジニアはそのリーダーだったのですが——の不満の最たるものが、①指導者層の怒りにふれるとバラート（「村八分」のようなもの）の対象にされてしまうこと、②指導者層が資金を不正使用していること、③最高指導者の家族に権力が集中していること、でした。そしてこういった不満は、反体制派のみならず体制側のボホラ派信徒からも聞こえてきたと言います。[*21]
エンジニアは一九三九年に、インド北西部のラージャスターン州ウダイプル近くの小さな町で、ボホラ派のウラマー（宗教学者）の家に生まれました。当時インドはイギリス帝国支配下にあり、ガンディーが演説のために彼の家族が住んでいた町に来たことを覚えていると言います。彼の父はアーミルと呼ばれる地域レベルの宗教指導者で、エンジニアはこの父からクルアーン読誦、アラビア語、クルアーン解釈（タフスィール）、ムハンマドの言行伝承（ハディース）、法学（フィクフ）の教えを受けて育ちました。けれども父はボホラ派指導者層と自分たちの関係を「奴隷状態」と呼び、そこからの解放を願って、息子をアーミルにしようとはしませんでした。
エンジニアは父のこの意志を汲み、技術者——「エンジニア」の呼び名はここからきています——になる道を選びました。伝統的な職ではなく、西洋近代的な職に就いたわけです。当時のボホラ派最高指導者（ダーイー）、サイイドナー・ターヘル・サイフッディン（一九六五年没）は、エンジニアが大学には行かずに、同派の宗教指導者になるための学院に入るよう圧力をかけたと言います。またその頃、彼は父とともに指導者のもとに赴き、その足に口づけをする儀式に出ることになります。エンジニアはこれを奴隷のような行為だとして強く拒みましたが、結局強制されてしまいます。この出来事は彼にとって重い分岐点になったようです。そして一九七〇年代初期には、ボホラ派改革運動に加わっていきます。その自伝の最後は、抑圧階級から解放され、宗教と理性が融合して、平和な世界を実現することを希求してしめくくられています。これがエンジニアが究極的に目指したことだと言えるでしょう。

4 モダニスト的クルアーン解釈

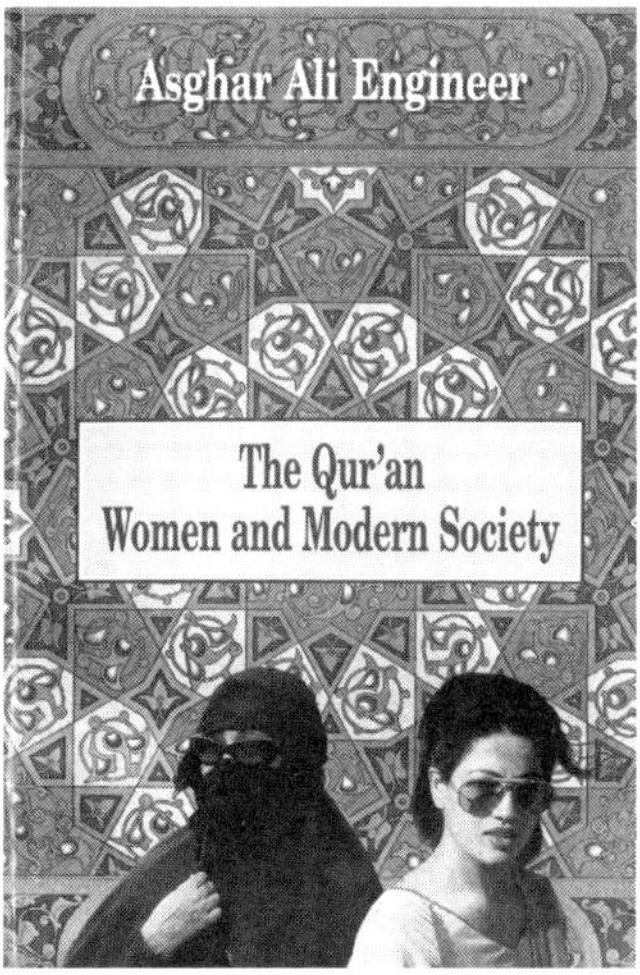

図 5-3 『クルアーン、女性、そして近代的社会』（初版）の表紙
伝統的な女性と近代的な女性が対比的に描かれている。
出所：Engineer, *The Qur'an, Women and Modern Society*, 1999 より

解釈の目指したものは？

エンジニアのクルアーン解釈書『クルアーン、女性、そして近代的社会』（図5-3）は、進歩的で人権問題に関心を持つ、ボホラ派外の人から高い評価を受けてきました。彼はその解釈書のなかで、ボホラ派に限らず、封建的かつ家父長的であったムスリムの中世社会を批判しています。それを乗り越えるために近代的なクルアーン解釈を提示し、改革を思想

的に支持することを目指しました。ボホラ派指導者層は封建的かつ家父長的に共同体を統制したわけですが、それは彼の目には中世的なものに見えたのではないでしょうか。

エンジニアにとってクルアーンを近代的に解釈することは、秘教的・権威的で限定的な解釈を旨とするボホラ派共同体[*22]――つまり中世的世界――からの脱却でした。シーア派のイスマーイール派に属するボホラ派のクルアーン解釈は、極めて秘教的なものでした。クルアーン解釈を一部の者に限定し、公には閉ざすことで、高位の宗教指導者層の権威が保持されました。けれどもエンジニアのクルアーン解釈は、これに対する挑戦であったと言えるものです。彼自身、若い頃から、真理を限定しクルアーンの意味の多様性を否定するイスマーイール派的な秘教的解釈（タアウィール）には違和感を持ってきたと、その自伝のなかで述べています。

エンジニアの解釈書『クルアーン、女性、そして近代的社会』はその名の通り、女性の平等の近代的なあり方をクルアーンから読み取るものです。彼自身もボホラ派共同体内の中世的なものに闘争を挑んだわけですが、この共同体外でも中世的な抑圧状態にある女性を解放しようと試みたのがこの解釈書です。イスラーム法の権威を相対化し、クルアーンが女性への差別を認めていないことを解釈によって示し、現実問題の改革を提唱しています。

『クルアーン、女性、そして近代的社会』でエンジニアは近代以降の社会変革が女性の立場を変えたのだから、イスラーム法も変わるべきと考え、こう述べています。近代化された社会のなかで女性も教育を受け、職業を持ち、男性と対等に生きていく権利を持つべきである。中世社会はあまり変化がなく、シャリーア法の再解釈の必要性も感じられなかった。だがナポレオンのエジプト遠征や英国のインド支配があり、一九世紀以降、社会経済構造の革命的変化が起こり、シャリーア法についての新しい思索が必須となった。ある世

図5-4　トリプル・タラークに抗議する人々

出所：AP ／アフロ提供。https://www.aflo.com/ja/contents/108947253

代に発展した法が、その後に続く世代をしばってはならない。「クルアーンの句は同世代の異なる神学者によって異なって解釈された。そうであるならば、その後の世代が、その必要性や要求に応じてクルアーンを解釈する権利を剥奪されてよいだろうか」、と。[*23] つまりエンジニアは、近代以降、世界の構造が変わったのだから、新しいクルアーン解釈がなされるのが当然だと主張しているのです。

この解釈書誕生の重要な背景として、インドで一九八五年に起こったムスリム女性の離婚をめぐるシャー・バーノ事件（シャー・バーノ裁判とも）があります。ここでは「トリプル・タラーク」つまり「三回離婚」が大きな問題とされました（図5–4）。この離婚形態は「インスタント離婚」とも呼ばれるのですが、男性からの一方的な離婚通告のことです。イスラーム法によって、女性から離婚を申し出ることが極めて制限されている上に、夫が一方的に「タラーク（離婚）」と三回続けて告げると離婚が成立する、という規程が認められているのです。女性の権利を蹂躙する代表的なイスラーム法の規定ですが、クルアーン二章二二九—二三〇節を根拠としています。後ほど、この句を実際に見ていきます。

その前に、アラビアン・ナイトにも「三度の離婚」をめぐるエピソードがありますので、紹介します。第1講で、邪視を恐れて地下室で育てられた「ほくろ」の物語についてふれましたが、彼はその後、さまざまな出来事に巻き込まれました。そのなかで、「トリプル・タラーク」事件に遭遇したのでした。

「ほくろ」は地下室から出た後、旅に出たいと父に頼み、隊商を組んでカイロを出発しました。隊商はベドウィンの襲撃に遭い、「ほくろ」は身一つでバグダードになんとかたどり着きます。そこのモスクで夜を明かそうとしていると、「解除人《ときびと》」を探している者に出会いました。ここで三度の離婚というイスラーム法の問題がからんできます。夫が妻に三回離婚を言い渡した後、それでも再婚したい場合、その元妻が別の男性と結婚してさらに離婚する必要があります。「この別の男性」が「解除人」です。つまり三回の離婚をリセットして、再び結婚することが法的に許される状況に戻す役割を務める者が必要となるわけです。このようにばかばかしいトリックが必要なほど、夫が妻に一方的に——感情的になって——離婚を言い渡していたということなのでしょう。そして無一文だった「ほくろ」は解除人を引き受けて、男性の元妻と一度結婚します。けれども、お互いに本当に好きになってしまったため、反対に違約金を払わなくてはならなくなり——*24、と騒動は続いていきます。

このようにアラビアン・ナイトでは滑稽なお話となっていますが、現実では深刻な社会問題です。そのシンボル的な事件が、シャー・バーノをめぐる問題でした。シャー・バーノとは、一方的に夫から離婚を突きつけられたインド人ムスリム女性の名前です。この離婚宣告は、夫が二番目の妻と結婚したことが原因のようですが、彼女は長年連れ添ったにもかかわらず突然離婚させられ、しかも扶養手当もないという状況に陥ります。そしてこれを不当として一九七八年に最高裁に訴えたところ、インドの一般法に従って夫は妻を扶養する義務があるという判決が下されました。けれども、ムスリムたちがこの判決はイスラームへの冒瀆だとして反発し、大規模なデモが起こったのでした。

インドではムスリムはマイノリティですので法の上では複雑な状況にあり、一般法と並んでパーソナル・ローと呼ばれる宗教固有の法が特定の分野においては認められます。[*25] シャー・バーノ事件はこの問題を如実に反映したものでした。つまりこういうことです。ムスリムのマイノリティ社会は伝統的に男性都合による離婚を行ってきたわけですが、これはイスラーム法にのっとっていると考えられてきました。他方、インドの法律による判決はこれを認めないと、介入したのです。そこで自分たちの伝統を否定されたと、ムスリムたちが激しく抗議するという事件が起こったのでした。

エンジニアはこのシャー・バーノ事件について、こう述べています。結局のところ、リベラルなウラマーは大勢を占める保守的ウラマーに押し切られ、女性の権利を守ることができなかった。二〇〇四年にも「トリプル・タラーク」の廃止が検討されたが、反対が強く実行されなかった。女性に関するパーソナル・ローの修正は、一部のウラマーの保守主義とムスリムのリーダーシップ上の政治的対立が障壁となって、進んでいない。さらにこのような問題の背景には、シャリーア法が聖なるもので不変だという認識が一般のムスリムの間に浸透している状況がある。ゆえに進歩的なムスリム知識人は、シャリーア法は静的な法体系ではなく動的な法の集成であり、時代の変化に創造的に対応すると人々に伝えていかなければならない、と。[*26] その後、二〇一九年にトリプル・タラークを禁止する法案が可決されましたが、これはエンジニアの死後のことです。

このようにエンジニアはクルアーン解釈の革新をモダニストとして提唱しました。神の言葉であるクルアーンは不変だけれども、イスラーム法は人間が作ったものなのだから変えることができると、その区分をはっきりさせようとしたのです。そしてインドのみならずムスリム諸国全体のウラマーに対して、イスラーム法に固執せず、改革を実現することを訴えました。彼は自伝の冒頭でボホラ派について「イスマーイール派の法学書で詳説されているシャリーア法を厳密に順守している」と述べています。[*27]ですから彼のウラマー批判には、明言されていませんが当然のこととしてボホラ派指導者も含まれていると考えられます。

一方エンジニアは、自分は「モダニスト・ムスリム」であって、ウラマーとはイスラーム法が不変かどうかについて意見が違っていると述べます。[*28]そして「モダニスト・ムスリム」の先行者として、エジプトの近代改革者ムハンマド・アブドゥ、インドの近代改革思想家サイイド・アフマド・ハーンに加え、インド出身でウラマーでありながら女性の権利を説いたムムターズ・アリー・ハーンやウマル・アフマド・ウスマーニーといった一九—二〇世紀に活躍した開明的知識人を想定しているようです。[*29]

これら以外にもエンジニアは、イスラームと西洋近代を調和させようとした二〇世紀のムスリム知識人を、解釈のなかで多く援用します。エジプトの歴史家アフマド・アミーンやオーストリア出身の改宗者ムハンマド・アサド、アメリカで活躍したパキスタン出身のファズルル・ラフマーンなどです。このように、彼はこれらの近代主義者つまりモダニストの系譜に属しているという認識を明確に持っています。彼にとってモダニストはウラマーと対比されるべき存在ということになります。それは西洋近代的知識とイスラームの伝統墨守的知識との対比と言い換えることもできるでしょう。

彼が自身をモダニストだと認識していることは、男女の平等な権利を認めることがクルアーン理解の前提だと考えている点にも通じています。彼にとって近代的な価値とイスラームはまったく矛盾しないのです。これはエンジニアの解釈書全体を通して言えることで、この書は男女が平等であることを証明するためのものではなく、むしろ、男女の平等を前提とした上で、現実世界の改革を求める解釈を示そうとしているのです。

エンジニアのクルアーン解釈方法論は、この聖典に精神・規範（理想）と字句・文脈（経験）という二つの側面があるという見解を土台としています。こう二分することで、時代や場所によって変えることができない普遍的な理念――これが前者です――を、字句通りの意味――後者です――から切り離します。そして理念に基づいて、それぞれの時代の信徒たちの状況に対する答え、つまり解釈を得ることができると考えているのです。

クルアーンやハディースのなかの規範的なものを強調し、文脈的なものは捨てなければならない。規範的なものは文脈的なものより聖なるものに近く、文脈的なものは人間により近い。この違いは、今日、女性の権利を促進させるためのすばらしい助けになり得る。[*30]

エンジニアは、啓示が下された当時の社会についてこう認識しています。無知な（ジャーヒリーヤ）部族社会で、啓示に基づいて書かれた法のようなものはなく、慣習のみが存在しており、女性の地位はかなり低い家父長的な状況であった、と。[*31] これが先ほど二分した後者の側面、つまりクルアーンの字句に現れていると彼は考えます。よってここから理念を切り離す必要があるわけですが、これについて彼は、クルアーンは社会学的に解釈できると述べています。[*32]「文脈」で現れる具体的な事情を社会学的視点、つまり当時の社会環境をふまえて相対化することで、「精神・規範」を現代に適応させて、クルアーンを解釈しようとするのです。このように社会学を用いるという発想からも、彼が西洋近代の学問に強い親和性を持っていることが明らかでしょう。

妻は四人まで？

ここから、『クルアーン、女性、そして近代的社会』の第六章「イスラームと複婚」の内容を紹介します。「複婚」とはいわゆる「一夫多妻婚」のことです。エンジニアはここでも、近代という時代に入って女性の地位が変化したことから説き始めます。産業革命以前の封建的社会では女性は農業に従事するか家にいたが、産業革命によって都市で仕事に就き、財の生産にも役割を果たすようになったため、その地位は改善され複婚も制限されてきた、と。[*33]

けれどもそれ以前に、クルアーンは社会正義を導入して、女性をエンパワーしようと試みたのだと、次のように主張しています。前イスラーム社会では複婚が広まっていて、妻に対する正義は認められず、彼女たちは不正の犠牲者となっていた。クルアーンはこれを改善しようとしたが、すべての面で男性と同等の権利を与えるのは当時の社会状況を考えると現実的ではなかったため、「中間の道」つまり折衷的な「現実的理想主義の道」と呼ぶことのできる方策を選んだ。この「中間の道」を選んだために、複婚は完全には禁止されず、限定するにとどめる啓示が下された、と。

汝らがもし孤児に対して公正に扱えそうにないならば、許される者のなかから二人、三人、または四人の女性と結婚しなさい。しかし公正に扱えそうになければ、一人、または、汝が正しく所有している者にしなさい。こうすることで、不公正を行わずにすむであろう。（四章三節）

ただしエンジニアは、この句は複婚を不承不承、認めているだけであって、本来の意図は一夫一妻婚だったと考えています。けれども、その後のムスリム社会ではクルアーンの本来の意図が汲まれることはなく、当時の社会規範や慣習が優先されるようになってしまったのだと言います。[*34]
エンジニアは、近現代の解釈者たちの見解も検討して、パキスタンのクルアーン翻訳者ムハンマド・アリーによる四章三節への注釈を取り上げています。この句は、ムハンマド時代に起きたウフドの戦いという特定の環境下で啓示されたもので、その時、多くの男性戦死者が出て、孤児や未亡人が生まれた、という内容です。
さらにエンジニアは、インド出身でパキスタンに生き、伝統的なウラマーとは異なる見解を示したウマル・アフマドによる四章三節の解釈を取り上げ、合理的だと賛意を示しています。その解釈は、この句は父を亡くした女児や夫を亡くした女性を対象とし、そのような女性とは四人まで結婚してよいが、皆を公平に扱えないならば一人にするように命じている、というものです。そしてエンジニアはこの解釈をふまえて、クルアーンは戦時に未亡人や孤児となった女性に関してのみ複婚を認めているのであって、非戦時には他のクルアーンの句が示唆しているように一夫一妻であるべきだ、と述べています。[*35]
このようにエンジニアは、クルアーンの字句つまり文脈には制限があることを認めた上で、それが含み持つ規範的理想をあぶりだそうとしています。クルアーンは、戦闘が生んだ孤児の救済という目的のために、あくまで平等に扱うことで四人までの妻を認めるという「中間の道」を述べ伝えた——、これが字句つまり文脈です。けれども、その背後にある意図は、ムハンマド当時に広まっていた多妻婚の禁止で、あくまで男女が対等な関係にあることを目指していると言います。戦闘がなければ一夫一妻制でなくてはならないという解釈をクルアーンの理想的規範として提示しようとしているのです。

離婚を言い出せるのは夫だけ？

ここから、『クルアーン、女性、そして近代的社会』の第七章「クルアーンとシャリーアにおける離婚」に移りましょう。エンジニアは前提として、「クルアーンは社会におけるより弱い人々を引き立てようとし、ゆえに女性をエンパワーするよう助ける」と述べています。そして、すべての法学派が離婚を告げることができるのは男性のみと規定しているが、クルアーンはそのようなことは言っていない、二章二二九節は結婚している両性が離婚する権利を認めている、と主張します。[*36]

では実際に、読んでみます。

離婚は二度まで（取り消される）。その後は公平な状態で再開するか、または親切にして解消しなさい。汝らは彼女に与えたものから何かを取り戻すことはできない。（二章二二九節）

どのように読めますか。離婚を申し出るのは夫だけと明言されているでしょうか。

エンジニアはムハンマド・アサドの解釈を援用しつつ、妻にも夫同様に離婚を申し出る権利があるという見解を示そうとしました。確かに、ここの句には夫側からのみ離婚を申し出ることができるとは明記されていないのです。エンジニアはこう解釈しています。もし夫が離婚を申し出るならば、それは二度だけ言い、二度だけ取り消すことが許される。よってクルアーンには三度の離婚という概念はない――ここでトリプル・タラークが否定されています――。この場合、夫が離婚を言い出したのだから、妻に与えたものを取り返すことはできない。もし妻が離婚したいと望むならば、夫にすべて返済し、補償を求めることはできない、と。[*37] このようにエンジニアは、トリプル・タラークをはっきりと否定しています。

そして、続く二章二三〇節を検討します。

もし彼が彼女を離婚したなら、彼女が他の夫と結婚するまで彼女とは認められない。そして、その者が彼女を離婚した後ならば、両人に罪は生じなくなる。（二章二三〇節）

エンジニアは、この句は、二二九節で言われている二度目の離婚の後はそれ以上離婚と再婚を繰り返すことをやめさせようとしていると解釈しています。この際、クルアーン解釈の基本的文献とされるタバリー（九二三年没）の解釈書を援用して、自説を強化しています。古典中の古典であるこの解釈書に自説を補強してもらうことは、モダニストにとっても大変な援軍となります。この解釈書の伝えるところによれば、預言者ムハンマドのところに、夫に何度も離婚と再婚を繰り返されて悩んでいる女性が相談に来て、その時にこの句が啓示されたと言います。エンジニアはこれをふまえて「この規定は、妻を何度も離婚し、辛い目に合わせるという悪行を止めるためのものである」という解釈を示したのです。[*38] 彼はこうして、トリプル・タラークなどはクルアーンでそもそも想定もされなかったという解釈を明示しました。

さらにエンジニアは、トリプル・タラークは預言者時代のアラビアで特有だったもので、我々の時代には適応しがたいと言っています。もしクルアーンの「精神（スピリット）」に沿って考えれば、まずは離婚しないよう勧められるはずで、そうすれば、三カ月の待婚期間（イッダ）のうちに彼女と復縁する権利が与えられる、という見解を示します。待婚期間とは夫と別れた妻が再婚することを許されない期間のことです。エンジニアはこれについて述べている二章二二八節をこう訳出しています。

離婚された女は、結婚することなく、三カ月の待婚期間を過ごす。もしアッラーと最後の日を信じるならば、アッラーが子宮内に創られたものを隠すのは合法ではない。そしてこの期間中、和解を望むならば夫は彼女を取り戻す資格が十分にあり、正義に従い、（夫に関連しての）妻の権利は、妻に関連しての（夫の）権利と平等であるが、ただ男性は（この点に関して）彼女たちよりも優先される。[*39]（二章二二八節、傍線部筆者）

ここで、この節の最後の傍線部の箇所に注目してみましょう。このエンジニア訳と異なり、多くの訳ではこの箇所について、常に男性が全般的に女性よりも優位に立つという意味で読めるようになっています。例えば日本語訳ですと、井筒俊彦は「とはいえ、やはり男の方が女よりも一段高いことは高いけれど[*40]」と訳しています。これだけ読むと、男性優位を肯定しているようにも読めるでしょう。実際、ムスリムにとっては伝統的にこの「一段（ダラジャ）」という言葉は、男性が女性よりもあらゆる側面において上位であることの根拠とされてきました。けれどもエンジニアの訳は、男性の優位性は離婚という事柄に限定されているという解釈を明示しています。ここでも彼の男女平等を追求しようとする心意気が感じられます。

そして彼はこの句の意図についてこう述べます。このようにクルアーンは、夫が妻に離婚を告げても、待婚期間の間に復縁するよう述べており、些細な行き違いで絶縁しないようにしている。また、クルアーンは女性が屈辱的な状況にならないようにしており、女性にも平等に夫のもとに戻る権利と離婚を選ぶ権利を認めている、と。[*41]

エンジニアは離婚に関して、クルアーンの「精神」つまり「規範」と現在のムスリム社会の状況が大きく乖離してしまった理由をこう論じています。クルアーンは離婚に関して女性に公平であり、啓示当時の状況を大きく改善するものであった。しかし不幸なことに、その後も男性中心社会が続き、クルアーンの指示に従わず、女性の利益を守らずに容易に離婚できるように捻じ曲げてしまった。特に、最も不公平な離婚の形態はトリプル・タラークで、「離婚する」という言葉が三度述べられると、妻は調停を依頼することなく、離婚させられ、妻は夫の家を去るしかない。これは「調停のない離婚」としても知られている。クルアーンは二度の離婚は規定しているが、トリプル・タラークは言及されておらず、これはイスラーム前の習慣にすぎない、と。[*42]このようにエンジニアは、インドでのトリプル・タラークの議論について、明らかに非イスラーム的であり廃止すべきだと主張しているのです。[*43]

さらに彼は、もし離婚することになっても、女性を手厚く扱うべきだという解釈を示しています。結婚は二人の平等なパートナーの間での契約であって、男性が離婚を主導するなら、「**離婚された女性にもまた、公正に扶養が与えられるべき**」（二章二四一節）という規定によって、その妻に補償を与えなければならないと述べています。[*44]

シャー・バーノ事件は離婚後の扶養手当が重要な争点でした。エンジニアはその解釈のなかで明白に、補塡の必要性をクルアーンに基づいて論証しています。それは、保守的で男性優位なムスリム社会において、男性が一方的に離婚した上に、離婚後に扶養手当を支払わないという状況を打破し、女性の権利を保護するための根拠を提供しようとする試みでした。エンジニアは抑圧されたマイノリティの立場から、同じく抑圧されたムスリム女性の問題の解決にクルアーン解釈でもって立ち向かったのでした。

近代（モダニティ）という問題

ここまで読んで、エンジニアの解釈に納得する部分はありましたか。議論には腑に落ちないことがある

――または多い――けれども、結論には異論はない、という人が多いかもしれません。

エンジニアの解釈の特徴として言えるのは、その立脚点としての近代性（モダニティ）でしょう。モダニティはムスリムにとってほぼ「西洋文明」と同意語とされるのですが、それとどう対峙するかは、近代以降ムスリム知識人にとっての最大級の問題です。エンジニアは、そのモダニティを体現したモダニストだと自認していました。

ではムスリムのモダニストとは、どのような人物でしょうか。次のような定義が的確だと考えられます。「イスラームの過去からインスピレーションを得て、イスラームの根源にある倫理的、精神的、秘教的な諸原則を再生することを求める。……そしてその根源的原則を見出すと、それらを今日の問題に適用する」[*45]や、「原始イスラームのなかに西洋近代の価値を読み取り、それを改革の基準にする」[*46]。

これはまさにエンジニアがとったクルアーン解釈の方法論に合致しています。それは、クルアーンの規範・精神と分脈・字句を分けることで、後者を時空に限定させ、前者を普遍化させて近代と合致させることを可能としたのでした。けれどもこれは、エンジニアのクルアーン解釈の弱点でもあるようです。昨今、研究者から、彼の解釈が恣意的で護教論的だとする見解も出されているのです。彼は自らの理念に合致したクルアーンの句を選択的に解釈し、それ以外の解釈の可能性を認めていないという批判です[*47]。

こういった批判が生まれたのは、彼の解釈が、クルアーンは近代的な人権概念をすでに持っていた画期的な書物だという前提から出ることがないためではないでしょうか。エンジニアは「中世」的なボホラ派の権威に対抗するために、クルアーンという究極的権威が「近代」に合致することを必要としたのです。つまりこれは権威の置き換えにすぎず、西洋近代的ではない価値観を読み込むことができなくなるという、エンジニアの解釈の限界かもしれません。

もしくは、こう言えるでしょう。インドでマイノリティのなかのさらにマイノリティとして生まれ育ったムスリムが、改革をやり遂げるにあたって、戦うための根拠とすることができたのは、クルアーンと西洋的近代という思考様式だけだったのだ、と。ここではその闘いに敬意を表したいと思います。彼の解釈に勇気づけられ賛同した人たちは少なくないのですから。

第６講

同性愛者は認められる？

英国紙ガーディアンのクルアーン解釈

1　イースト・ロンドンのムスリムたち

私はちょうどミレニアムの年（二〇〇〇年）に、ロンドンの大英博物館の裏手にある大学院に留学していました。ロンドン大学東洋アフリカ研究学院（ＳＯＡＳ）で、その名の通り非西洋世界の研究に特化した教育研究機関です。第一次世界大戦中に創設されたのですが、第二次世界大戦の頃に軍や諜報組織に卒業生が多く進んだと聞いたことがあります。

留学当時ムスリムのクラスメートは、ラマダーン月の断食明けの集団礼拝のために、リージェント・パークそばのロンドン・セントラル・モスクに行くと言っていました。ここは、ベーカー街２２１Ｂつまりシャーロック・ホームズがかつて住んでいたとされる場所——今は博物館ですが——から歩いて一〇分ほどでしょうか。落ち着いた美しいエリアにある立派な大モスクです。大英帝国下のムスリム・コミュニティのためにと、チャーチル首相らの尽力もあって建てられました。

モスクから地下鉄のベーカー街駅を越えて少し歩くと、お洒落なメリルボーン地区に着きますが、ここには洗練された味の人気のレバノン料理店があります。これらの美しいエリアはいわゆるセントラル・ロンドンのなかにあって、日本人観光客も多く訪れます。

ロンドン留学を終えて少ししてから、ロンドン在住のムスリム活動を調査する機会がありました。そこで私は初めてイースト・ロンドンを訪れました。南アジアからの移民ムスリムが多い地域で、モスクなど活動拠点が多くあります。治安が悪いとよく言われますが、最近では、文化の混交ぶりが面白いアートを生む場所としても注目されています。けれども、ここを初めて訪問した時の私はそうとは知らず、ただこの地区の歴史的背景についてだけ知っていました。

実はここは「切り裂きジャック」や「エレファント・マン」の場所なのです。ホワイト・チャペルという駅――駅名は美しいです――の周辺は特にイースト・エンドと呼ばれ、ヴィクトリア朝の最貧民エリア、ジャック・ロンドンの『どん底の人びと――ロンドン一九〇二』[*1]で描かれた地区なのです。大英帝国繁栄の裏側です。ですから私がこの地区を初めて訪れた時、どうしても切り裂きジャックやエレファント・マンのイメージが先行してしまい、霧のなかで犯罪者が蠢《うごめ》いているのではないかとビクビクしながらホワイト・チャペル駅に降り立った記憶があります。けれども実際に行ってみると、ムスリム率の高い庶民街といった雰囲気で、拍子抜けしたのでした。

このような思い出話をしたのは、もちろんイースト・ロンドンがこの講義に関係しているからです。これからお話しするズィアウッディン・サルダールもパキスタンからの移住後、このエリアのハックニーで育ち、活動していました。第4講でお話ししたミンハジュのロンドン支部もこのエリアのフォレスト・ゲートにあります。

同じく第4講で少し紹介したエド・フサインはまさしくイースト・エンドで生まれ育っています。イスラーム主義組織の解放党から抜け出して反テロのシンクタンクを創設した人物です。父親は英領インド、母親は東パキスタン（現バングラデシュ）の出身でした。彼が父親に連れられて通ったモスクはブリック・レーンにあり、ここは特にバングラデシュ出身者が多いことで知られています。ブリック・レーンは今は最先端のアートやファッションの町として知られているようですが、その名を冠したモニカ・アリーの小説『ブリック・レーン』[*2]はバングラデシュ出身のムスリム女性のイギリスでの苦闘を描き、高く評価されて映画にもなっています。

ロンドンにはさまざまな顔がありますが、ムスリムの多様な生活もそこに含まれます。それはかつてイギリスが南アジアに植民地を持っていたことに由来しています。南アジアから飛んできた種が、イギリスで芽生えて育ち、少し不思議な花を咲かせた——これから紹介するサルダールのクルアーン解釈は、そのようなもののように思われます。

2　ズィアウッディン・サルダール——イギリスのムスリム文化評論家

新聞ブログでクルアーンを解釈する

ズィアウッディン・サルダール（一九五一年生）は、イギリスで活躍するムスリムの文化評論家で、パキスタンに出自を持ちます（図6-1）。イスラームや文化論について多くの書を著し、ガーディアンなどの新聞や雑誌に加え、BBCなどテレビでも活動を展開しています。この講義で取り上げる人物のなかでは珍しく、著書の数点が日本語に訳されていますので、手にとりやすいでしょう。[*3]特に『反米の理由——なぜアメリカは嫌われるのか？』は9・11の後で書かれ、そのタイトルの通り、なぜアメリカが世界で憎悪の対象となるのかについて文化論的に分析したもので、世界的にベストセラーになりました。

ここではサルダールを、クルアーン解釈書『クルアーンを読む——イスラームの聖なるテクストの現代的関係性』（二〇一一年）[*4]を著した解釈者として扱っていきます。この解釈書は二〇〇八年にガーディアンのブログ「クルアーンをブログする」として執筆され、まとめられたものです。[*5] ガーディアンはリベラル左派の雄とまで呼ばれるイギリスの高級紙ですので、ムスリムのクルアーン解釈を掲載するというチャレンジを試みたのでしょう。

このブログが始められたきっかけは「7・7」つまり二〇〇五年の七月七日にロンドンで起こったムスリムの若者による同時爆破テロ事件でした。この後、非ムスリムからムスリムの聖典を知りたいという要求が高まったのです。サルダールもクルアーンをどう読むかはムスリムだけでなくすべての人々にとって重要だと述べています。

> 周りを見てください。どれほどの対立、どれほどの紛争が、クルアーンを読んでいるムスリムの考えに基づいて、世界中で生じていることか。すべての人々が、直接的または間接的に、クルアーンをどう読み理解するかということに影響されているのです。[*6]

図6–1　ズィアウッディン・サルダール

出所：公式ウェブサイトより、Rehan Jamil 撮影。https://ziauddinsardar.com/

サルダールの『クルアーンを読む』は読者対象として、ムスリム以外の人々が当初から想定されているという画期的なクルアーン解釈書です。

彼自身、自分がよく知るテクストであるクルアーンをブログ執筆のために読み直したことで、かつては想像もしなかったほどに、現代に関連性のあるテーマが含まれていることに気づき、驚いたと言っています。「私が行っているクルアーンへの関与は、個人的な読みであるが、この興奮とエネルギーを読者と共有できれば幸いである」とも述べています。[*7] 読者に教え諭《さと》すという目線でのクルアーン解釈ではなく、同時代の読者と共に検討するという姿勢が打ち出されています。また、クルアーンは確定的な答えを出していないので、それは読者が見つけなければならないとも述べ、[*8] 読者にも一定の努力を要請していることも大きな特徴でしょう。

彼はそうすることで、ムスリム共同体内外の新しい未来を切り開くことができるのではないかと考えています。

クルアーンの読みや解釈を開くということとは、疑いなく、民主的でこれまでにない可能性をムスリム諸国のなかに開くということである。[*9]

厳しい試練となるのは、我々の祖先にどれほど近似させられるかではなく、宗教の倫理道徳的原則を現在の問題にどれほどうまく適応させられるかである。この適応は、我々自身のコミュニティだけではなく、人類全体、そして我々が共生する世界にとってより良い結果に達するためのものである。[*10]

すでにお話ししましたように、イギリスでは大英帝国植民地であった南アジア（インド、パキスタン、バングラデシュ）出身の移民が多く、さまざまな分野で活躍しています。例えば二〇一六年にロンドン市長となったサディク・カーンは、パキスタン系ムスリム移民の家庭に生まれた人物です。彼が生まれ育ったのは、イースト・ロンドン同様に労働者階級や移民が多く住むサウス・ロンドンで、父親はバスの運転手でした。コロナウイルス感染拡大の際、バス運転手の多くが感染して死亡したことを悼む言葉をツイッターに投稿し、父親のことにもふれています[*11]。

この講義ではこれまで、ワヒードゥッディーン・ハーンやエンジニアといった西洋文化の影響を受けつつクルアーンを解釈したインドのムスリム思想家を紹介してきました。それに対して今回は、南アジアからイギリスに移住し、まさに西洋世界のなかで醸成されたムスリムの思想を体現した思想家のクルアーン解釈を見ていくことになります。ただ留意したいのは、サルダールやサディク・カーンはイギリスのムスリム移民たちの「光」の部分だということです。第4講で扱ったように、イギリス社会から疎外され、最悪の場合は犯罪やテロ行為に関わるムスリムも少なくはなく、「闇」の部分は根深いものがあります。

サルダールは一九五一年にパキスタンで生まれ、九歳の時、家族とともにイースト・ロンドンのハックニーに移り住みました。彼も自伝を書いており、『楽園を切実に求めて――ある懐疑的なムスリムの旅[*12]』はムスリムのみならず非ムスリムにも広く読まれてきました。彼はこう言っています。

ムスリムであることやそれになること、アイデンティティを形成することは、私が住んでいたロンドンでも、分離後のインドに「帰国」した時でも、戦いの場だった[*13]。

つまり、ロンドンではパキスタン出身の移民の子であり、パキスタンに一時帰国すればイギリス的育ちとみなされてしまう。そのギャップのなかで自分の帰属意識――アイデンティティ――の形成がとても難しかった、ということです。

彼も若い頃、いくつものイスラーム主義組織に関わったり、関心を持ったりしたようです。布教部隊に関わり、在英ムスリム学生組織で活動しました。またムスリム同胞団やイスラーム協会に対して、強い関心と疑問を持って過ごしたと言います。その後、関心はクルアーンに向けられました。[*14] サルダールの思想遍歴は、ワヒードゥッディーン・ハーンやアースィーに似ています。彼らもこれらの組織に接触した後、自分の立ち位置を確立させていったことはすでにお話しした通りです。世界各地にちらばるムスリムたちが共通した思想遍歴をしているということ、これは同時代に生きるムスリムが緊密につながっていることをよく表しています。

彼の自伝のなかで特におもしろいのは、サルダールがクルアーンについて母親から多くを学んでいることです。一般的なムスリムの子どもと同じように、サルダールは六歳になる少し前にクルアーンの発音を母から教えられ始めました。その後、パキスタンにいた時は、地元のモスクにあるマドラサ（イスラーム学校）で学びました。そこでは、生徒が間違えると先生（イマーム）が長い棒で机を叩くので、その音に怯えたと回顧しています。これは伝統的なムスリムのクルアーン学校でよく見られた光景です。

ロンドンに移ってからはマドラサがなく、再び母とクルアーンを学ぶようになります。その時、母親から発音だけでなく意味を考えながら読むように言われ、母と対話しながら学ぶようになったと言います。この母親との対話は彼にとって重要な経験ですので、後でまたふれることにします。

サルダールは大学生になると、古典期や近現代のクルアーン解釈書を読むようになり、特にサイイド・クトゥブの『クルアーンの陰で』を深く読み込みました。クトゥブはエジプトのムスリム同胞団員で、アースィーも尊敬していたと第2講でお話ししました。彼は、今もカリスマ的な尊敬を集めるイスラーム主義者です。サルダールもその解釈書を熟読していたのでした。ただ彼は、クルアーンを読むには、時に理性を止める必要があるとクトゥブが主張しているため、疑問を持ちます。サルダールは人間の理性には確かに限界があるけれども、神の言葉を理解するためにはそれを総動員する必要があるのではないかと考えていたのでした。[*15]このようなクルアーンの学びを通して、サルダールはクルアーンを理性でもって考えながら読むという彼のスタイルを確立していったのです。

思考を促すためのクルアーン解釈――母から得た発想

自伝では、ロンドンに移住した後、少年だったサルダールが母親との対話を通してクルアーンの読み方に大きな示唆を得ていく様子が描かれています。彼は一三章三五節の「楽園」について母にどう思うか尋ねます。

（アッラーへの）義務を守る者たちに約束される楽園は次のようなものに似ている。川が下を流れる。常に果実が実る。日陰がある。これが義務を守る者への報酬である。（一三章三五節）

母親は彼に「川が流れている楽園という表現は明らかに比喩なのよ」と答えて、クルアーンの他の句や預言者ムハンマドの言葉などを引用します。けれどもサルダール少年は、「それは僕の疑問の直接の答えになっていない」とイライラして言います。「今ここで楽園の祝福が何なのかを知りたいんだけど」と。すると母親は「じゃあ、比喩のなかに直喩を探しなさい」と答えます。そしてこの句にある「日陰」を例にしようとしますが、サルダールは、楽園は暑くも寒くもないのだから太陽も日陰もないはずだ、と言い返します。このようなサルダールに母親は次のように諭すのですが、これが彼のクルアーン理解の原点になったと考えられます。

何度言ったら分かるの？　クルアーンは総合的なテクストなのよ。この句はここ、あの句はあそことバラバラにアプローチしてはだめなのよ。全体的にアプローチしなさい。[*16]

彼はこうして、クルアーンをただ字句通りに解釈するのではなく、比喩として読むことを知ります。さらに、その総合的な意図を理解しようとすることこそが重要なのだと、母親から学んだのでした。

この時の母のことを彼は「文学批評の原始的ポストモダンになっていた」と少し諧謔的に描写しています。これはとてもおもしろい言い回しです。母親のセリフ「バラバラにアプローチしてはだめ」の「バラバラに」は「atomistically（原子論的に）」という用語なのですが、モダニズムで重視されたアトミズム atomism（原子論）に通じます。全体より部分に重きを置く思想潮流です。対して「全体的にアプローチしなさい」の「全体的に（wholistically）」は、ポストモダニズムで重視された全体論 wholism（holism とも）に通じています。こちらは部分よりも全体に重きを置きます。後でふれることになりますが、母から得たこの示唆は、クルアーンを解釈するにあたっての彼の姿勢――アトミズムの否定――として開花したように思われます。

このような家庭での経験は、解釈書『クルアーンを読む』で述べているクルアーン観の基礎になったと考えられます。クルアーン解釈書のなかで、比喩について彼はこう言っています。一般的にムスリムはクルアーンが聖なるもので、永遠で、時間を超え、不変だと考える。だが本質的には複雑で多層的で、寓話的、隠喩的、多元的な意味を持つ。それを読み解くためには人間の理解が必要ではあるが、その意味は読む人間の時間や環境、能力によって制限される。その上で、クルアーンを読む者はその寓話や隠喩の重要性を知り、直喩と真理を区別し、言葉や概念、文脈と格闘しなければならない。これは大変な努力や忍耐力を要する。クルアーンとはこのように大変な努力を人間に要請する、つまり人が思考することを推進するテクストなのだ、と[*17]。

この認識こそがサルダールのクルアーン解釈の根幹でしょう。他の解釈者とサルダールとの決定的な違いは、「答え」を設定しようとしていないことです。「答え」は「目標」と言い換えることもできるかもしれません。彼は「大きな物語」のあったモダン――近代――が終わった後の、ポストモダン――近代後――という時代にイギリス知識人として活躍しているのです。エンジニアはまだ、西洋的社会を目指す改革を信じたモダニスト――近代主義者――でした。ですから「答え」を持っていたのでした。けれどもサルダールはクルアーンに答えを求めず、「思考」することそのものを目的化しているのです。この点については、講義の最後でまたふれることにして、まずはその解釈の姿勢をさぐってみましょう。

三つの伝統への批判

サルダールがクルアーンを解釈するにあたって否定していることが三つあります。①アトミズム（原子論主義）、②ウラマー（宗教指導者）の権威、③アラビア語の絶対性です。ここで先ほどの「アトミズム」も含めて、少し詳しく説明していきます。

実はこれらはすべて、クルアーンを男女平等の観点から解釈したアメリカのムスリム学者アミナ・ワドゥードが否定している事柄でもあります。ワドゥードについては第4講で少しだけふれました。ワドゥードもサルダールもこの三つを批判しているという点は共通していますが、その批判のレトリックは異なっています。この違いは、ワドゥードが改宗者であるのに対してサルダールは生まれながらのムスリムで、かつ、彼は9・11後にクルアーン解釈書を書いているという時代の変化も大きく影響していると考えられます。

とは言え、それでも共通したクルアーン解釈の立場に達したということに注目すべきでしょう。この背景には、ファズルル・ラフマーンの存在があると考えられます。彼はパキスタン出身で北米で活躍し、学会内外に大きな影響力を与えたイスラーム学者です。前の講義で扱ったエンジニアも参考にしていました。[*18]このような立場がとられる理由を一言で言うならば、プルーラリズムの追求です。多様性を認めるためには、これらの三つの伝統は乗り越えられなければならなかったのです。

最初の「①アトミズム（原子論主義）」とは、先ほどサルダールの母親が使っていた言葉に通じるものです。クルアーンを解釈する際に、その句を細かく区切りながら個々について論じていくという、伝統的に行われてきた単線的な解釈方法のことを言います。つまりクルアーンをバラバラにアトム（原子）化するということです。

これを否定するということは、他の句との相関関係を重視し、クルアーン全体から考察する解釈を肯定することを意味します。先ほどの母親の言葉では「全体的に」と言っていたことにあたります。

伝統的なクルアーン解釈はアトム的に句を扱い、古典期の解釈者たち——ウラマーです——の見解を踏襲しがちで、解釈者個人の見解を示すことは重要視されませんでした。それを乗り越えることが「アトミズムの否定」に含まれます。ワドゥードもその解釈書でこの点を強調しています。[*19]サルダールもこの立場に立ち、句ごとに意味を解釈すると、一体性を持つテクストとしての聖なる書を分解つまりアトム化し、コンテクストから切り離してしまう、と批判しています。[*20]

さらにサルダールはアトミズムと暴力の正当化を結びつけています。個々の句の意味だけに焦点を当てると、ムスリムも非ムスリムも、それが唯一の適切な解釈方法だと信じ込んでしまうという問題が生じると言います。その例として、暴力を正当化するためにクルアーンの句が映画やテロリストによって用いられていることを指摘します。サルダールは文化評論家らしく、「英雄の条件」、「トゥルー・ライズ」、「マーシャル・ロー」といった、ムスリムがテロリストとして描かれるハリウッド映画を例として挙げています。またテロリストとしてはオサマ・ビンラディン、アル＝カーイダ、ターリバーンを挙げており、9・11後の時代に生きる者としての世界観を反映したアトミズム論を展開しています。

　そしてこれらの映画の登場人物や、実際のテロリストたちがしばしば用いる句として「**我々は不信仰者の胸に戦慄《テロ》を投げ込むだろう**」（三章一五一節）を取り上げています。彼は、この句はウフドの戦いという文脈で啓示されたもので、ムスリムへの一般的な指示ではないと言います。そして文脈を考えずに字句を引き抜く者には、句の啓示された背景について話しても通じないと嘆いています[*21]。このようにサルダールのアトミズム批判は、クルアーンの句の一部を取り出して字句通りに読む暴力を引き起こす者たちがいる現状への批判でもあります。

　実際にサルダールの解釈書を見ますと、原子論的ではなく全体的な解釈を試みていることが明らかです。ここでその構成を紹介しておきましょう。全体は四つのパートに分けられています。パート1では彼自身の生い立ちとクルアーン観が綴られます。パート2ではクルアーン最初の二章である「ファーティハ」章と「雌牛」章が節順に解釈され、結婚、離婚、戦争と平和といった基本的テーマが論じられます。彼自身、クルアーン最初の二章の検討が、クルアーン全体からそのスタイルと趣旨を理解するための基礎を打ち立てるのに、最も直接的な方法だと述べています[*22]。そしてパート3と4では、テーマを設定してクルアーン全体から解釈を示しています。パート3は預言者や時間、個人、倫理など概念的なトピックについて、パート4は男女の問題や、権力、表現の自由、科学といったより現代的なトピックについての解釈になっています。トピック・ベースの解釈は「テーマ的解釈」とも呼ばれ、クルアーンの全体的解釈の成果と言えるものです。

　ではここから、②ウラマーの権威と③アラビア語の絶対性の否定について説明していきましょう。この二つは密接に絡み合っています。クルアーンは神の言葉そのものであり、近代以前、解釈者はアラビア語やイスラーム学に通じたその時代を代表するウラマーに限定されてきました。けれども近代以降、もうお分かりのように、一般の知識人にもクルアーンを解釈する者が多数現れており、サルダールもこの系譜に属します。

　ただウラマーのように伝統的なイスラーム宗教教育を受けていない近代的知識人は、クルアーンを解釈するにあたって、アラビア語やイスラーム学の知識が十分ではないという不利な状況にあることも確かです。アースィーの解釈書でも英語でタフスィールを著す意義をわざわざ論じていました。男女同権論者であるワドゥードはさらに厳しくアラビア語を批判しています。アラビア語は男性形・女性形を持ち、常に男女を分けて語る言語である上に、ウラマーは伝統的に男性ばかりで女性蔑視の立場にあるのだから、これらに拘泥《こうでい》する必要はない、と[*23]。彼女はこのようにアラビア語を否定することで、伝統的な学問を習得していないという不利な状況を克服しようとしているようにも見えます。

　サルダールも伝統的な学問を習得していない知識人で、これらを重視しない立場にあることはワドゥードと同じですが、違うレトリックを用いて論じています。彼は、クルアーン解釈とは権威と力の実践だととらえており、ここからウラマーの権威についてこう述べています。ムスリムの歴史と伝統のなかで力は特定の階級に限定されてきた。クルアーン解釈はと言えば、「正統な」な権威を持つ宗教教育を受けたウラマーのみが行うことができた。ウラマーたちはクルアーン解釈を支配するために、クルアーンにある知識（イルム）の概念を宗教的知識のみに限定し、それ以外の知識を劣ったものとしてクルアーンに適用してこなかった。またクルアーンの印刷を禁止し、ムスリム大衆がそれを直接読むことを阻んできた。実際のところ、一般のムスリムにとっては、ウラマーのヘゲモニーは圧倒的で、クルアーンに関与することは恐怖でもある、と。[*24]これはエンジニアがボホラ派支配者層に対して言っていたことにも通じています。

サルダールは個人がクルアーンに直接関与しようとすると、知識とアラビア語という二つの壁に直面するので、解釈が困難であったと言います。ただ知識は近代科学技術の発達によって、ある程度乗り越えることができるようになりました。またアラビア語についても、その知識があった方がよいことは確かだけれども、それがあったからと言って、クルアーンをより理解できるわけではなく、アラビア語話者のクルアーン解釈にも偏りがあると指摘していいます。そして、一六章一〇三節の「**これは明瞭なアラビア語である**」を引用し、クルアーンがすべての人、つまり専門家や学者、非専門家、一般大衆に開かれているという意味だとの解釈を示していいます。[*25]

このように考えることで、ウラマーでなくアラビア語話者家庭に育つこともなかったサルダール自身もクルアーン解釈に向かうことができることになります。それはクルアーンをイスラームの伝統的な知とアラビア語という領域から、人類の知とその共通言語となりつつある英語という世界に開いていく作業でもあるでしょう。

ただしサルダール自身、アラビア語でなく翻訳を用いることに限界があることも認識しています。クルアーンの翻訳の歴史をふりかえり、党派心に基づく偏った翻訳があることを指摘しているのです。さらに自らがウルドゥー語と英語を用いていて、アラビア語に通じていないことから、解釈にあたっては六つの英訳書を統合的に用いたと話しています。[*26]これらの翻訳者には、ヨーロッパ出身の改宗者やヨーロッパに移住したムスリムが多く含まれています。例えばムハンマド・アサドの英訳書が参照されていますが、これは第5講でお話ししたように、エンジニアの解釈でもしばしば援用されていました。さらにサルダールは読者に対して、彼が統合して作り出したささやかな英訳にとどまって満足しないで欲しいとも述べています。[*27] 彼自身のクルアーン解釈にも限界があることを認め、さらなる可能性を読者に提示しているのです。このようにサルダールの解釈は徹頭徹尾、何か一つに確定させないという姿勢を貫いたものになっています。

目的としての思考──理性を用いて熟考する

実際の解釈作業として必要なことは、理性を用いての熟考だとサルダールは考えます。クルアーンのような複雑なテクストは、忍耐強く熟考して、その多層な読み方を明らかにしていく必要があるのです。彼はその根拠をクルアーン四七章二四節「**彼らはクルアーンを熟考しないのか**」などに求めています。このような解釈姿勢について、ウラマーたちから反発を受けることを想定していますが、そうしなければ、非ムスリムや女性や同性愛者といった「他者」、つまりムスリム共同体内外の多様性についてクルアーンに基づいて対応することができないと述べています。

ここで「他者」と関連してファリド・イサクが引用されています。彼は南アフリカ出身の思想家・活動家でアパルトヘイトという人種差別問題に取り組みました。その抑圧に立ち向かうために他者と共闘することを読み込んだクルアーン解釈書『クルアーン、解放そして多元主義』(一九九七年)は、広く読まれてきました。[*28] 加えて、モロッコ出身のフェミニスト社会学者ファティマ・メルニーシーや、イスラームにおけるホモセクシュアリティ研究者スコット・クーグルの名も挙げられています。[*29] クーグルについてはまた後でふれることになります。ここからサルダールが、現代のリベラルで革新的なムスリム知識人との共闘意識を持っていることがうかがえるでしょう。

このような姿勢のなかで生まれたサルダールのクルアーン解釈は、議論の誘発を目指し、完結・確定することつまり絶対化することは想定していません。彼は、読者が疑問を持って、支配的な思考や解釈に対峙する必要があるとし、そうしなければ、抑圧的なクルアーン解釈が永続することを許してしまうと主張します。[*30]

サルダールはさらにイサクを引用します。イサクはクルアーンへのアプローチをムスリムかどうかやクルアーンに好意的かどうかによって、六つに分類しています。[*31]サルダールはこれを紹介した上で、彼自身については、クルアーンを「議論して愛読する者」であると定義しています。論争や議論を通してこそ、それぞれの時代や社会に合ったクルアーン解釈が生まれると考えているのです。クルアーンは疑問に満ちており、疑問と議論を通してアプローチされるべきであって、これはそのテクストそのものが求めていることだと言います。新しい環境は、新しい疑問を生み、それらはすべて、新しい議論をもたらします。[*32]「クルアーンに従うということは、我々のすべての考えや経験をもう一度最初から検討し、問いただすこと」だと主張します。[*33]

このようにサルダールのクルアーンに対する姿勢は、時代の要請に応じて、テクストを総体的に見ながら、本質的に意味することを人間の思考を駆使して解読するというものです。

ムスリムであることには確定した一つの道があり、人類の歴史のなかではるか昔から定められていたと主張することは、人間の論理的思考の最も狭いところにクルアーンを縮小してしまうことになる。[*34]

つまり、字句通りの意味に理解することにとどまる者は、論理的思考つまり熟考を怠っているわけであり、それはクルアーンに対する冒瀆でさえある、とサルダールは考えているのです。

このようにクルアーンを通して理性による思考を促すサルダールですが、その言論活動は何を目指しているのでしょうか。

　サルダールはイスラームの現代化とムスリムの視点からの西洋批判を試み、その手法として、脱構築――二項対立を疑い、その背景にある基盤を問い直すというポストモダニズムの方法――を用います。とは言え、彼はポストモダニズムさえも西洋中心主義的・帝国主義的な指向を内包していると考え、この点をも乗り越えようとします。ですから、彼をポストモダニストだと呼ぶことはできないかもしれませんが、ポストモダンが風靡した時代に活躍し、それを強く意識した文化評論家だとは言えます。

　サルダールは特定の世界観に拘泥せず、むしろマイノリティの視点に立つことを重視し、ムスリムであるかどうかを問わず、周縁化され、抑圧されたすべての人々の立場から発言し、中心的存在に対抗し、正義を求めることを目指すと言っています。また彼は未来についても多く論じているのですが、イスラームやインド、中国などの多文明が共存し、それぞれの伝統を再興させる多文明共存の世界となればよいと考えているようです。[*35]

　このようなサルダールの立場は、抑圧される者への正義を求めたエンジニアと深く共通しています。けれども、サルダールはエンジニアとは異なり、イスラームと西洋的価値観を一致させる必要を感じていません。これは、インドから西洋を見ていたエンジニアとイギリスで育ったサルダールの世界認識が、決定的に違うことに由来するのではないでしょうか。サルダールは西洋もイスラームも相対化しつつ、新しい未来を目指していると考えられます。

　ではここから、その解釈の実際を見ていきましょう。サルダールはどのように「思考」を促しつつクルアーンを解釈しているのでしょうか。

3　ポストモダン時代のクルアーン解釈

結婚・離婚と「中毒」

サルダールが焦点を当てる問題のなかには当然、ジェンダーの問題が含まれています。パート2で、クルアーン第二章「雌牛」二二九節から二四二節を「結婚と離婚」の問題として解釈しています。パート4でも「複婚とドメスティック・バイオレンス（以下DV）」のセクションがあります。どちらでも「中毒」というコンセプトが提示されていることが特徴的です。さらに彼はパート4で男女間の問題にとどまらず、ムスリム社会において極めて厳しい状況にある「ホモセクシュアリティ（同性愛）」というセクシュアリティの問題についても解釈を試みます。

サルダールはイギリス在住のムスリムであり、周囲のムスリムたちはイギリスの法のもとで生活しています。けれども実際のところ移民ムスリム社会では、男性優位の離婚やDVが生じ、それがクルアーンの句によって正当化される場合もあります[*36]。またホモセクシュアリティについては、在英ムスリムの半数以上が反対しているという調査結果が出ており、英国民全体では反対は五％と低く、とても対照的です[*37]。イギリス在住とは言え移民系ムスリムは、まだ祖国の価値観や生活習慣を継続し、その根拠をクルアーンに求めることが多くあるのです。

サルダールは、クルアーン二章二二九節から二四二節について、節の順に沿って解釈していきます。そのなかには飲酒、賭け事、孤児の扱い、結婚相手、離婚、誓い、相続といった多様なトピックが含まれているため、それらの相互関連性を見つけることは容易ではありません。伝統的なクルアーン解釈では、相互の関連性を問わずに個々の項目について解釈を加えていくこと――つまりアトム的解釈――が多いです。

けれどもサルダールは、まったく異なるものを含んでいるように見えるけれども、それらをどう接合するかを考える必要があるとして、こう解釈しました。これらのトピックのなかで、最初に挙げられている飲酒と賭け事が一貫したテーマへの重要なカギをもたらす。このカギが「中毒」というコンセプトである。それは、情熱を引き起こし、判断力を鈍らせるものである。同じように、結婚や離婚も人の感情を高まらせもする。つまりクルアーンは全体を通して、明晰な頭脳で冷静な判断を下し、関係者すべてに正義と公平さをもたらす必要があると教えている、と。[*38] サルダールは、これらの事柄に通底しているものとして、「中毒」を避けるために情熱をコントロールするべきという主張を読み取ったのです。このように彼は、思考を用いてクルアーンを読む重要性を示し、クルアーンの句を個々に読むのではなく、通底する意図を探ろうと試みます。

さらにサルダールは、クルアーンが啓示された当時の歴史的状況をふまえつつ、クルアーンの「変容」という意図を明らかにします。イスラーム前の社会では飲酒や賭け事が広まっていて、クルアーンはそのようなアラブ社会を「変容」させようとした。よってこの二一九節や、飲酒や賭け事を悪魔の業とする五章九〇—九一節を通して、アルコールやドラッグといったあらゆる種類の「中毒」物を禁じた。またムハンマドの時代、戦闘による孤児が多かったが、クルアーンは彼らを平等に扱うようこの句で命じ、他人の財産に手を付けようとする「中毒」的な意図を制限している。かつ結婚に関しても、複婚と男性による容易な離婚が広まっており、クルアーンはこれを「変容」させようとした、と。[*39] このように、サルダールは一見、脈絡がないように思われる箇所に、「中毒」を禁止して社会を「変容」させるという意図があると解釈したのです。

このような解釈でクルアーンの意図を見出した意義について、彼はこう語っています。どのような時代でもどの社会でも適応できる原則を見つけ出すことが重要である。そうすることで自らの経験や考え、偏見を問いただすことができる。クルアーンの原則は、人間の行動のなかに正義と公正をもたらすことである、と。[*40]サルダールは、「中毒」を排し、社会を「変容」させることで、正義と公正をもたらすことをクルアーンは目指したと解釈しました。そしてこれを知ることで、読者は自らの行動を考え直すことを促されると言っています。このようにクルアーンは人の思考を促すと、サルダールは考えているのです。

男は女よりも「一段上」と解釈されてきた二二八節についても、議論の余地があると彼は考えています。これはエンジニアについての第5講でも着目した句です。サルダールの解釈はこうです。

結婚を無効にする権利は夫にも妻にもある。だが、ムハンマド・アサドが述べているように、夫は家族の生活に責任があるので、離婚を言う優先権がある。だが、夫がもう一度結婚できるのは三カ月の間だけに制限されたと読むことができる。また、男女の間に本来的な地位の優劣があるとは述べていないので、預言者時代のアラビア半島での離婚について述べているだけと解釈できる。こう読むと、離婚は許されるとしても推奨されず、子どもたちは血縁のある親に育てられるのが最も良い、という二つの事柄が示唆されていることが分かる、と。[*41]

このようにサルダールの二二八節解釈の結論はエンジニアに極めて近いものです。その前提として、クルアーンが変化や改革を求める公正な社会をつくるための言葉だという認識があることも共通しています。けれども、サルダールはさらに一歩踏み込んだ見解を――彼自身の思考の結果でしょう――次のように示しています。昨今、女性によるクルアーン解釈が活発になり、これまでの女性嫌悪的な解釈が否定されつつある。だが現実には、結婚や離婚についての平等は実現されていない。ウラマーたちは、イスラームでは女性は高い地位にある重要な存在で多くの権利を持つと言うが、実際のところ女性たちは受け取るべきものをまったく受け取っていない、と。[*42]

これは重要な指摘で、人々に思考の再検討を促すものです。いくらクルアーン解釈が発展しても、現実にはまだ問題が山積しています。クルアーン解釈が革新されると同時に、現実も変わっていく必要があるのです。さらに興味深いのは、ウラマーに代表される旧態依然としたムスリム層が持つ問題の描写です。保守層の男性たちは、女性たちを美辞麗句で讃えるふりをして現状に押し込め、問題に蓋をしていると批判しているのです。単に女性を蔑視するよりもさらに問題が複雑だということが分かります。

さらに言えば、この批判は保守的な男性に対してのものですが、後でふれるようにサルダールは女性にも釘を刺すことも忘れていません。問題の根元を何かに一元化することはしない、そしてその裏返しとして何か一つを理想化しない、そういう彼の原則の現れでしょう。

一夫多妻とドメスティック・バイオレンス

サルダールはパート4で「複婚とドメスティック・バイオレンス」というセクションを設け、この二つの事柄を相関させて解釈しています。彼によれば、クルアーンは多妻婚やDVについて矛盾しているように思える言及をしているけれども、実は、この矛盾するかのような論理には創意や変化を促すという目的があると言うのです。[*43]

複婚についてはまず、多妻婚に許可を与えるものとして伝統的にとらえられてきた四章三節を取り上げます。前講義でこの句についてのエンジニアの解釈を紹介しました。サルダールもこの句が啓示された文脈として、クライシュ族との戦いによってメディナで孤児が増加したことと、当時の社会では複婚が広まっていたということを指摘しています。

そしてここから独自の解釈を次のように示します。この四人までの妻を認める四章三節と四章一二九節

「あなた方がいくら望んで妻たちに公平にしようとしても、できるものではない」の間には矛盾があるが、これは実は創意を促すものである。このような「矛盾」があることで、読者は複数の妻を持つ欲望と正義を追求する欲求について考えるようになり、この矛盾について思考を用いて解決することを促される。その目的は、複婚社会を単婚社会にするという変化をもたらすことである。これが複婚を禁じるクルアーンの手法で、あからさまな禁止ではなく思考によって段階的な変化を求めている、と。[*44]

DVについては四章三四節を取り上げ、この句がこれまで終わりなき論争の対象だったと指摘しています。この句はムスリム社会の男性優位性の根拠の一つとされ、よく知られるもので、通常次のように訳されるでしょう。日本ムスリム協会から刊行されている『日亜対訳注解――聖クルアーン』にはこうあります。

男は女の擁護者（家長）である。……忠実でない懸念のある女たちは諭し、寝所に置き去りにし、これを打ちなさい。それで従うならば、彼女にそれ以上してはならない。[*45]（四章三四節）

エジプト出身でイギリスで活躍するクルアーン学者のアブデル・ハリーム――私のロンドン留学時代の指導教員でもあります――は、その英訳[*46]の注で、一度は打つことが許されていると述べています。サルダールはこれに対して、一度だけでも多い、クルアーンがDVを許可していることになる、と異を唱えます。

そしてこの節とクルアーンの他の句の間に矛盾があることを指摘します。例えば二章二二九節や二四一節、六五章一節といった離婚に関する句は、相互支援による親切と優しさの重要性を説いており、暴力を認めるような結婚ではそれがあり得ず、矛盾している。また四章一二八節や三〇章二一節などの結婚の調和を説く句とも矛盾する、と。そしてサルダールは、この矛盾は、読者の関心を特定の事柄に向けるための意図的なものだと考えます。男性が支配的な社会ではこの句は「当然」として受け取られるが、クルアーン全体のなかで矛盾を生じさせることで、信者にその行為について再考させようとしているのだ、と。[*47]

サルダールは現代のムスリム女性たちによる解釈も支持しています。例えばラーレ・バフティヤール[*48]の英訳は、四章三四節を「彼女たちを打て」ではなく「彼女たちから去れ」としていると高く評価します。またこの節の「男は女の擁護者（カッワーム）」についても、ワドゥードやエジプト系アメリカ人学者ライラ・アフメドによるクルアーン解釈を支持し、この「カッワーム」を「稼ぎ手」や「支援や生活手段を提供する者たち」という意味で、ジェンダー的に中立な用語だと述べています。[*49]

さらにDVの解決についても解釈を示しますが、結婚と離婚についての解釈で示した「中毒」という概念に結びつけます。社会のモラルが進歩してもDVが根絶しないのだから、根源的な問題について真剣に考えなければならない。DVは過剰な「中毒」的情熱から生じるのであるから、これをコントロールするために神への意識を強める必要がある、と。[*50]このように彼はクルアーンに通底する主張を汲み上げようとしており、この聖典全体の統合性が示されることになっています。

またサルダールは、ムスリム女性全般に対しても――先ほどは保守的な男性に対してでしたが――、その従来の思考の再検討を促すことも忘れていません。女性による読みは、クルアーン解釈にバランスをもたらすために不可欠であるが、ただ解釈するのみでなく、女性も実際に行動する必要があると主張します。具体的には、女性が妻や母親としての地位を自らわざわざ引き受けたり、母親が息子と娘の育て方に大きな差をつけて男性による女性嫌悪を助長したりすることをやめるべきだと言っています。[*51]

サルダールは自分のクルアーンの読み方への母親からの影響の強さや、女性解釈者の解釈の意義を大いに認めた上で、このような言葉を述べています。ですから単なる女性批判ではないことは明らかでしょう。先ほどお話ししたようにウラマーは女性を讃えるばかりで実際の改革を認めないとしていました。つまり女性を男性と対等な責任ある個人としては認めていないということです。けれども、このようなウラマー――と言いますか保守的な男性たち――とは対照的に、サルダールのここでの発言は、男性と同等の存在として女性もまた責任ある思考と行動をとることを求めているものになっています。

クルアーンは同性愛を否定していない

サルダールはクルアーン解釈を男女の問題だけに限定せず、さらに現代的な問題である「ホモセクシュアリティ（同性愛）」についてもパート4でセクションを設けて解釈を試みています。第5講で同性愛についてピュー・リサーチ・センターの世論調査結果を少し紹介しましたが、ここからはさらに具体的に状況を知るために、あるエジプト人女性の短い人生に焦点を当てていきます。

サラ・ヒジャージーはエジプト出身のレズビアン活動家で、二〇二〇年六月に三〇歳で亡くなりました。二〇一七年に、ゲイであることを公表しているレバノン系の歌手のコンサートがカイロでありました。ここでLGBT（レズビアン・ゲイ・バイセクシュアル・トランスジェンダー）の権利のシンボルとして虹の旗を振った者たちが五〇人ほど逮捕されました。このなかにヒジャージーもいました。三カ月の拘束の間、虐待され、カナダに亡命が認められた後も、PTSDに苦しみ、自ら命を絶ったとされます。エジプトでは二〇一九年だけでも一〇〇人近くの同性愛者が逮捕されています。ホモセクシュアリティは公的には禁じられていませんが、売春法を用いて取り締まられているのです。[*52]

私もカイロ留学時代に、突然行方不明になり、数カ月後に怪我を負って現れたエジプト人青年のことを知っています。彼がホモセクシュアルだったのかははっきりと聞いたわけではないのですが、それが原因で拘束されていたのではないか、と周囲に見られていたことを覚えています。

サルダールの解釈に戻りましょう。彼はこういう解釈を示しています。まず用語について、「ホモセクシュアリティ」を意味する言葉はクルアーンにはないが、「女性を必要しない男性」という言及がある。これは、性的欲求のない者とも男性に性的欲求をいだく者とも、どちらでも読むことができる。楽園の描写のなかに「**永遠の少年たち……を見ると、撒き散らされた真珠かと思う**」（七六章一九節）と描かれている。ここから、男性の美が肯定的に描かれ、女性に性的欲求をいだかない男性が否定的にとらえられてはいないと分かる。さらに四二章四九―五〇節「**彼［アッラー］は望む者に女児を、望む者に男児を、または男女両方を与える、そして彼が望む者を不妊とする**」の「男女両方」から、セクシュアリティが同性に向かったり、曖昧であったりすることが認められている、と。[*53] このようにクルアーンのいくつかの句から、ジェンダーを男女のみとせず、セクシュアリティも異性愛のみとはしない、つまりＬＧＢＴをクルアーンが認める可能性を示そうとしています。

かつ、クルアーンはダイバーシティ（多様性）を認めていると主張しています。その根拠は一七章八四節「**すべての者はそれぞれの道で行動する。だが汝の主は、最も正しく導かれた道にいるのが誰なのか、よくご存じ**」で、ここの「すべての者」にホモセクシュアルが含まれないはずはないと、サルダールは言っています。そしてクーグルの見解を援用しながら、ホモセクシュアルが生来のものである場合、アッラーがそれを創造しておきながら認めないはずがないだろう、という見解も示しています。[*54]

そうすると一体、ムスリムが同性愛者を否定する根拠は何なのでしょうか。それにはクルアーンのルート（聖書のロト）の物語が大きな役割を果たしてきました。クルアーンでルートはアッラーによって遣わされた預言者の一人とされ、彼はソドムとゴモラの民――だと想定されます――にこう言っています。

汝らはどうしてこのような酷い侮辱を行えるのか？　いつの世でもこのようなことをした者はいなかった。汝らは、情欲のため女でなくて男を求める。汝らはすべての制限を超えている。（七章八〇―八一節）

伝統的なムスリムの解釈者たちは、ルートが諭した人々は同性愛者であったため、アッラーの怒りにふれて滅ぼされたととらえてきました。けれどもサルダールは、クルアーンの他の箇所にあるルートの物語を参照して思考します。そして、彼らは逸脱した性的虐待行為を男性に対して行っていて、アッラーの怒りにふれたのはそのためだった、という解釈を導き出します。[*55] つまり同性愛行為を行ったためにアッラーに罰せられたわけではないということです。そうすると、クルアーンは同性愛を否定していないという解釈が成立することになります。この解釈は、伝統的なムスリムの価値観に対する大きな反逆で、この価値観に苦しむ同性愛者のムスリムには心強い解釈だと言えるでしょう。

ただしここでもサルダールは、現状を再検討することを忘れず、こう言っています。クルアーンにあるルートの物語は、現在のゲイ文化にまったく関係がないわけではなく、それは過剰な不品行を戒める意図を持つ。現在の西洋でのゲイ・レズビアンの行動は慎み深くあることからはほど遠く、外見や服装、音楽といったゲイ文化への執着はルートが諭した民の過剰さに通じている。よってそのようにふるまうのではなく、慎み深さとプライバシーを重視するべきである、と。[*56] このようにサルダールは、ダイバーシティを否定するようなクルアーン解釈を乗り越える方向に向かいつつも、制限を超えた過剰さを戒めるメッセージをクルアーンから読み取り、それを同性愛者の現状に対する批判としているのです。

以上、いくつかの句の解釈を見てきました。サルダールは、クルアーンの分かりにくさというマイナス面を、読む者の思考や理性の使用を促すための装置として肯定的に捉え直しました。これは、解釈の多様性や開放性を正当化することにつながっています。読む者の思考はその環境によりますから、それによって解釈が変わり得ることもクルアーンは最初から想定していたと考えているのです。

エンジニアは、クルアーンの文言を規範と文脈に分けて解釈することでモダニティとの合致を試みました。そうすることで、その解釈は完結しました。けれども、サルダールは思考し続ける状態を解釈だととらえているので、解釈は終わることなく、他の解釈に対しても開いていると言えます。

サルダールがポストモダニズムの西洋中心性を乗り越えようとしつつも、その手法は用いているということはすでにお話ししました。彼はポストモダニズムについて、こう言っています。

「ポストモダニズム」とは、……二一世紀の精神である。一九―二〇世紀に理性的に構築された多くの体系は実は理性的ではない幻想だった、と私たちが気づいたことによる産物である。息を詰まらせるようなモダニティの過剰さに対する、意識的・無意識的な抵抗、それこそが新しい旅路への始まりであり、包括的で確かにすべてを取り込むものとして喧伝されてきた。一九七〇年代における芸術・建築分野での批判的運動として始まり、ポストモダニズムは今や、自由経済やブルジョワ・リベラリズムによって下支えされたグローバルな文化的勢力となった。今日、ポストモダニズムはどこにでもある。[*57]

このように彼のクルアーン解釈は、西洋的近代との合致を模索したエンジニアとは異なり、それを乗り越え、さらには自らの解釈をどこにも合致させない方向性を強く持っています。どこか特定の価値観や立場だけを肯定することはせず、常に変わっていくことを前提とするのです。こういう意味でサルダールのクルアーン解釈は、ポストモダン時代に生まれたものだと考えられます。このような立場でクルアーンを解釈しているからこそ、非ムスリムに対しても開かれた言説になっています。これはやはり西洋社会に住むムスリムによってこそ生み出すことのできたクルアーン解釈だと言えるでしょう。

最終講

リベラルなイスラーム

人類の共生する世界

では最終講義を始めましょう。三つの項目に焦点を絞ってお話ししたいと思います。この講義のサブタイトル「人類の共生する世界」は二〇六頁で引用したサルダールの言葉からお借りしました。

「1『リベラルなイスラーム』とクルアーン解釈」では、これまでの講義を通して言えることをまとめていきます。ここでのポイントをあえて一言で言えば、マジョリティとマイノリティの関係がリベラリズムにとって極めて重要だ、ということでしょうか。

次に、「2　他者と共に生きる世界をどうつくるか?——アイデンティティの保ち方」では、人類の共生と言っているけれど、じゃあ自分たちは何をどうすればいいのだろうという疑問について、小さなヒントを紹介します。ポイントはアイデンティティの強調は危険だということです。

そして最後が「3　イスラーム主義の後にくる……かもしれないもの」です。リベラルなムスリム知識人がいることは分かったけれども、まだまだ過激なムスリム・テロリストが跋扈《ばっこ》しているじゃないか、どうするんだ、という疑問について、今後の展望についてお話しします。ポイントは、ムスリムのイスラーム理解はいつも同じではない、ということになりますが、ここでこの講義の「ガイダンス」冒頭のテーマ——『菊と刀』を引用しました——に戻ることになります。

1 「リベラルなイスラーム」とクルアーン解釈

クルアーンには、戦争と平和という二つの側面があり、その解釈にも二つの方向性がありました。テロリストを通して世界に知られているのは、異教徒や改革派ムスリムといった「他者」に対して敵対的な解釈です。けれどもこの講義を通して、「他者」との平和的共生を追求し、伝統的な男性中心主義を乗り越える解釈も現れていることが分かったことでしょう。

私たちは、人・物・情報が急速に移動し常に変革しているグローバリゼーションの世界を生きています。この講義はコロナウイルス感染拡大のために外出自粛となった時期にも重なりましたので、人や物の移動に大きな支障が生じました。けれども、ウイルス拡大を本当の意味で阻止するためには、結局世界全体で共闘するしかないということを改めて感じる経験だったのではないでしょうか。この講義で取り上げたムスリムたちも、世界の異なる場所で生きながら、知識や経験を共有していました。

この方向性が途絶えない限り、異なる価値観を持つ人々が近接しながら共に生きていくしかないわけです。そうすると、どちらのクルアーン解釈がこの時代にふさわしいでしょうか。この講義の参加者のなかには、「他者」との共生を求めるリベラルなクルアーン解釈の方が良いと考える人が多いように思われます。今のところ日本ではあえてムスリムと敵対する必要もないですし、平和的関係をつくった方が自分たちの生活に脅威が少なく生きやすい、と考えるのが自然でしょう。

この講義で見てきた解釈者たちは、そういう意味で、非ムスリムのカウンターパートのような存在と言えるかもしれません。ワヒードゥッディーン・ハーン、ターヒル・カードリー、アスガル・アリー・エンジニア、ズィアウッディン・サルダールといった解釈者たちについて概観してみると、居住地において宗教マイノリティだという共通点を持っています。マイノリティはその運命として、マジョリティ社会という「他者」と共に存在することを余儀なくされます。さまざまな困難に直面する宗教マイノリティのムスリムだからこそ、新しい時代の動きを鋭敏にとらえ、クルアーンに根差す共生のための解釈を示すことができたのです。

リベラリズムは「他者」との共生の道を探る重要な思考潮流です。ただ当然、万能ではなく、日本でも昨今特にその限界に焦点が当てられることが多くなっています。「リベラル嫌い」とも言われるように、大所高所から理想論的なご高説を垂れるけれども、実際は既得権益にあぐらをかいている、といった批判がありますが、あながち的外れでもないでしょう。

ダグラス・マレーの『西洋の自死——移民・アイデンティティ・イスラム』[*1]は、ムスリム移民をリベラルに受け入れたことでヨーロッパ社会が崩壊の危機に瀕していると説きます。日本にはムスリム移民はとても少ないにもかかわらず、この本が称賛される理由も「リベラル嫌い」という意識に通じるものがあると考えられます。リベラリズムが理想だけを追求したならば、自分たちの社会を危機に陥れる可能性は確かに大きいでしょう。マイノリティばかりが重視されて、マジョリティが不当に不利益を被ることになりかねない、という危惧が生じることも無理はないことです。このような状況は避けなければなりません。ですから理想だけを追求せず、より現実的なリベラリズムが必要ということになります。

ではどうすればよいのでしょうか。その知恵をインドから得ようと試みたイギリスの研究者がいます。フリードリクスについては、ワヒードゥッディーン・ハーンと関連してすでに少しふれました。彼の『ヒンドゥー教徒・ムスリム関係』[*2]は、リベラリズムが直面するジレンマと解決策について述べています。それはヨーロッパでもインドでも生じているジレンマだと言います。リベラルが文化多元主義を標榜してマイノリティを尊重しても、マイノリティのなかに非リベラルな者たちが存在するため、対立が絶えず、よって多文化主義が危機に瀕する、と。

けれども彼は、インドのヒンドゥー教徒とムスリムを調査することで、次のような共存の知恵が得られたと言います。マジョリティ側は、自分たちは優れていて平和的で、マイノリティによくしてやっているというナルシシズムを避けるべきである。実際にはそうではないことが多いのが現実であり、慢心を避けなければならない。同時に、父性的な感覚で多文化主義を推進することをやめる必要がある。マイノリティへの優遇策がマジョリティの不満を生み、今、リベラリズムが危機に瀕してしているためである。そして、人権意識を持つリベラルなマイノリティ集団のみと共存を試みるのがよい、と。

このフリードリクスの議論からは、移民受け入れを本格化させつつある日本も学ぶべきことが多いと思われます。特にこの最後の指摘はなかなか日本では言えることではないかもしれません。フリードリクスがこう言えるのも、イギリス社会が移民を受け入れ、数多くの対立や摩擦を経験してきたからかと推測されます。この「人権意識を持つリベラルな」ムスリムと共存するという解決策は、この講義でこれまで示唆してきたことに合致しています。マジョリティが不利益を被ることなく異文化と共存するには、このくらいの現実的な態度が必要なのではないでしょうか。

この講義『リベラルなイスラーム』は蓋を開けてみると、南アジア出身のムスリムについて扱う割合が多くなってしまいました。けれども、これはある意味で必然だったのかもしれません。この地域のムスリムの特殊性とそこから派生する現代性が、極めて重要だからです。南アジアのムスリムたちは、宗教マイノリティとしての歴史と被植民地・移民の歴史を持ちます。つまり異教徒との共生の経験に加え、近代化・西洋化の歴史を持ち、世界の現代ムスリムが直面する問題を先取りしているような存在です。ですから、ここからしか生まれ得ない、共生を求めるクルアーン解釈が生まれたのでしょう。

さて、もう一つこの講義を通して言えることがあります。それはジェンダーやセクシュアリティに関してのマジョリティ／マイノリティ問題です。ムスリム社会において男性が、意思決定上つまり権力としてのマジョリティであることは明らかです。――日本もそうかもしれないという議論はここではおいておきます。ムスリム社会では男性が女性と婚姻関係にあることが義務とされます。このことは、男女の格差を確定させると同時に、男女間という異性愛しか認めず、同性愛を排除してきました。けれどもこの講義でお話ししたように、この構造を乗り越えようとする動きが湧き上がり、クルアーン解釈にもそれが現れるようになっています。

この講義は、「反暴力＝平和」と「反差別＝ジェンダー・セクシュアリティの多様性の肯定」という二点を大きなテーマとしてきました。実はこの二つは独立して存在する問題ではなく、「男性優位性」という糸でつながっています。アラン・コルバン編『男らしさの歴史』[*3]を読むとそれがよく分かります。この本では、「男らしさ」というものが、暴力や戦争でその強靭さや支配力を誇示し、男性を優位として女性を支配する異性愛のみを認めて同性愛を否定することで成立している、ということが事細かに描き出されています。その男性中心性に立ち向かうのが「リベラル」だとすれば、ここで取り上げた、平和・共存・平等を説くクルアーン解釈者たちはまさにそれにあてはまるでしょう。

とは言え、このあたりで――もしかするともっと前かもしれませんが――ムスリムがリベラルな主張をしたいならば、何もクルアーンを用いなくてもいいではないか、という思いが湧き起こるかもしれません。確かに、七世紀の言葉を神のものと認めた上で、現代的に解釈することは、並大抵の難しさではありません。けれどもそこを否定することは、ムスリムとしてのアイデンティティの重要な要素の喪失となります。ムスリムであることを掬《すく》い取りながら、リベラルでもあるための模索を行うという綱渡りの場が、クルアーンの解釈なのです。

ミンハジュでの教育実践も、クルアーン解釈の必要性のみならず、その効果を認めているからこそ行われているはずです。歴史学者R・スコット・アップルビーは『聖なるものの両価性――宗教、暴力そして和解』[*4]の最後で、紛争解決・平和構築における宗教の役割をこう論じています。宗教者が普遍的な人権規範に合う神学や倫理的教訓を選び取り、それを発展させることが重要である。そうすることで、同じ信仰を持つ人々の態度が変容し、平和な地域文化の構築を促し、紛争解決の道筋が作られるだろう、と。[*5]

平和構築のために人々を説得する方法について、これまでさまざまに検討されてきました。けれども、宗教の影響が大きい共同体に対しては、やはりそれを用いるのが極めて有効です。そして指導的立場の者が「普遍的な人権規範」つまりリベラルな意識を持って、それを人々に伝えることが平和構築の道だと考えられるのです。このような道筋にあるのが、この講義で取り上げたリベラルな解釈者たちなのでしょう。

2 他者と共に生きる世界をどうつくるか?――アイデンティティの保ち方

先ほど、「アイデンティティ」という用語を出しました。ムスリムにとってクルアーンが神の言葉であることはアイデンティティだ、と。この言葉は日常生活のなかでもしばしば使われます。その本来の心理学的意味は「自己同一性」ですが、そこから「帰属意識」や「自分らしさ」といった広い意味で用いられもします。「アイデンティティの確立」や「アイデンティティを大切にする」といった言い回しがあるように、恐らく「アイデンティティ」は重要なもの、という認識が一般的ではないでしょうか。もちろんそうなのですが、どう大切にするかがこれからの問題になると考えられます。

すでにお話ししたように、ムスリムの若者のなかには社会から疎外されてテロ組織に入る者がいて、暴力を用いて他者を否定する傾向が強まっています。これは、人が何か一つのアイデンティティに過度に寄り掛かることの危険性を示しています。ユルゲンスマイヤーは、現実の紛争が「コスミック戦争」という宗教色を帯びて認識されるようになるのは、アイデンティティが危機にさらされ、それを守る必要が生じたためだと指摘しています。[*6] 若者ムスリムを疎外する社会そのものも、その疎外のために他の共同体を認められなくなった若者たちも、どちらも自己と他者を明確に分けるアイデンティティ意識に強く影響されているのです。

近代においてアイデンティティは、人格の確立のために必要な核として重要視されてきました。けれども昨今、「脱アイデンティティ」の必要性についての議論が世界的に生じています。これはアイデンティティの否定ではまったくなく、多様な要素からなるアイデンティティの構築を目指すものです。これこそが、異種共存のグローバル化社会に適したものではないかと考えられます。ここで、アマルティア・センとアミン・マアルーフによる脱アイデンティティ論を紹介しましょう。

「ガイダンス」でもふれましたが、センはインド出身の経済学者で、アジア初のノーベル経済学賞受賞者としても知られます。その著書には経済学だけでなく、倫理学に分類されるようなものも多くあります。ここでは『アイデンティティと暴力――運命は幻想である』を取り上げます。センはインド出身のヒンドゥー教徒ですので、ヒンドゥー教徒とムスリムの対立を幼い頃から実体験し、それに立脚した問題関心を持っています。かつ、学者としてはイギリスやアメリカを拠点として活動しており、西洋世界の良い面も悪い面も知っている論者でもあります。そのような彼はこの書物のなかで、アイデンティティが暴力を生む危険性を指摘し、その打開策を次のように提示しています。

同一性《アイデンティティ》の共有意識は、単に誇りや喜びの源となるだけでなく、力や自信の源にもなる。……だが、アイデンティティは人を殺すこともできる。しかも、容易にである。一つの集団への強い——そして排他的な——帰属意識は往々にして、その他の集団は隔たりのある異なった存在だという感覚をともなう。仲間内の団結心は、集団相互の不和をあおりやすい。[*7]

さらにセン自身の子どもの頃の記憶から、アイデンティティと暴力が結びつきやすいことを次のようにも述べています。

私は一九四〇年代の分離政策と結びついたヒンドゥー・ムスリム間の暴動を経験した子供のころの記憶から、一月にはごく普通の人間だった人びとが、七月には情け容赦ないヒンドゥー教徒と好戦的なイスラム教徒に変貌していった変わり身の速さが忘れられない。殺戮を指揮する者たちに率いられた民衆の手で、何十万人もの人びとが殺された。民衆は「わが同胞」のために、それ以外の人びとを殺したのだ。暴力は、テロの達人たちが掲げる好戦的な単一基準のアイデンティティを、だまされやすい人びとに押しつけることによって助長される。[*8]

そしてセンは解決策について、こう述べています。アイデンティティを否定することには意味がない。なぜならばそれは、暴力や恐怖の源であると同時に、豊かさやぬくもりの源という肯定的な面を持っているからだ。そうではなく「むしろ、好戦的なアイデンティティの勢力には相反する複数のアイデンティティの力で対抗」するのがよい。「国籍、居住地、出身地、性別、階級、政治信条、職業、雇用状況、食習慣、好きなスポーツ、好きな音楽、社会活動などを通じて、われわれは多様な集団に属している」。一人の人間には、このような複数のアイデンティティがあり、通常、どれか一つだけを自らの帰属集団とすることはない、と。[*9]これらのなかから人は自らのアイデンティティを選択し組み合わせることができ、そうすることで多様なつながりを他の人と持つことができると考えられます。このことが、好戦性つまり暴力をとどめる方策になる、一つのアイデンティティに固執するのは危険だ、そうセンは主張しているのです。

これととても似た主張をしているのが、アミン・マアルーフの『アイデンティティが人を殺す』[*10]です。マアルーフは、ムスリムとキリスト教徒が共住するレバノン出身のキリスト教徒ですので、センと同じく両者の共存と対立をよく知る生い立ちの作家です。フランスに移住し、そこを拠点として活躍している点もセンと共通します。マアルーフもまたアイデンティティを唯一化することで排他性と暴力が生じると警鐘を鳴らしています。

アイデンティティはさまざまな要素から成り立っているのですが、ただ、その〈配分〉が人ごとにまったく異なるのです。[*11]

そしてその解決策について次のように述べます。

アイデンティティを多数の帰属からできていると考えるならば、そして自分のなかに、自分自身の出自や人生のなかに、さまざまなものが流れ込み、合流し、混じりあいながら、微妙で矛盾したさまざまな影響が生じているのが認められるのなら、自分自身の「部族」とも他者とも異なる関係が作り出されることになります。もう単に「私たち」と「彼ら」——次の対決や次の反撃を準備している、戦闘状態にあるふたつの軍隊――が存在しているのではありません。「私たち」の側にも、私とほんの少ししか共通点のない人はいるし、彼らの側にも、私が自分ときわめて近いものを感じられる人たちがいるのです。[*12]

このようにセンとマアルーフの議論が深く通じ合っているのは明らかです。そしてこのアイデンティティ論は日本にも無縁ではありません。上野千鶴子編『脱アイデンティティ』[*13]は、近代的な統合されたアイデンティティ認識が変革を求められていることを指摘しています。ただ日本での議論は、センやマアルーフ、またはカルチュラル・スタディーズで知られるスチュアート・ホール[*14]のように、異文化横断的な多元的アイデンティティをどう理解するかという問題から始まったものではありません。それはまだ日本ではあまり生じていない論点なのでしょう。むしろ、上野たちによる「脱アイデンティティ」の議論は、日本における個々人の活動領域の多様化によりアイデンティティも多元化したことで、一貫したアイデンティティを脱する傾向が強まっていることを示しています。これはそれぞれの知識人の背後にある文化や政治の状況を反映しています。とは言え、日本国内外のどちらの議論も、アイデンティティの認識を、多様性のなかで異なるものと共存しやすいように変え、「生きやすさ」につなげていこうという意識が共通して見られると言えるでしょう。

3　イスラーム主義の後にくる……かもしれないもの

近現代のイスラーム思想には複数の潮流と時代による変遷がありますが、それは西洋文明との出会いが大きな契機となっています。ムスリム知識人たちは、西洋思想とイスラーム思想の間のどこに立つか、どちらに近い場所を立ち位置とするかを模索してきました。モダニズム（近代主義）やリベラリズム（自由主義）、アラブ民族主義、社会主義が一世を風靡したこともありましたが、[*15]現在は、政治性の強いイスラーム主義が前面に出ているように見えます。

ここで確認しておきたいのは、イスラーム主義の興隆も時代の変遷のなかの一ページだということです。そして、あまりに暴力的で非人道的なイスラーム主義者のテロリズムに対して嫌気をさしているのは、非ムスリムだけではなく、多くのムスリムも同じだということです。

そうすると次はどのような思想潮流が起こり、支持を得るのだろう、と考えたくなります。マアルーフも言っています。「イスラム世界でも、社会はたえずその姿を宗教に反映」させてきた、と。[*16]宗教は社会の影響を受けて変わるものなのです。

単なる予想にはあまり意味はないかもしれませんが、これまでの経緯から変遷は必須ですので、すでにある萌芽を検討することには意味があるでしょう。実際、イスラーム主義の後に始まりつつある新しい潮流──「ポスト・イスラーム主義」──について、研究者の間でも議論の対象となっています。この「主義」は当然ながら確立したものではなく、研究者の議論も継続中ですが、一定の傾向があることが指摘されています。それは、個人の自由や選択が重視され、宗教も政治など公共の場よりも個人の内面での深化が推進され、西洋的価値との親和性も高く、多文化主義的な傾向を強く持つのではないか、というものです。[*17]

これは「リベラル」に近い価値観の醸成であり、かつ、アイデンティティの多元化に向かっているように見受けられます。そうすると、男性優位の伝統的なイスラームに固執することなく、信仰心を内面にとどめ、公的な場では西洋的な価値観と親和的な行動をとり、他の価値観との共存を認めていく──そういうムスリム社会の潮流が生まれる……かもしれないということです。楽観主義的かつ我田引水かもしれませんが、可能性の一つとして指摘しておきます。

さて『リベラルなイスラーム——自分らしくある宗教講義』もこれで終わりになります。なぜこのような本を書くことになったのか、直接のきっかけは「あとがき」で少しふれるかと思いますが、ここでは私の体験した二つのエピソードを掘り起こして、研究者としての経験がこのような本を書かせたのだろうと、示唆して終わりとします。

二〇一二年のこと、私は、現代の平和的なクルアーン解釈について台湾の学会で発表したことがあります。そこで台湾人ムスリムから、「解釈者の恣意性についてどう思うか。多くの人がそれぞれの解釈を言っても、どれが正しいか分からなくて困る。どう思うか」と質問を受けました。ムスリムでない私には何とも答えにくい問いだったのですが、私がムスリムではないために、このように訊かれたのかもしれません。

その時は、こういった返答をした記憶があります。「私はムスリムではないので、何が『正しい』のかとは考えません。けれども、よく知られたハディースに『アッラーはウンマ（ムスリム共同体）を誤りでは合意させない』とありますし、いずれどこかに落ち着いて合意ができるのではないでしょうか」と。

こう言った後で、自分でも逃げた答えだったかもしれない……と思いました。別の答えとしては「解釈などは必要ないのではないでしょうか。ムハンマドが七世紀にどう考えていたのかを知ればそれで終わりではないですか」といった冷たいものもあり得るでしょう。けれども、私としてはそのような答えを返すつもりはなく、イスラームに肯定的な関心を持つ研究者としては、やはりああ言うしかなかっただろうと思ったりしました。

それ以来、この問いはずっと私のなかで引っかかっていました。

二〇一八年、インドのワヒードゥッディーン・ハーンのもとを訪れました。[*18] その時、彼は、こちらの都合にあわせて午睡の時間帯にわざわざ起きてくださいました。九〇歳を超えていたのに、大変申し訳ないことでした。広く明るい部屋の奥にあるベッドの上でハーンは横たわり、眠そうではありましたが、微笑みながら私と話をしてくれました。その周囲には彼の家族や平和精神性・国際センター（CPS）の主要スタッフが囲み、彼のどのような言葉も聞き漏らしたくないという面持ちで、私との会話を聞き、また会話に加わり、メモをとっていました。

私はハーンに、「誰のタフスィール（クルアーン解釈書）を評価していますか」と尋ねました。彼の該博なイスラーム学の知識のなかで、どの時代のどの地域の解釈を重視し、そのクルアーン理解を構築したのか知りたかったのです。そして実はと言えば、ガンディーの盟友であったリベラルなインド人ムスリム活動家のアーザードの名前を出すのではないか、という推測――期待――もありました。

ハーンの答えは私の考えなど軽く一蹴するものでした。「どのタフスィール、このタフスィール。あれか、これか、にこだわるのはよくない。自分で読むのだ」と。

台湾の学会以降、引っかかっていたモヤモヤが晴れたような気がしました。他者と向き合いつつ多くの苦難を乗り越えてきたインドのムスリム学者が、何か一つに過度に依拠しない姿勢を示した意味は小さなものではない。そう私は受け止めています。

註

ガイダンス

＊1　二〇一七年四月三〇日、ミンハジュ・ウル＝クルアーンのロンドン支部にて。

＊2　スティーブン・ピンカー（橘明美・坂田雪子訳）『二一世紀の啓蒙――理性、科学、ヒューマニズム、進歩（上下）』草思社、二〇一九年。

＊3　大川玲子「ビント・シャーティウ（アーイシャ・アブドッラフマーン）のクルアーン解釈――カイロ大学と人文学」『国際学研究』五三（二〇一八）、一―一八頁。

＊4　（ルース・）ベネディクト（角田安正訳）『菊と刀』（光文社、二〇一三年［Kindle版］）、第一章「課題研究――日本」。

＊5　Peter Oborne, "Will China Replace Islam as the West's New Enemy?", *Middle East Eye* (April 28, 2020), https://www.middleeasteye.net/opinion/west-has-now-found-itself-new-enemy（二〇二〇年五月一日アクセス）.

＊6　小林利行「日本人の宗教的意識や行動はどう変わったか――ＩＳＳＰ国際比較調査「宗教」・日本の結果から」『放送研究と調査』（April 2019）、五九―六〇頁。

＊7　島田裕巳『オウム真理教事件Ｉ――武装化と教義』トランスビュー、二〇一二年。

＊8　小林「日本人の宗教的意識や行動はどう変わったか」、六〇―六二頁。

＊9　大川玲子「世界のクルアーン解釈と日本――多様な読み方に向かって」、日本のイスラームとクルアーン編集委員会編『日本のイスラームとクルアーン――現状と展望』（晃洋書房、二〇二〇年）、五七―九〇頁。

＊10　国立国会図書館デジタルコレクション（https://dl.ndl.go.jp/）。

＊11　杉田英明『日本人の中東発見――逆遠近法のなかの

比較文化史』（東京大学出版会、一九九五年）や臼杵陽『大川周明――イスラームと天皇のはざまで』（青土社、二〇一八年）を参照されたい。

＊12　荒牧央・小林利行「世論調査でみる日本人の『戦後』――「戦後七〇年に関する意識調査」の結果から」『放送研究と調査』（August 2015）、三、七―八頁。

＊13　『現代思想』「特集　保守とリベラル――ねじれる対立軸」（二〇一八年二月号）所収の北田暁大「日本型リベラルとは何であり、何でないのか――『革新』との連続と断絶」や明戸隆浩「現代日本における『リベラル』イメージの変容――『リベラル嫌い』に関する研究ノート」などを参照されたい。井上達夫『リベラルのことは嫌いでも、リベラリズムは嫌いにならないでください』（毎日新聞出版、二〇一五年）では、「リベラル」を「正義主義」と訳すことも提唱されている。

＊14　松本高明「日本の高校生が抱くイスラーム像とその是正に向けた取り組み――東京・神奈川の高校でのアンケート調査を糸口として」『日本中東学会年報』二一／二（二〇〇五年）、二一四頁、荒井正剛「第1章　社会科の授業における課題――生徒・学生のイスラーム認識・イメージ調査と教科書記述から」荒井正剛・小林春夫編『イスラーム／ムスリムをどう教えるか――ステレオタイプからの脱却を目指す異文化理解』（明石書店、二〇二〇年）、一〇―一一頁。

＊15　アマルティア・セン（大門毅監訳・東郷えりか訳）『アイデンティティと暴力――運命は幻想である』（勁草書房、二〇一一年）、三一頁。

＊16　登利谷正人「アフガニスタン・英領インドにおけるパシュトゥーン基礎史料――アブドゥル・ガッファール・ハーンの回想録『我が人生と奮闘』」上智大学アジア文化研究所・イスラーム研究センター、二〇一二年；Jeffry R. Halverson, *Searching for a King: Muslim Nonviolence and the Future of Islam* (Virginia: Potomac Books, 2012［Kindle］), Chapter 4.

＊17　Robert C. Johansen, "Radical Islam and Nonviolence: A Case Study of Religious Empowerment and Constraint among Pashtuns", *Journal of Peace Research* 34/1 (1997), p. 60.

＊18　Mukulika Banerjee, *The Pathan Unarmed: Opposition & Memory in the North West Frontier* (New Mexico: School of American Research Press, 2000), p. 150.

＊19　Lester R. Kurtz, "Peace Profile: Abdul Ghaffar Khan's Nonviolent Jihad", *Peace Review: A Journal of Social Justice* 23 (2011), p. 247.

＊20　Kurtz, "Peace Profile", p. 248.

＊21　Kurtz, "Peace Profile", p. 251.

＊22　W・C・スミス（中村廣治郎訳）『現代イスラムの歴史（上）』（中央公論社、一九九八年）、一〇〇―一二八

頁。

＊23　Charles Kurzman, ed., *Liberal Islam: A Source Book*, Oxford: Oxford University Press, 1998.

＊24　中村廣治郎『イスラームと近代』岩波書店、一九九七年；水谷周『イスラーム現代思想の継承と発展——エジプトの自由主義』国書刊行会、二〇一一年。

＊25　Jamal Khwaja, *Authenticity and Islamic Liberalism: A Mature Vision of Islamic Liberalism Grounded in the Qur'an*, Second Edition（Los Angeles: Alhamd Publishers, 2015［Kindle］）, Chapter 4, I.

＊26　Kurzman, ed., *Liberal Islam*, p. 13.

第1講

＊1　ここでのクルアーン日本語訳は、"Taj Mahal's Spiritual Message"（New Delhi: Zakat Foundation of India in collaboration with India Islamic Cultural Centre, 2018）というリーフレットに基づく。

＊2　クルアーンについての詳細は、拙著『クルアーン——神の言葉を誰が聞くのか』（慶應義塾大学出版会、二〇一八年）を参照していただきたい。

＊3　Luis Lugo, AlanCooperman, James Bell, Erin O'connell and Sandra Stencel, "The World's Muslims: Unity and Diversity", Pew Research Center（August 9, 2012）, http://assets.pewresearch.org/wp-content/uploads/sites/11/2012/08/the-worlds-muslims-full-report.pdf（二〇一九年六月五日アクセス）.

＊4　Pew Research Center, "The World's Muslims", p. 5.

＊5　Pew Research Center, "The World's Muslims", p. 18.

＊6　Pew Research Center, "The World's Muslims", pp. 50–51.

＊7　Pew Research Center, "The World's Muslims", p. 79.

＊8　豊島与志雄・佐藤正彰他訳『完訳　千一夜物語　五』（岩波書店、一九九一年）、五八―七〇頁。

＊9　豊島与志雄・佐藤正彰他訳『完訳　千一夜物語　一〇』（岩波書店、一九九一年）、五八―六〇頁。

＊10　Pew Research Center, "The World's Muslims", p. 79.

＊11　Jacob Poushter, "The Divide Over Islam and National Laws in the Muslim World: Varied views on whether Quran should influence laws in countries", Pew Research Center（April 27, 2016）, https://www.pewresearch.org/global/wp-content/uploads/sites/2/2016/04/Pew-Research-Center-Political-Islam-Report-FINAL-April-27-2016.pdf（二〇一九年六月五日アクセス）.

＊12　Poushter, "The Divide Over Islam and National Laws in the Muslim World", p. 2.

＊13　Poushter, "The Divide Over Islam and National Laws in the Muslim World", pp. 2–5.

＊14　Poushter, “The Divide Over Islam and National Laws in the Muslim World”, p. 5.

＊15　UNDP, “Journey to Extremism in Africa: Drivers, Incentives and the Tipping Point for Recruitment”, (2017), http://journey-to-extremism.undp.org/（二〇一九年六月五日アクセス）.

＊16　UNDP, “Journey to Extremism in Africa”, p. 49.

＊17　UNDP, “Journey to Extremism in Africa”, p. 50.

＊18　Pew Research Center, “U. S. Muslims Concerned about their Place in Society, but Continue to Believe in the American Dream: Finings from Pew Research Center’s 2017 survey of U. S. Muslims”, (July 26, 2017), https://www.pewforum.org/2017/07/26/findings-from-pew-research-centers-2017-survey-of-us-muslims/（二〇一九年六月一四日アクセス）, pp. 24, 63–65.

＊19　Pew Research Center, “U. S. Muslims Concerned about their Place in Society”, p. 63.

＊20　Pew Research Center, “U. S. Muslims Concerned about their Place in Society”, p. 24.

＊21　大川玲子「現代クルアーン解釈者と越境としての亡命——ファズルル・ラフマーンとナスル・アブー・ザイド」、久保田浩・鶴岡賀雄・林淳・深澤英隆・細田あや子・渡辺和子編『越境する宗教史（下巻）』（リトン、二〇二〇年）、二九九—三二八頁。

＊22　Pew Research Center, “The World’s Muslims”, p. 12.

＊23　Pew Research Center, “The World’s Muslims”, p. 107.

＊24　上村勝彦訳『バガヴァッド・ギーター』岩波書店、二〇〇六年。

＊25　上村訳『バガヴァッド・ギーター』三七—三八頁。

＊26　上村訳『バガヴァッド・ギーター』九八頁。

＊27　上村訳『バガヴァッド・ギーター』一四一頁。

＊28　Mohandas K. Gandhi (Mahadev Desai, trans.), *The Bhagavad Gita According to Gandhi* (Floyd, Virginia: Sublime Books, 2014［Kindle］), Introduction, I.

＊29　ルイス・フィッシャー（古賀勝郎訳）『ガンジー』(紀伊國屋書店、一九六八年)、二九頁。

＊30　フィッシャー『ガンジー』、二九頁。

＊31　Gandhi, *The Bhagavad Gita According to Gandhi*, Introduction, II.

＊32　例えば次を参照のこと。Robert N. Minor, ed., *Modern Indian Interpreters of the Bhagavadgita*, Albany, New York: State University of New York Press, 1986.

＊33　Francis G. Hutchins, *Gandhi’s Battlefield Choice: The Mahatma, the Bhagavad Gita, and World War II* (New Delhi: Manohar, 2017), pp. 8–9.

＊34　J. T. F. Jordens, “Gandhi and the Bhagavadgita”, Robert N.

Minor, ed., *Modern Indian Interpreters of the Bhagavadgita* (Albany, New York: State University of New York Press, 1986), p. 98.

＊35　Gandhi, *The Bhagavad Gita According to Gandhi*, Discourse I.

＊36　Kathryn Tidrick, *Gandhi: A Political and Spiritual Life* (London & New York: I. B. Tauris, 2006), pp. 140–141.

＊37　Hutchins, *Gandhi's Battlefield Choice*, pp. 154–155.

＊38　Sheila McDonough, *Gandhi's Responses to Islam* (New Delhi: D. K. Printworld, 1994), pp. 11, 47–48, 108, 110, 114–115.

＊39　大川玲子『イスラーム化する世界――グローバリゼーション時代の宗教』（平凡社、二〇一三年）、二四―二五頁を参照されたい。

＊40　Islam Question & Answer, "He is asking about reinterpreting the Qur'an and Sunnah to suit the age", https://islamqa.info/en/answers/238616/he-is-asking-about-reinterpreting-the-quran-and-sunnah-to-suit-the-age（二〇一九年六月二〇日アクセス）。

＊41　Pew Research Center, "U. S. Muslims Concerned about their Place in Society", p. 116.

＊42　Pew Research Center, "U. S. Muslims Concerned about their Place in Society", p. 116.

＊43　アドニス／フーリア・アブドゥルアヒド（片岡幸彦監訳、伊藤直子・井形美代子・斎藤かぐみ・大林薫訳）『暴力とイスラーム――政治・女性・詩人』エディション・エフ、二〇一七年。

＊44　アドニス『暴力とイスラーム』、一八頁。

＊45　アドニス『暴力とイスラーム』、一二四頁。

＊46　アドニス『暴力とイスラーム』、六五頁。

＊47　アドニス『暴力とイスラーム』、七〇頁。

＊48　アドニス『暴力とイスラーム』、一二〇頁。

＊49　アドニス『暴力とイスラーム』、一六二頁。

第2講

＊1　マーク・ユルゲンスマイヤー（立山良司監修、古賀林幸・櫻井元雄訳）『グローバル時代の宗教とテロリズム――いま、なぜ神の名で人の命が奪われるのか』（明石書店、二〇〇三年）、二五頁。

＊2　Timothy Philip Schwartz-Barcott, *Violence, Terror, Genocide, and War in the Holy Books and in the Decades Ahead* (New York: Teneo Press, 2018 [Kindle]), Chapter 2, General Findings.

＊3　Schwartz-Barcott, *Violence, Terror, Genocide, and War*, Chapter 5, Summary of Major Findings in Chapters 2–4.

＊4　Schwartz-Barcott, *Violence, Terror, Genocide, and War*,

Chapter 6, And Finally.

＊5　山内進『増補　十字軍の思想』（ちくま学芸文庫、二〇一七年）、五八―五九頁。

＊6　松本「日本の高校生が抱くイスラーム像とその是正に向けた取り組み」、二一四頁。

＊7　小原克博『一神教とは何か――キリスト教、ユダヤ教、イスラームを知るために』（平凡社新書、二〇一八年）、一一一、一二四―一三六頁。

＊8　アミン・マアルーフ（牟田口義郎・新川雅子訳）『アラブが見た十字軍』リブロポート、一九八六年。西洋世界における「十字軍思想」の継続性については山内『十字軍の思想』を参照されたい。

＊9　https://georgewbush-whitehouse.archives.gov/news/releases/2001/09/20010916-2.html（二〇一九年八月一二日アクセス）.

＊10　西久美子「〝宗教的なもの〟にひかれる日本人――ＩＳＳＰ国際比較調査（宗教）から」『放送研究と調査』(May 2009)、六七―六八頁。

＊11　松本「日本の高校生が抱くイスラーム像とその是正に向けた取り組み」、二一四頁。

＊12　Jerome Taylor「強硬派仏教徒集団の台頭、覆される『平和的哲学』のイメージ」（二〇一八年三月一九日）、https://www.afpbb.com/articles/-/3167528（二〇一九年八月六日アクセス）。「仏教のビンラディン」と呼ばれるミャンマー僧侶についても報道されている（https://www.afpbb.com/articles/-/3193322、二〇二〇年一月一五日アクセス）。

＊13　二〇一三年四月二三日、プノンペンにて。

＊14　Tessa J. Bartholomeusz, *In Defense of Dharma: Just-War Ideology in Buddhist Sri Lanka*（London& New York: RoutledgeCurzon, 2002）や Iselin Frydenlund, “Buddhism and Violence: An Oxymoron? Text and Tradition in Buddhist-War Thinking,” Lester R. Kurtz, ed., *The Warrior and the Pacifist: Competing Motifs in Buddhism, Judaism, Christianity, and Islam*（London & New York: RoutledgeCurzon, 2018）, pp. 13–35 を参照されたい。

＊15　Michael Jerryson, “Introduction”, and Paul Demiéville（Michelle Kendall, trans.）, “Buddhism and War”, Michael Jerryson and Mark Juergensmeyer, eds., *Buddhist Warfare*（Oxford & New York, Oxford University Press, 2010）, pp. 3–16, 17–57; 衣川仁『僧兵＝祈りと暴力の力』（講談社選書メチエ、二〇一〇年）；ブライアン・アンドレー・ヴィクトリア（エイミー・ルイーズ・ツジモト訳）『禅と戦争――禅仏教の戦争協力［新装版］』（えにし書房、二〇一五年）などを参照のこと。

＊16　Lester R. Kurtz and Mariam Ramadhani Kurtz, “Solving the Qur’anic Paradox”, *Ahimsa Non-Violence*1/4（2005）, p. 350.

＊17　井筒俊彦『マホメット』（講談社学術文庫、二〇一五年）、三三頁。

＊18　Clinton Bennet, *Interpreting the Qur'ān: A Guide for the Uninitiated* (London & New York: Continuum, 2010), p. 92; Richard Bonney, *Jihād from Qur'ān to bin Laden* (New York: Palgrave Macmillan, 2004), pp. 24–27.

＊19　"Dar al-Iftaa denounces French call to omit verses of Quran", *Al-Masry Al-Youm* (April 25, 2018), https://www.egyptindependent.com/dar-al-iftaa-denounces-french-call-to-omit-verses-of-quran/（二〇一九年八月九日アクセス）; Ashraf Abdelhamid, "Egypt's al-Azhar denounces French call to omit verses of Quran", *Al Arabiya* (April 28, 2018), http://english.alarabiya.net/en/features/2018/04/28/Egypt-s-al-Azhar-denounces-French-call-to-omit-verses-of-Quran.html（二〇一九年八月九日アクセス）。

＊20　ＩＳについては多くの文献が刊行されているが、例えば次のものが参考になる。保坂修司『ジハード主義――アルカイダからイスラーム国へ』岩波現代全書、二〇一七年；マイケル・ワイス／ハサン・ハサン（山形浩生訳）『イスラム国――グローバル・ジハード「国家」の進化と拡大』亜紀書房、二〇一八年。

＊21　Tim Jacoby, "Islam and the Islamic State's Magazine, *Dabiq*", *Politics and Religion* 12 (2019), pp. 34–40.

＊22　Jacob Poushter, "In Nations with Significant Muslim Populations, much distain for ISIS", Pew Research Center (November 17, 2015), https://www.pewresearch.org/fact-tank/2015/11/17/in-nations-with-significant-muslim-populations-much-disdain-for-isis/（二〇一九年八月一四日アクセス）。

＊23　Abu Dujanah al-Bengali, "The Shuhada of the Gulshan Attack", *Rumiya* 2 (1438AH), p. 9.（AHとはイスラーム暦であるヒジュラ暦のことで、ヒジュラ暦一四三八年は西暦二〇一六―二〇一七年にあたる。）

＊24　al-Bengali, "The Shuhada of the Gulshan Attack", p. 9.

＊25　al-Bengali, "The Shuhada of the Gulshan Attack", p. 9.

＊26　al-Bengali, "The Shuhada of the Gulshan Attack", pp. 9–10.

＊27　al-Bengali, "The Shuhada of the Gulshan Attack", p. 10.

＊28　al-Bengali, "The Shuhada of the Gulshan Attack", p. 10.

＊29　"Shedding Light on the Blessed Operation in Istanbul", *Rumiyah* 6 (1438AH), p. 12.

＊30　"Shedding Light on the Blessed Operation in Istanbul", pp. 12–13.

＊31　"Shedding Light on the Blessed Operation in Istanbul", pp. 13–14.

＊32　"Shedding Light on the Blessed Operation in Istanbul", pp. 14–16.

＊33　詳しくは、大塚和夫『イスラーム主義とは何か』（岩波新書、二〇〇四年）や、末近浩太『イスラーム主義——もう一つの近代を構想する』（岩波新書、二〇一八年）などを参照。

＊34　Johanna Pink, *Muslim Qur'ānic Interpretation Today: Media, Genealogies and Interpretive Communities*（Sheffield & Bristol: Equinox, 2019）, pp. 180–185.

＊35　Suha Taji-Farouki, "An Islamist *Tafsir* in Enligh: *The Ascendant Qur'an* by Muhammad al-'Asi（b.1951）", Suha Taji-Farouki, ed., *The Qur'an and Its Readers Worldwide: Contemporary Commentaries and Translations*（Oxford: Oxford University Press, 2015）, p. 380.

＊36　Taji-Farouki, "An Islamist *Tafsir* in Enligh", pp. 380–381.

＊37　Taji-Farouki, "An Islamist *Tafsir* in Enligh", pp. 383–384.

＊38　Muḥammad Ḥ. al-'Āṣī, *The Ascendant Qur'an: Realigning Man to the Divine Power Culture*, Toronto: Institute of Contemporary Islamic Thought, vol. 1–14, 2008–2019（刊行継続中）.

＊39　Taji-Farouki, "An Islamist *Tafsir* in Enligh", p. 399.

＊40　al-'Āṣī, *The Ascendant Qur'an*, vol. 1（Toronto: Institute of Contemporary Islamic Thought, 2008/1429AH）, pp. xxxiii–xl.

＊41　Taji-Farouki, "An Islamist *Tafsir* in Enligh", p. 397.

＊42　al-'Āṣī, *The Ascendant Qur'an*, vol. 1, p. xxxix.

＊43　al-'Āṣī, *The Ascendant Qur'an*, vol. 3（Toronto: Institute of Contemporary Islamic Thought, 2009/1430AH）, pp. 20–22.

＊44　al-'Āṣī, *The Ascendant Qur'an*, vol. 3, p. 22.

＊45　al-'Āṣī, *The Ascendant Qur'an*, vol. 2（Toronto: Institute of Contemporary Islamic Thought, 2009/1430AH）, pp. 293, 296.

＊46　al-'Āṣī, *The Ascendant Qur'an*, vol. 2, pp. 297–298.

＊47　al-'Āṣī, *The Ascendant Qur'an*, vol. 2, pp. 299–300.

＊48　al-'Āṣī, *The Ascendant Qur'an*, vol. 2, pp. 300–301.

＊49　al-'Āṣī, *The Ascendant Qur'an*, vol. 2, pp. 302–303.

＊50　al-'Āṣī, *The Ascendant Qur'an*, vol. 2, p. 305.

＊51　al-'Āṣī, *The Ascendant Qur'an*, vol. 2, pp. 305–307.

＊52　al-'Āṣī, *The Ascendant Qur'an*, vol. 2, pp. 308–310.

第3講

＊1　Maulana Wahiduddin Khan, *The Age of Peace: Peace in the Only Culture for Both Man and the Universe*, Noida: Goodword Books, 2018.

＊2　al-'Āṣī, *The Ascendant Qur'an*, vol. 10, pp. 56–57, 292.

＊3　石原慎太郎・盛田昭夫『「No」と言える日本——新日米関係の方策』光文社、一九八九年。英訳は一九九一年に刊行されたようである。

＊4　Ziauddin Sardar, *The A to Z of Postmodern Life: Essays on

Global Culture in the Noughties (London: Vision, 2002), pp. 102–106.

＊5　二〇一八年一二月二九日に訪問した。

＊6　Maulana Wahiduddin Khan, trans. (Farida Khanam, ed.), *The Quran, English Translation, Commentary and Parallel Arabic Text*, New Delhi: Goodword Books, 2016.

＊7　W・C・スミス（中村廣治郎訳）『現代イスラムの歴史（下）』（中央公論社、一九九八年）、二三〇―二三二頁。

＊8　Jörg Friedrichs, *Hindu-Muslim Relations: What Europe Might Learn from India*, London: Routledge, 2019.

＊9　"Interview with Tomas Lindgren, Swedish Academic" (March 1, 2014), https://www.cpsglobal. org/content/interview-tomas-lindgren-swedish-academic-march-1-2014（二〇一九年一二月二〇日アクセス）.

＊10　Maulana Abul Kalam Azad (Syed Abdul Latif, ed. and rendered into English), *The Tarjumān al-Qur'ān*, 3 vols., New Delhi: Kitab Bhavan, 1990.

＊11　Sayyid Abul A'lā［sic］Maudūdī (Ch. Muhammad Akbar, English rendering; A.A. Kamal, ed.), *The Meaning of the Qur'ān*, 6 vols., Lahore: The Islamic Publications, 2016. マウドゥーディーのクルアーン解釈書に関しては、須永恵美子『現代パキスタンの形成と変容――イスラーム復興とウルドゥー語文化』（ナカニシヤ書店、二〇一四年）も参照のこと。

＊12　"Maulana Wahiduddin Khan", http://cpsglobal.org/mwk（二〇一九年二月一五日アクセス）.

＊13　Maulana Wahiduddin Khan (Yoginder Sikand, trans. and ed.), *Jihad, Peace and Inter-community Relations in Islam* (New Delhi: Rupa & Co, 2010［Kindle］), Introduction, Maulana Wahiduddin Khan: His Life and Work.

＊14　Maulana Wahiduddin Khan, *The Political Interpretation of Islam* (Noida: Goodword Books, 2015), p. 4.

＊15　Barbara D. Metcalf, "Jihad in the Way of God: A Tablighi Jama'at Account of a Mission in India", Barbara D. Metcalf, ed., *Islam in South Asia in Practice* (Princeton, New Jersey: Princeton University Press, 2009), p. 241; Jan A. Ali, *Islāmic Revivalism Encounters the Modern world: A Study of the Tablīgh Jamā'at* (New Delhi: Sterling, 2012), pp. 111–134.

＊16　Maulana Wahiduddin Khan, *Tabligh Movement*, https://www.cpsglobal.org/books/tabligh-movement（二〇一九年二月一五日）.

＊17　Irfan A. Omar, p. 76.

＊18　Maulana Wahiduddin Khan, *Islamic Activism*, https://ia801506.us.archive.org/14/items/mwk-eng-book/Islamic-Activism.pdf（二〇一九年二月一五日）.

＊19　Irfan A. Omar, *Rethinking Islam: A Study of the Thought* and Mission of Maulana Wahiduddin Khan* (Ph. D. Thesis, Temple University, 2001), p. 93; Irfan A. Omar, "Towards an Islamic Theology of Nonviolence: A Critical Appraisal of Maulana Wahiduddin Khan's View of Jihad (Part I)", *Vidyajyoti Journal of Theological Reflection* 72/9 (2008), p. 678.

＊20　次のものも参照されたい。Irfan A. Omar, "Mahatma Gandhi and Wahiduddin Khan on Nonviolence and Jihad", Michael K. Duffey and Deborah S. Nash, eds., *Justice and Mercy Will Kiss: Paths to Peace in a World of Many Faiths* (Milwaukee, Wisconsin: Marquette University Press, 2008), pp. 153–163. ガンディーとイスラームの関わりについては次を参照されたい。McDonough, *Gandhi's Responses to Islam*; Amit Dey, "Islam and Gandhi: A Historical Perspective", *Social Scientist* 41/3–4 (2013), pp. 19–34.

＊21　Khan, *The Quran*, p. xiv.

＊22　McDonough, *Gandhi's Responses to Islam*, p. 117.

＊23　J. M. S. Baljon, *Modern Muslim Koran Interpretation (1880–1960)* (Leiden: E. J. Brill, 1968), p. 10.

＊24　"Interview with Tomas Lindgren".

＊25　Khan, *The Quran*, pp. 26–27, 31–33, 43, 127.

＊26　McDonough, *Gandhi's Responses to Islam*, pp. 11, 108–110, 114–115.

＊27　Khan, *The Quran*, p. xiii.

＊28　共同訳聖書実行委員会『聖書　新共同訳』日本聖書協会、一九八八年。

＊29　Khan, *The Quran*, p. xiv.

＊30　Khan, *The Quran*, p. xiv.

＊31　Khan, *The Quran*, p. xi.

＊32　Christian W. Troll, "Sharing Islamically in the Pluralistic Nation-State of India: The Views of Some Contemporary Indian Muslim Leaders and Thinkers", Yvonne Yazbeck Haddad and Wadi Zaidan Haddad, eds., *Christian-Muslim Encounters*, Gainesville (Florida: University Press of Florida, 1995), p. 258.

＊33　Khan, *The Quran*, p. 129.

＊34　Khan, *The Quran*, p. 129.

＊35　Azad, *The Tarjumān al-Qur'ān*, vol. 2, p. 140; Maudūdī, *The Meaning of the Qur'ān*, vol. 1, pp. 226–227.

＊36　Khan, *The Quran*, p. 316.

＊37　Khan, *The Quran*, p. xii.

＊38　Khan, *The Quran*, p. 4.

＊39　Khan, *The Quran*, p. 48.

＊40　Khan, *The Quran*, p. 48.

＊41　Maudūdī, *The Meaning of the Qur'ān*, vol. 1, p. 110.

＊42　Khan, *The Quran*, p. 122.

＊43　Khan, *The Quran*, pp. 121–122.

＊44　Khan, *The Quran*, p. 182.

＊45 Khan, *The Quran*, p. 182.
＊46 Khan, *The Quran*, p. 72.
＊47 Azad, *The Tarjumān al-Qur'ān*, vol. 2, p. 76.
＊48 Maudūdī, *The Meaning of the Qur'ān*, vol. 1, pp. 135, 138.
＊49 Azad, *The Tarjumān al-Qur'ān*, vol. 3, p. 79; Maudūdī, *The Meaning of the Qur'ān*, vol. 2, p. 253.
＊50 Khan, *The Quran*, p. 570.
＊51 Khan, *The Quran*, p. xiii.
＊52 Khan, *The Quran*, p. xiii.
＊53 Khan, *The Quran*, p. 1111.
＊54 Khan, *The Quran*, p. 1111.
＊55 Maudūdī, *The Meaning of the Qur'ān*, vol. 3, p. 431.
＊56 Khan, *The Quran*, p. 76.
＊57 Khan, *The Quran*, p. 76.
＊58 Khan, *The Quran*, p. 76.
＊59 Azad, *The Tarjumān al-Qur'ān*, vol. 2, p. 81.
＊60 Maudūdī, *The Meaning of the Qur'ān*, vol. 1, pp. 145–146.
＊61 Khan, *The Quran*, p. 515.
＊62 Maudūdī, *The Meaning of the Qur'ān*, vol. 2, p. 180.
＊63 Azad, *The Tarjumān al-Qur'ān*, vol. 3, p. 3.
＊64 Khan, *The Quran*, p. 515.
＊65 Khan, *The Quran*, p. 516.
＊66 Azad, *The Tarjumān al-Qur'ān*, vol. 2, p. 292; Maudūdī, *The Meaning of the Qur'ān*, vol. 1, p. 447.
＊67 Khan, *The Quran*, p. 289.
＊68 Khan, *The Quran*, p. 1428.
＊69 Maudūdī, *The Meaning of the Qur'ān*, vol. 4, pp. 492–493.
＊70 Khan, *The Quran*, p. 1428.

第4講

＊1 大川『イスラーム化する世界』、五〇―一〇〇頁。
＊2 Mohammed Amine Benabou, "King Mohammed VI's 'Moroccanized' Qur'an to Counter Wahhabism", *Morocco World News* (April 7, 2019), https://www.moroccoworldnews.com/2019/04/269755/king-mohammed-vis-moroccanized-quran-to-counter-wahhabism/（二〇一九年六月二八日アクセス）.
＊3 Dina Temple-Raston, "The Female Quran Experts Fighting Radical Islam in Morocco: The Women Scholars Here are Even More Important than Men", The Atlantic (February 12, 2018), https://www.theatlantic.com/international/archive/2018/02/the-female-quran-experts-fighting-radical-islam-in-morocco/551996/（二〇一九年六月二八日アクセス）.
＊4 http://www.voanews.com/content/anti-terrorismsumner-camp-held-in-britain-100649109/170175.html（二〇一六年三月三日アクセス）.

＊5　二〇一七年四月三〇日、ロンドン支部にてザーヒド・イクバールから聞き取り。

＊6　Amer Morgahi, Ch. 11, “Reliving the ‘Classical Islam’: Emergence and Working of the Minhajul Quran Movement in the UK”, Ron Geaves and Theodore Gabriel, eds., *Sufism in Britain*, London: Bloomsbury, 2013［Kindle］.

＊7　二〇一七年四月三〇日、ウォルソウ支部にて聞き取り。

＊8　Imran Awan, “Muslim Prisoners, Radicalization and Rehabilitation in British Prisons”, *Journal of Muslim Minority Affairs* 33/3（2013）, pp. 371–384.

＊9　ジェイソン・バーク（木村一浩訳）『二一世紀のイスラム過激派――アルカイダからイスラム国まで』（白水社、二〇一六年）、一八九―一九〇頁。

＊10　二〇一七年イギリスにて聞き取り。実名を出さないという条件で、引用紹介する許可を得ている。

＊11　https://www.minhaj.org/english/tid/1799/Minhaj-ul-Quran-International.html（二〇一九年一一月一九日アクセス）.

＊12　Elise Boulding, “Hope for the Twenty-First Century: NGOs and People’s Networks in the Middle East”, Elise Boulding, ed., *Building Peace in the Middle East*（Boulder, Colorado: Lynne Rienner, 1994）, pp. 319–329. パキスタンやトルコのＮＧＯについてはそれぞれ次のものを参照されたい。子島進『ムスリムＮＧＯ――信仰と社会奉仕活動』山川出版社、二〇一四年；大川『イスラーム化する世界』第Ｖ章。

＊13　http://minhajuk.org/index.php/about-us/188-mission-statement/441-minhaj-ul-quran-international（二〇二〇年六月一六日アクセス）.

＊14　https://twitter.com/MinhajulQuran/（二〇一九年一一月一九日アクセス）.

＊15　Sadek Hamid, *Sufis, Salafis and Islamists: The Contested Ground of British Islamic Activism*（London & New York: I. B. Tauris, 2016）, p. 74.

＊16　http://www.migrationpolicy.org/programs/data-hub/charts/international-migrant-population-country-origin-anddestination（二〇一六年七月八日アクセス）.

＊17　ムハンマド・アンワル（佐久間孝正訳）『イギリスの中のパキスタン――隔離化された生活の現実』明石書店、二〇〇二年；Humayun Ansari, *The Infidel Within: Muslims in Britain since 1800*, London: Hurst, 2004、山本須美子・木村葉子「イギリスにおける移民・マイノリティとシティズンシップ　Introduction」石川真作・渋谷努・山本須美子編『周辺から照射するＥＵ社会――移民・マイノリティとシティズンシップの人類学』（世界思想社、二〇一二年）、一七八―一九二頁を参照のこと。

＊18　Ansari, *The Infidel Within*, pp. 340–388.

＊19　Ed Husain, *The Islamist: Why I Became an Islamic Fundamentalist, What I Saw Inside, and Why I Left*, New York: Penguin Books, 2009［Kindle］.

＊20　例えば以下のウェブサイトを参照のこと。https://www.quilliaminternational.com/quilliam-alert-quilliam-welcomes-the-minhaj-ul-quran-initiative-to-prevent-islamist-radicalisation/（二〇一九年一一月二一日アクセス）.

＊21　Sara Khan, with Tony McMahon, *The Battle for British Islam: Reclaiming Muslim Identity from Extremism*（London: Saqi Books, 2016［Kindle］）, Conclusion .

＊22　Mumtaz Ahmad, "Media-Based Preachers and the Creation of New Muslim Publics in Pakistan", Mumtaz Ahmad, Dietrich Reetz, and Thomas H. Johnson, "Who Speaks for Islam?: Muslim Grassroots Leaders and Popular Preachers in South Asia", *The National Bureau of Asian Research Report* 22,（2010）, p. 9.

＊23　http://minhaj.org/english/tid/13214/Dr-Muhammad-Tahir-ul-Qadri-Davos-Annual-Meeting-2011-World-Economic-Forum-Reality-eliminate-terrorism-religionpolitics-Pakistan.html（二〇一六年七月一三日アクセス）.

＊24　二〇一七年四月二八日、ウォルソウのミンハジュ支部にて聞き取り。

＊25　Muhammad Tahir-ul-Qadri, *Fatwa on Terrorism and Suicide Bombings*（London: Minhaj-ul-Quran International, 2010）, pp. II–III; "Shaykh-ul-Islam Dr Muhammad Tahir-ul-Qadri: A Profile"（http://www.minhaj.org/downloads/Shaykh_ul_islam_profile_2012.pdf　二〇一六年二月一〇日アクセス、以下 "Profile" と表記）, pp. 5, 15–20.

＊26　Tahir-ul-Qadri, *Fatwa*, p. III.

＊27　例えば次の記事を参照のこと。http://tribune.com.pk/story/483635/save-the-state-not-politics-qadri-returns-instyle/（二〇一六年七月一三日アクセス）; http://www.bbc.com/news/world-asia-21039065（二〇一六年七月一三日アクセス）.

＊28　"Shaykh-ul-Islam Dr Muhammad Tahir-ul-Qadri", Tahir-ul-Qadri, *Islamic Curriculum on Peace and Counter-Terrorism for Young People and Students*, London: Minhaj-ul-Quran Publications, 2015.

＊29　Alix Philippon, "When Sufi Tradition Reinvents Islamic Modernity: The Minhāj-ul Qur' ān, a Neo-Sufi Order in Pakistan", Clinton Bennet and Charles M. Ramsey, eds., *South Asian Sufis: Devotion, Deviation, and Destiny*（London & New York: Bloomsbury, 2013）, p. 114.

＊30　二〇一七年四月二八日、ウォルソウのミンハジュ支部にて聞き取り。

＊31　二〇一七年四月三〇日、ロンドン支部にてザーヒ

ド・イクバールやサイエド・ブハーリーから聞き取り。

＊32　大川『イスラーム化する世界』、一五五―一八四頁。

＊33　https://www.nizambadlo.com/english/index.html（二〇一九年一一月二四日アクセス）。

＊34　Alexandre Caeiro, "Transnational Ulama, European Fatwas, and Islamic Authority: A Case Study of the European Council for Fatwa and Research", Martin van Bruinessen and Stefano Allevi, eds., *Producing Islamic Knowledge: Transmission and Dissemination in Western Europe* (London: Routledge, 2011), p. 121.

＊35　例えば次を参照のこと。国末憲人『自爆テロリストの正体』新潮新書、二〇〇五年；別府正一郎・小山大祐『ルポ　過激派組織ＩＳ（Islamic State）――ジハーディストを追う』ＮＨＫ出版、二〇一五年；三井美奈子『イスラム化するヨーロッパ』新潮新書、二〇一六年。

＊36　ドイツ、インドネシア、フランスについては、次の日本語文献を参照のこと。アフマド・マンスール（高本教之他訳）『アラー世代――イスラム過激派から若者たちを取り戻すために』晶文社、二〇一六年；小川忠『インドネシア――イスラーム大国の変貌――躍進がもたらす新たな危機』（新潮社、二〇一六年）、二五―七二頁；ドゥニア・ブザール（児玉しおり訳）『家族をテロリストにしないために――イスラム系セクト感化防止センターの証言』白水社、二〇一七年。アラブ諸国については次を参照のこと。Hamed el-Said, *De-Radicalising Islamists: Programmes and Their Impact in Muslim Majority States*, London: International Centre for the Study of Radicalisation and Political Violence, 2012.

＊37　Gabriel Weimann, "Cyber Fatwa and Terrorism", *Studies in Conflict and Terrorism* 34/1（2011）, pp. 765–781.

＊38　http://news.bbc.co.uk/2/hi/uk/854531.stm（二〇一六年三月三日アクセス）。

＊39　Tahir-ul-Qadri, *Fatwa*, pp. XXIV–XXVIII.

＊40　Tahir-ul-Qadri, *Fatwa*, pp. 3–4.

＊41　Tahir-ul-Qadri, *Fatwa*, p. 5.

＊42　Tahir-ul-Qadri, *Fatwa*, pp. 7–12.

＊43　Tahir-ul-Qadri, *Fatwa*, pp. 13–17.

＊44　Tahir-ul-Qadri, *Fatwa*, pp. 15–16.

＊45　Muhammad Rafiq Habib, *Islamic Revivalism: Necessity & Challenge: A Critical Analysis of Dr Muhammad Tahir-ul-Qadri's Ideology* (Saarbrücken, Germany: Scholars' Press, 2014), p. 312.

＊46　https://ca.news.yahoo.com/pakistani-cleric-launchesanti-isis-curriculum-britain-144733155.html（二〇一六年三月一六日アクセス）。

＊47　http://www.reuters.com/article/us-britain-islamcamp-idUSTRE5792AL20090810（二〇一六年七月一五日アクセス）。

＊48 Tahir-ul-Qadri, *Fatwa*, p. 31.

＊49 Tahir-ul-Qadri, *Fatwa*, pp. 61–62.

＊50 Tahir-ul-Qadri, *Fatwa*, pp. 77–79.

＊51 Tahir-ul-Qadri, *Fatwa*, p. 94.

＊52 Tahir-ul-Qadri, *Fatwa*, p. 196.

＊53 Tahir-ul-Qadri, *Fatwa*, pp. 257–259.

＊54 Tahir-ul-Qadri, *Fatwa*, p. 399.

＊55 Tahir-ul-Qadri, *Fatwa*, p. 405.

＊56 Tahir-ul-Qadri, *Fatwa*, pp. 409–410.

＊57 Tahir-ul-Qadri, *Fatwa*, p. 410.

＊58 Tahir-ul-Qadri, *Fatwa*, p. 412.

＊59 Tahir-ul-Qadri, *Fatwa*, pp. 412–413.

＊60 以下すべて、二〇一七年四月三〇日、ロンドン支部にて。

第5講

＊1 http://reports.weforum.org/global-gender-gap-report-2020/the-global-gender-gap-index-2020-rankings/（二〇二〇年六月一八日アクセス）。

＊2 Ann Elizabeth Mayer, *Islam and Human Rights: Tradition and Politics*, 4th ed. (Boulder, Colorado: Westview, 2007), p. 2.

＊3 カリード・アブ・エル・ファドル（米谷敬一訳）『イスラームへの誤解を超えて——世界の平和と融合のために』（日本教文社、二〇〇八年）、一九六頁。

＊4 ユルゲンスマイヤー『グローバル時代の宗教とテロリズム』、三六〇—三七四頁。

＊5 アブ・エル・ファドル『イスラームへの誤解を超えて』、二六九頁。

＊6 Pew Research Center, "The World's Muslims: Religion, Politics and Society" (April 30, 2013), https://www.pewforum.org/wp-content/uploads/sites/7/2013/04/worlds-muslims-religion-politics-society-full-report.pdf（二〇一九年一〇月一二日アクセス）, pp. 84–85.

＊7 Ahmed E. Souaiaia, *Contesting Justice: Women, Islam, Law, and Society* (Albany: State University of New York Press, 2008), pp. 94–99.

＊8 Pew Research Center, "The World's Muslims", p. 28.

＊9 Max Bearak and Darla Cameron, "Here are the 10 countries where homosexuality may be punished by death" (June 16, 2016), https://www.washingtonpost.com/news/worldviews/wp/2016/06/13/here-are-the-10-countries-where-homosexuality-may-be-punished-by-death-2/（二〇一九年一〇月二三日アクセス）。

＊10 Andrew Kohut, et.al, "The Global Divide on Homosexuality: Greater Acceptance in More Secular and Affluent Countries", Pew

Research Center (June 4, 2013), https://www.pewresearch.org/global/2013/06/04/the-global-divide-on-homosexuality/（二〇一九年一〇月二三日アクセス）.

＊11　タン・フランス（安達眞弓訳）『僕は僕のままで』集英社、二〇一九年。

＊12　Pew Research Center, "Views about Homosexuality by Religious Group", https://www.pewforum.org/religious-landscape-study/views-about-homosexuality/（二〇一九年一〇月二三日アクセス）。

＊13　Pew Research Center, "U.S. Muslims Concerned about their Place in Society, but Continue to Believe in the American Dream".

＊14　イスマーイール派については、菊地達也『イスマーイール派の神話と哲学――イスラーム少数派の思想史的研究』（岩波書店、二〇〇五年）や同『イスラーム教――「異端」と「正統」の思想史』（講談社、二〇〇九年）を参照のこと。

＊15　Asghar Ali Engineer, *The Qur'an, Women and Modern Society*, Berkshire: New Dawn Press, 2005.

＊16　柳橋博之『イスラーム家族法――婚姻・親子・親族』（創文社、二〇〇一年）や、小野仁美「古典イスラーム法の結婚と離婚」、森田豊子・小野仁美編著『結婚と離婚』（明石書店、二〇一九年）、一一六―一三三頁を参照のこと。

＊17　https://www.rightlivelihoodaward.org/laureates/asghar-ali-engineer/（二〇一九年一〇月一日アクセス）.

＊18　https://www.rightlivelihoodaward.org/speech/acceptance-speech-asghar-ali-engineer/（二〇一九年一〇月一日アクセス）.

＊19　Asghar Ali Engineer, *A Living Faith: My Quest for Peace, Harmony and Social Change*, Hyderabad: Orient Blackswan, 2018 [Kindle].

＊20　Jonah Blank, *Mullas on the Mainframe: Imam and Modernity among the Daudi Bohras* (Chicago & London: The University of Chicago Press, 2001), pp. 304, 307.

＊21　Blank, *Mullas on the Mainframe*, p. 231.

＊22　Blank, *Mullas on the Mainframe*, pp. 18, 161.

＊23　Engineer, *Qur'an*, pp. 1–9.

＊24　『完訳　千一夜物語　五』、一〇一―一一二頁。

＊25　詳細は、柳橋博之編著『現代ムスリム家族法』（日本加除出版、二〇〇五年）や、孝忠延夫・高見澤磨・堀井聡江編『現代のイスラーム法』（成文堂、二〇一六年）を参照のこと。

＊26　Engineer, *Qur'an*, pp. 7–8.

＊27　Engineer, *A Living Faith*, Part I, My Life, My Struggle; One, My Growing-up Years.

＊28　Engineer, *Qur'an*, p. 11.
＊29　Engineer, *Qur'an*, p. 9.
＊30　Engineer, *Qur'an*, p. 46.
＊31　Engineer, *Qur'an*, p. 26.
＊32　Engineer, *Qur'an*, pp. 25–26.
＊33　Engineer, *Qur'an*, p. 78.
＊34　Engineer, *Qur'an*, pp. 79–80.
＊35　Engineer, *Qur'an*, pp. 84–87.
＊36　Engineer, *Qur'an*, pp. 89–90.
＊37　Engineer, *Qur'an*, pp. 89–90.
＊38　Engineer, *Qur'an*, p. 91.
＊39　Engineer, *Qur'an*, pp. 91–92.
＊40　井筒俊彦訳『コーラン（上）』（岩波書店、二〇〇六年）、五五頁。
＊41　Engineer, *Qur'an*, pp. 91–92.
＊42　Engineer, *Qur'an*, p. 95.
＊43　Engineer, *Qur'an*, p. 98.
＊44　Engineer, *Qur'an*, p. 98.
＊45　Clinton Bennet, *Muslims and Modernity: An Introduction to the Issues and Debates* (London & New York: Continuum, 2005), p. 20.
＊46　中村『イスラームと近代』、六六頁。
＊47　Yoginder Sikand, *Muslim in India since 1947: Islamic Perspectives on Inter-Faith Relations* (London & New York, RoutledgeCurson, 2004), pp. 27–30; Shadaab Rahemtulla, *Qur'an of the Oppressed: Liberation Theology and Gender Justice in Islam* (Oxford: Oxford University Press, 2017 [Kindle]), Ch. 3, From the Hereafter to the Here and Now: The Reading of Asghar Ali Engineer, Between Exegesis and Essentialism.

第6講

＊1　ジャック・ロンドン（行方昭夫訳）『どん底の人びと——ロンドン一九〇二』岩波文庫、一九九五年。
＊2　Monica Ali, *Brick Lane: A Novel*, New York: Scribner, 2003.
＊3　ジアウッディン・サーダー他（堀たほ子訳）『ムハンマド』心交社、一九九五年；ジャウディン・サルダー／ボリン・ヴァン・ルーン（毛利嘉孝・小野俊彦訳）『INTRODUCING——カルチュラル・スタディーズ』作品社、二〇〇二年；ジアウッディン・サーダー／メリル・ウィン・デービス（浜田徹訳）、『反米の理由——なぜアメリカは嫌われるのか?』ネコ・パブリッシング、二〇〇三年；ディヤーウッディーン・サルダール／メリル・ウィン・デービス（久保儀明訳）『イスラム——対話と共生のために』青土社、二〇〇五年；ジャウディン・サルダー／

ボリン・ヴァン・ルーン（田村美佐子・町口哲生訳）『INTRODUCING――メディア・スタディーズ』作品社、二〇〇八年。

＊4　Ziauddin Sardar, *Reading the Qur'an: The Contemporary Relevance of the Sacred Text of Islam*, Oxford & New York: Oxford University Press, 2011.

＊5　Sardar, *Reading the Qur'an*, p. xi.

＊6　Georgina Henry, "Blogging the Qur'an"（January 7, 2008）, https://www.theguardian.com/commentisfree/2008/jan/07/ayearagoinwashington（二〇一〇年一〇月三〇日アクセス）.

＊7　Sardar, *Reading the Qur'an*, p. 61.

＊8　Sardar, *Reading the Qur'an*, p. 22.

＊9　Sardar, *Reading the Qur'an*, p. 37.

＊10　Sardar, *Reading the Qur'an*, p. 29.

＊11　https://english.alarabiya.net/en/coronavirus/2020/04/17/London-buses-step-up-coronavirus-measures-after-20-drivers-die（二〇二〇年六月一〇日アクセス）.

＊12　Ziauddin Sardar, *Desperately Seeking Paradise: Journey of a Sceptical Muslim*, London: Granta Books, 2005.

＊13　Sardar, *Desperately Seeking Paradise*, p. 22.

＊14　Sardar, *Desperately Seeking Paradise*, pp. 1–39.

＊15　Sardar, *Reading the Qur'an*, pp. 1–7.

＊16　Sardar, *Desperately Seeking Paradise*, pp. 42–43, 335–338.

＊17　Sardar, *Reading the Qur'an*, pp. 10–11.

＊18　ラフマーンについては、中村『イスラームと近代』、一九二―二一一頁や、大川「現代クルアーン解釈者と越境としての亡命」を参照されたい。

＊19　大川『イスラーム化する世界』、六〇―六二頁。

＊20　Sardar, *Reading the Qur'an*, p. 60.

＊21　Sardar, *Reading the Qur'an*, pp. 26–27.

＊22　Sardar, *Reading the Qur'an*, p. 60.

＊23　大川『イスラーム化する世界』、六二―六五頁。

＊24　Sardar, *Reading the Qur'an*, pp. 31–33.

＊25　Sardar, *Reading the Qur'an*, pp. 33–35.

＊26　Muhammad Asad, trans., *The Message of the Qur'ān*, Gibraltar: Dar Al-Andalus, 1980; M. A. S. Abdel Haleem, trans., *The Qur'an: A New Translation*, Oxford: Oxford University Press, 2004; Tarif Khalidi, trans., *The Qur'an: A New Translation*, London: Penguin Books, 2008; Arthur J. Arberry, trans., *The Koran Interpreted*, Oxford: Oxford University Press, 1964; Muhammad Marmaduke Pickthall, trans., *The Meaning of the Glorious Koran*, New York: New American Library, 1930; Abdullah Yusuf Ali, trans., *The Holy Qur'ān Translation and Commentary*, Lahore: Shaik Muhammad Ashraf Publishers, 1934.

＊27　Sardar, *Reading the Qur'an*, pp. 39–54.

＊28　大川『イスラーム化する世界』一〇一―一二七頁。

＊29　Sardar, *Reading the Qur'an*, pp. 35–36. クーグルの著書としては次を参照のこと。Scott Siraj al-Haqq Kugle, *Homosexuality in Islam: Critical Reflection on Gay, Lesbian, and Transgender Muslims*, Oxford: Oneworld, 2010.

＊30　Sardar, *Reading the Qur'an*, pp. 37.

＊31　大川『クルアーン』、五一七頁。

＊32　Sardar, *Reading the Qur'an*, p. 22.

＊33　Sardar, *Reading the Qur'an*, p. 164.

＊34　Sardar, *Reading the Qur'an*, p. 58.

＊35　Sohail Inayatullah and Gail Boxwell, "Introduction: The *Other* Futurist", Inayatullah and Boxwell, eds., *Islam, Postmodernism and Other Futures: A Ziauddin Sardar Reader*（London: Pluto Press, 2003）, pp.1–23; Bennett, *Muslim and Modernity*, pp. 36–69.

＊36　John R. Bowen, *On British Islam: Religion, Law, and Everyday Practice in Shari'a Council*, Princeton & Oxford: Princeton University Press, 2006.

＊37　Frances Perraudin, "Half of all British Muslims think homosexuality should be illegal, poll finds", *The Guardian*, https://www.theguardian.com/uk-news/2016/apr/11/british-muslims-strong-sense-of-belonging-poll-homosexuality-sharia-law（二〇一九年一一月四日アクセス）.

＊38　Sardar, *Reading the Qur'an*, pp. 163–165.

＊39　Sardar, *Reading the Qur'an*, pp. 165–166.

＊40　Sardar, *Reading the Qur'an*, p. 166.

＊41　Sardar, *Reading the Qur'an*, pp. 168–169.

＊42　Sardar, *Reading the Qur'an*, p. 172.

＊43　Sardar, *Reading the Qur'an*, p. 305.

＊44　Sardar, *Reading the Qur'an*, pp. 305–306.

＊45　『日亜対訳注解　聖クルアーン』日本ムスリム協会、二〇一五年（改訂版）より。

＊46　Abdel Haleem, trans., *The Qur'an*, p. 54.

＊47　Sardar, *Reading the Qur'an*, pp. 306–308.

＊48　Laleh Bakhriar, trans., *The Sublime Quran*, Chicago: Kazi Publications, 2007.

＊49　Sardar, *Reading the Qur'an*, pp. 308–310.

＊50　Sardar, *Reading the Qur'an*, p. 311.

＊51　Sardar, *Reading the Qur'an*, pp. 310–311.

＊52　https://www.hrw.org/news/2017/10/06/egypt-mass-arrests-amid-lgbt-media-blackout; https://www.middleeasteye.net/news/egypt-lgbtq-activist-sarah-hegazi-suicide-trauma（二〇二〇年六月二〇日アクセス）.

＊53　Sardar, *Reading the Qur'an*, p. 323.

＊54　Sardar, *Reading the Qur'an*, pp. 324–345.

＊55　Sardar, *Reading the Qur'an*, p. 326.

＊56 Sardar, *Reading the Qur'an*, pp. 327–328.
＊57 Sardar, *The A to Z of Postmodern Life*, p. 5.

最終講

＊1 ダグラス・マレー（町田敦夫訳）『西洋の自死——移民・アイデンティティ・イスラム』東洋経済新報社、二〇一八年。
＊2 Friedrichs, *Hindu-Muslim Relations*. また次のウェブサイトも参照されたい。Jörg Friedrichs, "A Warning from India for European Liberals on how to Manage Relations with Muslim Minority", *The Conversation* (January 23, 2019, 二〇一九年一一月一〇日アクセス).
＊3 アラン・コルバン編（小倉孝誠監訳）『男らしさの歴史II 男らしさの勝利——一九世紀』藤原書店、二〇一七年。
＊4 R. Scott Appleby, *The Ambivalence of the Sacred: Religion, Violence, and Reconciliation*, Lanham, MD: Rowman & Littlefield Publishers, 2000[Kindle].
＊5 Appleby, *The Ambivalence of the Sacred*, Chapter 7.
＊6 ユルゲンスマイヤー『グローバル時代の宗教とテロリズム』、二九七—二九八頁。
＊7 セン『アイデンティティと暴力』、一六頁。
＊8 セン『アイデンティティと暴力』、一七頁。
＊9 セン『アイデンティティと暴力』、一九—二〇頁。
＊10 アミン・マアルーフ（小野正嗣訳）『アイデンティティが人を殺す』筑摩書房、二〇一九年。
＊11 マアルーフ『アイデンティティが人を殺す』、一〇頁。
＊12 マアルーフ『アイデンティティが人を殺す』、四二頁。
＊13 上野千鶴子編『脱アイデンティティ』勁草書房、二〇〇五年。浅野智彦『「若者」とは誰か——アイデンティティの三〇年［増補新版］』河出書房新社、二〇一五年も参照のこと。
＊14 スチュアート・ホール（宇波彰訳）「誰がアイデンティティを必要とするのか?」、スチュアート・ホール／ポール・ドゥ・ゲイ編（柿沼敏江他訳）『カルチュラル・アイデンティティの諸問題——誰がアイデンティティを必要とするのか?』（大村書店、二〇〇一年）、七—三五頁。
＊15 例えば水谷『イスラーム現代思想の継承と発展』を参照されたい。
＊16 マアルーフ『アイデンティティが人を殺す』、七七頁。
＊17 私市正年『原理主義の終焉か——ポスト・イスラーム主義論』山川出版社、二〇一二年；末近『イスラーム主

義』、一九九―二〇四頁。
＊18　二〇一八年一二月二九日、ニューデリーにて。

講義を終えて――あとがきに代えて

講義を最後まで聞いて――読んで――いただき、お礼申し上げます。

この講義の内容は拙著『イスラーム化する世界――グローバリゼーション時代の宗教』（平凡社新書）の発展とも言えますし、『クルアーン――神の言葉を誰が聞くのか』（慶應義塾大学出版会）では書ききれなかったことを書いたとも言えます。そういう意味で、私のこれまでのクルアーン解釈研究の継続的発展ではあります。

けれども、このタイトルにある「リベラル」は一つのチャレンジでした。つまり内的に発展していた私の研究に、外部からの影響が加わったということです。慶應義塾大学出版会の平原友輔さんには『クルアーン』からお世話になっておりますが、今回、私の研究内容を「リベラル」というキーワードでとらえなおすというご提案をいただいたのでした。最初は少し驚きましたが、意義の大きな――そして困難な――テーマでした。

さらにコロナ感染防止の外出自粛期間、オンラインでの打ち合わせのなかで、講義形式で書いていくという案が出ました。以前から「ですます」調で本を書いてみたいという思いはありましたので、それが実現したわけですが、これもチャレンジで、書き始めは緊張しました。ちなみに講義形式で文章を書く参考にしたのは、井筒俊彦『イスラーム文化――その根柢にあるもの』（岩波文庫）と筒井康隆『文学部唯野教授』（岩波現代文庫）です。何度も読んできましたが、やはりおもしろいと再確認しました。

という経緯なのですが、終わった今となっては、自然な流れとしてこの本に帰結したように感じています。本書冒頭で「新しい気づき」という言葉を使いましたが、これはまさに自分のためのものでした。平原さん、今回も本当にありがとうございました。

また調査のなかでインタビューを受け入れてくださった方々にもあつくお礼申し上げたいと思います。ミンハジュ・ウル＝クルアーン（Minhaj-ul-Quran International）の Syed Ali Abbs Bukhari、Dr. Zahid Iqbal、Ahmed Nawaz、Rosina Nawaz、Tanzila、その他のメンバーの方々。平和精神性・国際センター（CPS International, Centre for Peace and Spirituality）の Maulana Wahiduddin Khan、Saniyasnain Khan、Khurram Qureshi、Dr. Farida Khanam、ご家族の方々。真摯に、でも穏やかに、目的に向かっていこうという魂を感じさせる方々でした。苦闘のなかからでしか大輪の花は咲かないのかもしれません。

今回の講義内容は以下の文献を下敷きにしています。その他は書下ろしました。

第三講　“Interpretation of the Quran in Contemporary India: Wahiduddin Khan’s Reading of Peace and Spirituality in the Scripture”, *International Journal of Islamic Thought* 16（2019）, pp. 108–121.
第四講　「ムスリムによる反テロ思想と英国における教育実践――ターヒル・カードリーのファトワー（法的判断）に基づいて」『国際学研究』五〇（二〇一七）、一六三―一八〇頁。
第五講　「インド・シーア派少数派の近代的クルアーン（コーラン）解釈――アスガル・エンジニアによる女性の地位改革」『研究東洋』一〇（二〇二〇）、八一―一〇〇頁。

子どもたちがいつかこの本を読んでくれる時が来るかどうかは分かりませんが、「あの頃、ぼんやりしながら『本を書いている』と言っていたのはこれだったのか」と分かってもらえれば嬉しいです。

二〇二〇年一〇月　横浜にて

著　者

Oxford: Oxford University Press, 2017 [Kindle].

el-Said, Hamed, "De-Radicalising Islamists: Programmes and Their Impact in Muslim Majority States", International Centre for the Study of Radicalisation and Political Violence (ICSR), King's College, 2012.

Sardar, Ziauddin, *Desperately Seeking Paradise: Journey of a Sceptical Muslim*, London: Granta Books, 2005.

———, *Reading the Qur'an: The Contemporary Relevance of the Sacred Text of Islam*, Oxford & New York: Oxford University Press, 2011.

Schwartz-Barcott, Timothy Philip, *Violence, Terror, Genocide, and War in the Holy Books and in the Decades Ahead*, New York: Teneo Press, 2018 [Kindle].

"Shedding Light on the Blessed Operation in Istanbul", *Rumiyah* 6(1438AH), pp. 12–16.

Sikand, Yoginder, *Muslim in India since 1947: Islamic Perspectives on Inter-Faith Relations*, London & New York, RoutledgeCurson, 2004.

Souaiaia, Ahmed E., *Contesting Justice: Women, Islam, Law, and Society*, Albany, NY: State University of New York Press, 2008.

Tahir-ul-Qadri, Muhammad, *Fatwa on Terrorism and Suicide Bombings*, London: Minhaj-ul-Quran International, 2010.

———, *Islamic Curriculum on Peace and Counter-Terrorism for Young People and Students*, London: Minhaj-ul-Quran Publications, 2015.

———, *Islamic Curriculum on Peace and Counter-Terrorism for Clerics, Imams and Teachers*, London: Minhaj-ul-Quran Publications, 2015.

———, *Islamic Curriculum on Peace and Counter-Terrorism (Essential Further Reading)*, London: Minhaj-ul-Quran Publications, 2015.

Taji-Farouki, Suha, "An Islamist *Tafsir* in Enligh: *The Ascendant Qur'an* by Muhammad al-'Asi (b.1951)", in Suha Taji-Farouki ed., *The Qur'an and Its Readers Worldwide: Contemporary Commentaries and Translations*, Oxford: Oxford University Press, 2015.

Tidrick, Kathryn, *Gandhi: A Political and Spiritual Life*, London & New York: L. B. Tauris, 2006.

Troll, Christian W., "Sharing Islamically in the Pluralistic Nation-State of India: The Views of Some Contemporary Indian Muslim Leaders and Thinkers", in Yvonne Yazbeck Haddad and Wadi Zaidan Haddad, eds., *Christian-Muslim Encounters*, Gainesville (Florida: University Press of Florida, 1995), pp. 245–262.

UNDP, "Journey to Extremism in Africa: Drivers, Incentives and the Tipping Point for Recruitment"(2017), http://journey-to-extremism.undp.org/（2019年6月5日アクセス）.

Weimann, Gabriel, "Cyber Fatwa and Terrorism", *Studies in Conflict and Terrorism* 34/1(2011), pp. 765–781.

Morgahi, M. Amer, "An Emerging European Islam: The Case of the Minhajul Qur'an in the Netherlands", in Martin van Bruinessen and Stefano Allevi, eds., *Producing Islamic Knowledge: Transmission and Dissemination in Western Europe* (London: Routledge, 2011), pp. 47–64.

Morgahi, Amer, "Reliving the 'Classical Islam': Emergence and Working of the Minhajul Quran Movement in the UK", in Ron Geaves and Theodore Gabriel, eds., *Sufism in Britain* (London: Bloomsbury, 2013［Kindle］), pp. 213–234.

Omar, Irfan A., *Rethinking Islam: A Study of the Thought and Mission of Maulana Wahiduddin Khan*, PhD Thesis, Temple University, 2001.

———, "Mawlana Wahiduddin Khan's al-Risāla Movement," in Ibrahim M. Abu-Rabi', ed., *The Blackwell Companion to Contemporary Islamic Thought* (Malden, Massachusetts: Blackwell Publishing, 2006), pp. 75–87.

———, "Towards an Islamic Theology of Nonviolence: A Critical Appraisal of Maulana Wahiduddin Khan's View of Jihad (Part I&II)", *Vidyajyoti Journal of Theological Reflection* 72/9&10 (2008), pp. 671–680, 751–758.

———, "Mahatma Gandhi and Wahiduddin Khan on Nonviolence and Jihad", in Michael K. Duffey and Deborah S. Nash, eds., *Justice and Mercy Will Kiss: Paths to Peace in a World of Many Faiths* (Milwaukee, WI: Marquette University Press, 2008), pp. 153–163.

———, "The World's Muslims: Religion, Politics and Society" (April 30, 2013), https://www.pewforum.org/wp-content/uploads/sites/7/2013/04/worlds-muslims-religion-politics-society-full-report.pdf（2019年10月12日アクセス）.

———, "U. S. Muslims Concerned about their Place in Society, but Continue to Believe in the American Dream: Finings from Pew Research Center's 2017 survey of U. S. Muslims" (July 26, 2017), https://www.pewforum.org/2017/07/26/findings-from-pew-research-centers-2017-survey-of-us-muslims/（2019年6月14日アクセス）.

———, "Views about Homosexuality by Religious Group", https://www.pewforum.org/religious-landscape-study/views-about-homosexuality/（2019年10月23日アクセス）.

Philippon, Alix, "When Sufi Tradition Reinvents Islamic Modernity: The Minhāj-ul Qur' ān, a Neo-Sufi Order in Pakistan", in Clinton Bennet and Charles M. Ramsey, eds., *South Asian Sufis: Devotion, Deviation, and Destiny* (London & New York: Bloomsbury, 2013), pp. 111–122.

Pink, Johanna, *Muslim Qur'ānic Interpretation Today: Media, Genealogies and Interpretive Communities*, Sheffield & Bristol: Equinox, 2019.

Poushter, Jacob, "In Nations with Significant Muslim Populations, much distain for ISIS", Pew Research Center (November 17, 2015, https://www.pewresearch.org/fact-tank/2015/11/17/in-nations-with-significant-muslim-populations-much-disdain-for-isis/（2019年8月14日アクセス）.

———, "The Divide Over Islam and National Laws in the Muslim World: Varied views on whether Quran should influence laws in countries", Pew Research Center (April 27, 2016), https://www.pewresearch.org/global/2016/04/27/the-divide-over-islam-and-national-laws-in-the-muslim-world/（2019年6月5日アクセス）.

Rahemtulla, Shadaab, *Qur'an of the Oppressed: Liberation Theology and Gender Justice in Islam*,

Constraint among Pashtuns", *Journal of Peace Research* 34/1 (1997), pp. 53–71.

Jordens, J. T. F., "Gandhi and the Bhagavadgita", in Robert N. Minor, ed., *Modern Indian Interpreters of the Bhagavadgita*, Albany, NY: State University of New York Press, 1986.

Kersten, Carool, *Contemporary Thought in the Muslim World: Trends, Themes, and Issues*, Abingdon: Routledge, 2019.

Khan, Maulana Wahiduddin (Yoginder Sikand, trans. and ed.), *Jihad, Peace and Inter-Community Relations in Islam*, New Delhi: Rupa & Co, 2010 [Kindle].

———, *The Political Interpretation of Islam*, Noida: Goodword Books, 2015.

———, trans. (Farida Khanam, ed.), *The Quran, English Translation, Commentary and Parallel Arabic Text*, New Delhi: Goodword Books, 2016.

———, *Tabligh Movement*, https://ia800806.us.archive.org/12/items/ mwk-eng-book/Tabligh-Movement.pdf.

———, *Islamic Activism*, https://ia801506.us.archive.org/14/items/mwk-eng-book/Islamic-Activism.pdf..

Khan, Sara, with Tony McMahon, *The Battle for British Islam: Reclaiming Muslim Identity from Extremism*, London: Saqi Books, 2016 [Kindle].

Khwaja, Jamal, *Authenticity and Islamic Liberalism: A Mature Vision of Islamic Liberalism Grounded in the Qur'an* (Second Edition) Los Angeles: Alhamd Publishers, 2015 [Kindle].

Kohut,, Andrew, et. al., "The Divide Over Islam and National Laws in the Muslim World: Varied views on whether Quran should influence laws in countries", Pew Research Center (April 27, 2016), https://www.pewresearch.org/global/2016/04/27/the-divide-over-islam-and-national-laws-in-the-muslim-world/（2019年6月5日アクセス).

Kurtz, Lester R., "Peace Profile: Abdul Ghaffar Khan's Nonviolent *Jihad*", *Peace Review: A Journal of Social Justice* 23 (2011), pp. 245–251.

Kurtz, Lester R. and Mariam Ramadhani Kurtz, "Solving the Qur'anic Paradox", *Ahimsa Non-Violence*1/4 (2005), pp. 350–358.

Kurzman, Charles, ed., *Liberal Islam: A Source Book*, Oxford: Oxford University Press, 1998.

Lugo, Luis, et. al., "The World's Muslims: Unity and Diversity", Pew Research Center (August 9, 2012), http://assets.pewresearch.org/wp-content/uploads/sites/11/2012/08/the-worlds-muslims-full-report.pdf（2019年6月5日アクセス).

Maudūdī, Sayyid Abul A'lā (Ch. Muhammad Akbar, English rendering; A. A. Kamal, ed.), *The Meaning of the Qur'ān*, 6 vols., Lahore: The Islamic Publications, 2016.

Mayer, Ann Elizabeth, *Islam and Human Rights: Tradition and Politics*, 4th ed., Boulder, Colorado: Westview, 2007.

McDonough, Sheila, *Gandhi's Responses to Islam*, New Delhi: D. K. Printworld, 1994.

Metcalf, Barbara D., "Jihad in the Way of God: A Tablighi Jama'at Account of a Mission in India", in Barbara D. Metcalf, ed., *Islam in South Asia in Practice* (Princeton, New Jersey: Princeton University Press, 2009), pp. 240–249.

Minor, Robert N., ed., *Modern Indian Interpreters of the Bhagavadgita*, Albany, NY: State University of New York Press, 1986.

Juergensmeyer, eds., *Buddhist Warfare* (Oxford & New York, Oxford University Press, 2010), pp. 17-57.

Dey, Amit, "Islam and Gandhi: A Historical Perspective", *Social Scientist* 41/3-4 (2013), pp. 19-34.

Eknath, Easwaran, *Nonviolent Soldier of Islam: Badshah Khan: A Man to Match His Mountains*, Tomales, Calif.: Nilgiri Press, 1999.

Engineer, Asghar Ali, *The Qur'an, Women and Modern Society*, Berkshire: New Dawn Press, 2005.

———, *A Living Faith: My Quest for Peace, Harmony and Social Change*, Hyderabad: Orient Blackswan, 2018 [Kindle].

Friedrichs, Jörg, *Hindu-Muslim Relations: What Europe Might Learn from India*, London: Routledge, 2019.

Frydenlund, Iselin, "Buddhism and Violence: An Oxymoron? Text and Tradition in Buddhist-War Thinking", in Lester R. Kurtz, ed., *The Warrior and the Pacifist: Competing Motifs in Buddhism, Judaism, Christianity, and Islam*, London & New York: RoutledgeCurzon, 2018.

Gandhi, Mohandas K. (Mahadev Desai, trans.), *The Bhagavad Gita According to Gandhi*, Virginia: Sublime Books, 2014 [Kindle].

Geaves, Ron and Theodore Gabriel, eds., *Sufism in Britain*, London: Bloomsbury, 2013 [Kindle].

Guidugli, Mattias, "Muhammad Tahir ul-Qadiri, *Fatwa on Terrorism and Suicide Bombings*, London: Minhaj-ul-Quran International, 2010" [Book Review], *Politics, Religion & Ideology* 14/1(2013), pp. 159–161.

Habib, Muhammad Rafiq, *Islamic Revivalism: Necessity & Challenge: A Critical Analysis of Dr Muhammad Tahir-ul-Qadri's Ideology*, Saarbrücken: Scholars' Press, 2014.

Halverson, Jeffry R., *Searching for a King: Muslim Nonviolence and the Future of Islam*, Potomac Books, 2012 [Kindle].

Hamid, Sadek, *Sufis, Salafis and Islamists: The Contested Ground of British Islamic Activism*, London & New York: I. B. Tauris, 2016.

Husain, Ed, *The Islamist: Why I Became an Islamic Fundamentalist, What I Saw Inside, and Why I Left*, New York: Penguin Books, 2009 [Kindle].

Hutchins, Francis G., *Gandhi's Battlefield Choice: The Mahatma, the Bhagavad Gita, and World War II*, New Delhi: Manohar, 2017.

Inayatullah, Sohail and Gail Boxwell, "Introduction: The *Other* Futurist", in Inayatullah and Boxwell, eds., *Islam, Postmodernism and Other Futures: A Ziauddin Sardar Reader* (London: Pluto Press, 2003), pp. 1–23.

Islam Question & Answer, "He is asking about reinterpreting the Qur'an and Sunnah to suit the age", https://islamqa.info/en/answers/238616/he-is-asking-about-reinterpreting-the-quran-and-sunnah-to-suit-the-age（2019年6月20日アクセス）.

Jacoby, Tim, "Islam and the Islamic State's Magazine, *Dabiq*", *Politics and Religion* 12(2019), pp. 32-54.

Jerryson, Michael, "Introduction", in Michael Jerryson and Mark Juergensmeyer, eds., *Buddhist Warfare* (Oxford & New York, Oxford University Press, 2010), pp. 3–16.

Johansen, Robert C. "Radical Islam and Nonviolence: A Case Study of Religious Empowerment and

英語文献

Abdel Haleem, M.A.S., trans., *The Qur'an: A New Translation*, Oxford & New York: Oxford University Press, 2004.

Ahmad, Mumtaz, "Media-Based Preachers and the Creation of New Muslim Publics in Pakistan", in Mumtaz Ahmad, Dietrich Reetz, and Thomas H. Johnson, "Who Speaks for Islam?: Muslim Grassroots Leaders and Popular Preachers in South Asia", *The National Bureau of Asian Research Report* 22, (2010), pp. 1-27.

Ali, Jan A., *Islāmic Revivalism Encounters the Modern World: A Study of the Tablīgh Jamā'at,* New Delhi: Sterling, 2012.

Ansari, Humayun, *The Infidel Within: Muslims in Britain since 1800*, London: Hurst, 2004.

al-'Āṣī, Muḥammad Ḥ. *The Ascendant Qur'an: Realigning Man to the Divine Power Culture*, Toronto: Institute of Contemporary Islamic Thought, vol. 1–14, 2008–2019.

Awan, Imran, "Muslim Prisoners, Radicalization and Rehabilitation in British Prisons", *Journal of Muslim Minority Affairs* 33/3 (2013), pp. 371–384.

Azad, Maulana Abul Kalam (Syed Abdul Latif, ed. and rendered into English), *The Tarjumān al-Qur'ān*, 3 vols., New Delhi: Kitab Bhavan, 1990.

Bakhriar, Laleh, trans., *The Sublime Quran*, Chicago: Kazi Publications, 2007.

Baljon, J. M. S., *Modern Muslim Koran Interpretation (1880-1960)*, Leiden: E.J. Brill, 1968.

Banerjee, Mukulika. *The Pathan Unarmed: Opposition & Memory in the North West Frontier*, James Currey, 2000.

Bartholomeusz, Tessa J., *In Defense of Dharma: Just-War Ideology in Buddhist Sri Lanka*, London & New York: RoutledgeCurzon, 2002.

al-Bengali, Abu Dujanah, "The Shuhada of the Gulshan Attack", *Rumiya* 2(1438AH), pp. 8–11.

Bennet, Clinton, *Muslims and Modernity: An Introduction to the Issues and Debates*, London & New York: Continuum, 2005.

———, *Interpreting the Qur'an: A Guide for the Uninitiated*, London & New York: Continuum, 2010.

Blank, Jonah, *Mullas on the Mainframe: Islam and Modernity among the Daudi Bohras*, Chicago & London: The University of Chicago Press, 2001.

Bonney, Richard, *Jihād from Qur'ān to bin Laden*, New York: Palgrave Macmillan, 2004.

Boulding, Elise, "Hope for the Twenty-First Century: NGOs and People's Networks in the Middle East", in Elise Boulding, ed., *Building Peace in the Middle East* (Boulder, Colorado: Lynne Rienner, 1994), pp. 319-329.

Bowen, John R., *On British Islam: Religion, Law, and Everyday Practice in Shari'a Council*, Princeton & Oxford: Princeton University Press, 2006.

Caeiro, Alexandre, "Transnational Ulama, European Fatwas, and Islamic Authority: A Case Study of the European Council for Fatwa and Research", in Martin van Bruinessen and Stefano Allevi eds., *Producing Islamic Knowledge: Transmission and Dissemination in Western Europe* (London: Routledge, 2011), pp. 121–141.

Demiéville, Paul (Michelle Kendall, trans.), "Buddhism and War", in Michael Jerryson and Mark

う』NHK 出版、2015 年。

ベネディクト（、ルース）（角田安正訳）『菊と刀』光文社、2013 年［Kindle 版］。

保坂修司『ジハード主義――アルカイダからイスラーム国へ』岩波現代全書、2017 年。

ホール、スチュアート（宇波彰訳）「誰がアイデンティティを必要とするのか？」、スチュアート・ホール／ポール・ドゥ・ゲイ編（柿沼敏江他訳）『カルチュラル・アイデンティティの諸問題――誰がアイデンティティを必要とするのか？』（大村書店、2001 年）、7–35 頁。

マアルーフ、アミン（牟田口義郎・新川雅子訳）『アラブが見た十字軍』リブロポート、1986 年。

―――（小野正嗣訳）『アイデンティティが人を殺す』筑摩書房、2019 年。

松本高明「日本の高校生が抱くイスラーム像とその是正に向けた取り組み――東京・神奈川の高校でのアンケート調査を糸口として」『日本中東学会年報』21/2（2005）、193–214 頁。

マレー、ダグラス（町田敦夫訳）『西洋の自死――移民・アイデンティティ・イスラム』東洋経済新報社、2018 年。

マンスール、アフマド（高本教之他訳）『アラー世代――イスラム過激派から若者たちを取り戻すために』晶文社、2016 年。

水谷章『苦悩するパキスタン』花伝社、2011 年。

水谷周『イスラーム現代思想の継承と発展――エジプトの自由主義』国書刊行会、2011 年。

―――監訳著、杉本恭一郎訳補完『クルアーン――やさしい和訳』国書刊行会、2019 年。

三井美奈子『イスラム化するヨーロッパ』新潮新書、2016 年。

嶺崎寛子『イスラーム復興とジェンダー――現代エジプト社会を生きる女性たち』昭和堂、2015 年。

森田豊子・小野仁美編著『結婚と離婚』明石書店、2019 年。

柳橋博之『イスラーム家族法――婚姻・親子・親族』創文社、2001 年。

―――編著『現代ムスリム家族法』日本加除出版、2005 年。

山内進『増補　十字軍の思想』ちくま学芸文庫、2017 年。

山内昌之『中東複合危機から第三次世界大戦へ――イスラームの悲劇』PHP 新書、2016 年。

山根聡『4 億人の少数派――南アジアのイスラーム』山川出版社、2011 年。

山本須美子・木村葉子「イギリスにおける移民・マイノリティとシティズンシップ Introduction」、石川真作・渋谷努・山本須美子編『周辺から照射する EU 社会――移民・マイノリティとシティズンシップの人類学』（世界思想社、2012 年）、178–192 頁。

ユルゲンスマイヤー、マーク（立山良司監修、古賀林幸・櫻井元雄訳）『グローバル時代の宗教とテロリズム――いま、なぜ神の名で人の命が奪われるのか』明石書店、2003 年。

ワイス、マイケル／ハサン・ハサン（山形浩生訳）『イスラム国――グローバル・ジハード「国家」の進化と拡大』亜紀書房、2018 年。

サルダー、ジャウディン／ボリン・ヴァン・ルーン（田村美佐子・町口哲生訳）『INTRODUCING――メディア・スタディーズ』作品社、2008年。

サルダール、ディヤーウッディーン／メリル・ウィン・デービス（久保儀明訳）『イスラム――対話と共生のために』青土社、2005年。

島田裕巳『オウム真理教事件I――武装化と教義』トランスビュー、2012年。

末近浩太『イスラーム主義――もう一つの近代を構想する』岩波新書、2018年。

杉田英明『日本人の中東発見――逆遠近法のなかの比較文化史』東京大学出版会、1995年。

須永恵美子『現代パキスタンの形成と変容――イスラーム復興とウルドゥー語文化』ナカニシヤ書店、2014年。

スミス、W・C（中村廣治郎訳）『現代イスラムの歴史（上下）』中央公論社、1998年。

セン、アマルティア（大門毅監訳・東郷えりか訳）『アイデンティティと暴力――運命は幻想である』勁草書房、2011年。

田中弘子編著『多様なセクシュアリティとジェンダーの公正――個人・家族・性の「やさしい地平」へ』明石書店、2007年。

田辺秋守『ビフォア・セオリ――現代思想の〈争点〉』慶應義塾大学出版会、2006年。

豊島与志雄・佐藤正彰他訳『完訳　千一夜物語』岩波書店、1991年。

登利谷正人「アフガニスタン・英領インドにおけるパシュトゥーン基礎史料――アブドゥル・ガッファール・ハーンの回想録『我が人生と奮闘』」上智大学アジア文化研究所・イスラーム研究センター、2012年。

中里成章『インドのヒンドゥーとムスリム』山川出版社、2008年。

中田考監修、中田香織・下村佳州紀訳『日亜対訳クルアーン』作品社、2014年。

中野勝一『パキスタン政治史――民主国家への苦難の道』明石書店、2014年。

中村廣治郎『イスラームと近代』岩波書店、1997年。

西久美子「"宗教的なもの"にひかれる日本人――ISSP国際比較調査（宗教）から」『放送研究と調査』（May 2009）、66–81頁。

日本聖書協会・共同訳聖書実行委員会『聖書　新共同訳』日本聖書協会、1988年。

日本ムスリム協会『日亜対訳注解――聖クルアーン』（改訂版）2015年。

子島進『ムスリムNGO　信仰と社会奉仕活動』山川出版社、2014年。

バーク、ジェイソン（木村一浩訳）『21世紀のイスラム過激派――アルカイダからイスラム国まで』白水社、2016年。

浜井祐三子『イギリスにおけるマイノリティの表象――「人種」・多文化主義とメディア』三元社、2004年。

ピンカー、スティーブン（橘明美・坂田雪子訳）『21世紀の啓蒙――理性、科学、ヒューマニズム、進歩（上下）』草思社、2019年。

フィッシャー、ルイス（古賀勝郎訳）『ガンジー』紀伊國屋書店、1968年。

ブサール、ドゥニア（児玉しおり訳）『家族をテロリストにしないために――イスラム系セクト感化防止センターの証言』白水社、2017年。

フランス、タン（安達眞弓訳）『僕は僕のままで』集英社、2019年。

別府正一郎・小山大祐『ルポ　過激派組織IS（Islamic State）――ジハーディストを追

———『チャムパ王国とイスラーム——カンボジアにおける離散民のアイデンティティ』平凡社、2017年。

———「ビント・シャーティウ（アーイシャ・アブドッラフマーン）のクルアーン解釈——カイロ大学と人文学」『国際学研究』53（2018）、1–18頁。

———『クルアーン——神の言葉を誰が聞くのか』慶應義塾大学出版会、2018年。

———「世界のクルアーン解釈と日本——多様な読み方に向かって」、日本のイスラームとクルアーン編集委員会編『日本のイスラームとクルアーン——現状と展望』（晃洋書房、2020年）、57–90頁。

———「現代クルアーン解釈者と越境としての亡命——ファズルル・ラフマーンとナスル・アブー・ザイド」、久保田浩・鶴岡賀雄・林淳・深澤英隆・細田あや子・渡辺和子（編）『越境する宗教史【下巻】』（リトン、2020年）、299–328頁。

大塚和夫『イスラーム主義とは何か』岩波新書、2004年。

小川忠『インドネシア——イスラーム大国の変貌——躍進がもたらす新たな危機』新潮社、2016年。

菊地達也『イスマーイール派の神話と哲学——イスラーム少数派の思想史的研究』岩波書店、2005年。

———『イスラーム教「異端」と「正統」の思想史』講談社、2009年。

私市正年『原理主義の終焉か——ポスト・イスラーム主義論』山川出版社、2012年。

衣川仁『僧兵＝祈りと暴力の力』講談社選書メチエ、2010年。

国末憲人『自爆テロリストの正体』新潮新書、2005年。

『現代思想』「特集　保守とリベラル——ねじれる対立軸」青土社、2018年2月号［Kindle版］。

孝忠延夫・高見澤磨・堀井聡江編『現代のイスラーム法』成文堂、2016年。

小杉泰「現代イスラームにおける宗教勢力と政治的対立」、片倉もとこ編『人々のイスラーム——その学際的研究』（日本放送出版協会、1987年）、27–86頁。

小林利行「日本人の宗教的意識や行動はどう変わったか——ISSP国際比較調査「宗教」・日本の結果から」『放送研究と調査』（April 2019）、52–72頁。

小原克博『一神教とは何か——キリスト教、ユダヤ教、イスラームを知るために』平凡社新書、2018年。

コルバン、アラン編（小倉孝誠監訳）『男らしさの歴史II　男らしさの勝利——19世紀』藤原書店、2017年。

坂口賀朗編「パキスタンのテロとの闘い」『東アジア戦略概観』（防衛省防衛研究所、2010年）、35–60頁。

佐久間孝正『移民大国イギリスの実験——学校と地域にみる多文化の現実』勁草書房、2007年。

サーダー、ジアウッディン、他（堀たほ子訳）『ムハンマド』心交社、1995年。

サーダー、ジアウッディン／メリル・ウィン・デービス（浜田徹訳）、『反米の理由——なぜアメリカは嫌われるのか？』ネコ・パブリッシング、2003年。

サルダー、ジャウディン／ボリン・ヴァン・ルーン（毛利嘉孝・小野俊彦訳）『INTRODUCING——カルチュラル・スタディーズ』作品社、2002年。

参考文献

日本語文献

浅野智彦『「若者」とは誰か――アイデンティティの30年〔増補新版〕』河出書房新社、2015年。

安達智史『リベラル・ナショナリズムと多文化主義――イギリスの社会統合とムスリム』勁草書房、2013年。

アドニス、フーリア・アブドゥルアヒド（片岡幸彦監訳、伊藤直子・井形美代子・斎藤かぐみ・大林薫訳）『暴力とイスラーム――政治・女性・詩人』エディション・エフ、2017年。

アブ・エル・ファドル、カリード（米谷敬一訳）『イスラームへの誤解を超えて――世界の平和と融合のために』日本教文社、2008年。

荒牧央・小林利行「世論調査でみる日本人の『戦後』――「戦後70年に関する意識調査」の結果から」『放送研究と調査』（August 2015）、2–17頁。

荒井正剛「第1章　社会科の授業における課題――生徒・学生のイスラーム認識・イメージ調査と教科書記述から」、荒井正剛・小林春夫編『イスラーム／ムスリムをどう教えるか――ステレオタイプからの脱却を目指す異文化理解』（明石書店、2020年）、10–22頁。

アンワル、ムハンマド（佐久間孝正訳）『イギリスの中のパキスタン――隔離化された生活の現実』明石書店、2002年。

井筒俊彦『マホメット』講談社学術文庫、2015年。

―――訳『コーラン（上中下）』岩波書店、2005–2006年。

井上ありか「パキスタン政治におけるイスラーム」『アジア研究』49（2003）、5–18頁。

イブン・イスハーク（イブン・ヒシャーム編註、後藤明・医王秀行・高田康一・高野太輔訳）『預言者ムハンマド伝』（全4巻）岩波書店、2010–2012年。

ヴィクトリア、ブライアン・アンドレー・（エイミー・ルイーズ・ツジモト訳）『禅と戦争――禅仏教の戦争協力〔新装版〕』えにし書房、2015年。

上野千鶴子編『脱アイデンティティ』勁草書房、2005年。

上村勝彦訳『バガヴァッド・ギーター』岩波書店、2006年。

臼杵陽『大川周明――イスラームと天皇のはざまで』青土社、2018年。

大川玲子『コーランの世界――写本の歴史と美のすべて』河出書房新社、2005年。

―――「イスラーム教徒の聖典観――現代の若者たちにとっての『クルアーン（コーラン）』」『国際学研究』31（2007）、33–54頁。

―――『イスラーム化する世界――グローバリゼーション時代の宗教』平凡社新書、2013年。

―――「平和と戦争をめぐる二人のイスラーム教徒――オサマ・ビン・ラディンとフェトフッラー・ギュレン」『PRIME』37（2014）、11–20頁。

著者
大川玲子（おおかわ　れいこ）
明治学院大学国際学部教授。イスラーム思想専攻。
ロンドン大学東洋アフリカ研究学院（SOAS）修士号取得。
東京大学大学院人文社会系研究科博士課程修了。文学博士。
著作に、『クルアーン――神の言葉を誰が聞くのか』（慶應義塾大学出版会、2018年）、『チャムパ王国とイスラーム――カンボジアにおける離散民のアイデンティティ』（平凡社、2017年）、『イスラーム化する世界――グローバリゼーション時代の宗教』（平凡社新書、2013年）などがある。

リベラルなイスラーム
――自分らしくある宗教講義

2021年1月25日　初版第1刷発行

著　者――――大川玲子
発行者――――依田俊之
発行所――――慶應義塾大学出版会株式会社
〒108-8346　東京都港区三田2-19-30
TEL〔編集部〕03-3451-0931
〔営業部〕03-3451-3584〈ご注文〉
〔　〃　〕03-3451-6926
FAX〔営業部〕03-3451-3122
振替　00190-8-155497
http://www.keio-up.co.jp/
装　丁――――大崎善治（Saki Saki）
印刷・製本――萩原印刷株式会社
カバー印刷――株式会社太平印刷社

Printed in Japan ISBN978-4-7664-2713-4